Modern Spani...

Elijah Clarence Hills
S. Griswold Morley

Alpha Editions

This Edition Published in 2020

ISBN: 9789354302527

Design and Setting By
Alpha Editions
www.alphaedis.com
Email – info@alphaedis.com

PREFACE

THE present volume aims to furnish American students of Spanish with a convenient selection of the Castilian lyrics best adapted to class reading. It was the intention of the editors to include no poem which did not possess distinct literary value. On the other hand, some of the most famous Spanish lyrics do not seem apt to awaken the interest of the average student: it is for this reason that scholars will miss the names of certain eminent poets of the *siglo de oro*. The nineteenth century, hardly inferior in merit and nearer to present-day readers in thought and language, is much more fully represented. No apology is needed for the inclusion of poems by Spanish-American writers, for they will bear comparison both in style and thought with the best work from the mother Peninsula.

The Spanish poems are presented chronologically, according to the dates of their authors. The Spanish-American poems are arranged according to countries and chronologically within those divisions. Omissions are indicated by rows of dots and are due in all cases to the necessity of bringing the material within the limits of a small volume. Three poems (the *Fiesta de toros* of Moratín, the *Castellano leal* of Rivas and the *Leyenda* of Zorrilla) are more narrative than lyric. The ro-

mances selected are the most lyrical of their kind. A few songs have been added to illustrate the relation of poetry to music.

The editors have been constantly in consultation in all parts of the work, but the preparation of the *Prosody*, the *Notes* (including articles on Spanish-American literature) and the part of the *Introduction* dealing with the nineteenth century, was undertaken by Mr. Hills, while Mr. Morley had in charge the *Introduction* prior to 1800, and the *Vocabulary*. Aid has been received from many sources. Special thanks are due to Professor J. D. M. Ford and Dr. A. F. Whittem of Harvard University, Don Ricardo Palma of Peru, Don Rubén Darío of Nicaragua, Don Rufino Blanco-Fombona of Venezuela, Professor Carlos Bransby of the University of California, and Dr. Alfred Coester of Brooklyn, N. Y.

E. C. H.
S. G. M.

CONTENTS

VENEZUELA

CANCIONES

INTRODUCTION

I

SPANISH LYRIC POETRY TO 1800

It has been observed that epic poetry, which is collective and objective in its nature, always reaches its full development in a nation sooner than lyric poetry, which is individual and subjective. Such is certainly the case in Spain. Numerous popular epics of much merit existed there in the Middle Ages.[1] Of a popular lyric there are few traces in the same period; and the Castilian lyric as an art-form reached its height in the sixteenth, and again in the nineteenth, centuries. It is necessary always to bear in mind the distinction between the mysterious product called popular poetry, which is continually being created but seldom finds its way into the annals of literature, and artistic poetry. The chronicler of the Spanish lyric is concerned with the latter almost exclusively, though he will have occasion to mention the former not infrequently as the basis of some of the best artificial creations.

If one were to enumerate *ab origine* the lyric productions of the Iberian Peninsula he might begin with the vague references of Strabo to the songs of its primitive inhabit-

[1] The popular epics were written in assonating lines of variable length. There were also numerous monkish narrative poems (*mester de clerecía*) in stanzas of four Alexandrine lines each, all riming (*cuaderna vía*).

xi

ants, and then pass on to Latin poets of Spanish birth, such
as Seneca, Lucan and Martial. The later Spaniards who
wrote Christian poetry in Latin, as Juvencus and Pruden-
tius, might then be considered. But in order not to embrace
many diverse subjects foreign to the contents of this collection, we must confine our inquiry to lyric production in the
language of Castile, which became the dominating tongue
of the Kingdom of Spain.

Such a restriction excludes, of course, the Arabic lyric, a
highly artificial poetry produced abundantly by the Moors
during their occupation of the south of Spain; it excludes
also the philosophical and religious poetry of the Spanish
Jews, by no means despicable in thought or form. Catalan
poetry, once written in the Provençal manner and of late
happily revived, also lies outside our field.

Even the Galician poetry, which flourished so freely
under the external stimulus of the Provençal troubadours,
can be included only with regard to its influence upon
Castilian. The Galician dialect, spoken in the northwest
corner of the Peninsula, developed earlier than the Castilian
of the central region, and it was adopted by poets in other
parts for lyric verse. Alfonso X of Castile (reigned 1252–
1284) could write prose in Castilian, but he must needs
employ Galician for his *Cantigas de Santa María*. The
Portuguese nobles, with King Diniz (reigned 1279–1325) at
their head, filled the idle hours of their bloody and passionate
lives by composing strangely abstract, conventional poems
of love and religion in the manner of the Provençal *canso*,
dansa, *balada* and *pastorela*, which had had such a luxuriant
growth in Southern France in the eleventh and twelfth
centuries. A highly elaborated metrical system mainly

distinguishes these writers, but some of their work catches a pleasing lilt which is supposed to represent the imitation of songs of the people. The popular element in the Galician productions is slight, but it was to bear important fruit later, for its spirit is that of the *serranas* of Ruiz and Santillana, and of *villancicos* and eclogues in the sixteenth century.

It was probably in the neighborhood of 1350 that lyrics began to be written in Castilian by the cultured classes of Leon and Castile, who had previously thought Galician the only proper tongue for that use, but the influence of the Galician school persisted long after. The first real lyric in Castilian is its offspring. This is the anonymous *Razón feyta d'amor* or *Aventura amorosa* (probably thirteenth century), a dainty story of the meeting of two lovers. It is apparently an isolated example, ahead of its time, unless, as is the case with the Castilian epic, more poems are lost than extant. The often quoted *Cántica de la Virgen* of Gonzalo de Berceo (first half of thirteenth century), with its popular refrain *Eya velar*, is an oasis in the long religious epics of the amiable monk of S. Millán de la Cogolla. One must pass into the succeeding century to find the next examples of the true lyric. Juan RUIZ, the mischievous Archpriest of Hita (flourished *ca.* 1350), possessed a genius sufficiently keen and human to infuse a personal vigor into stale forms. In his *Libro de buen amor* he incorporated lyrics both sacred and profane, *Loores de Santa Marta* and *Cánticas de serrana*, plainly in the Galician manner and of complex metrical structure. The *serranas* are particularly free and unconventional. The Chancellor Pero LÓPEZ DE AYALA (1332-1407), wise statesman, brilliant historian and

trenchant satirist, wrote religious songs in the same style
and still more intricate in versification. They are included
in the didactic poem usually called *El rimado de palacio*.

Poetry flourished in and about the courts of the monarchs
of the Trastamara family; and what may be supposed a
representative collection of the work done in the reigns of
Henry II (1369–1379), John I (1379–1388), Henry III
(1388–1406) and the minority of John II (1406–1454), is
preserved for us in the *Cancionero* which Juan Alfonso de
Baena compiled and presented to the last-named king.
Two schools of versifiers are to be distinguished in it. The
older men, such as Villasandino, Sánchez de Talavera, .
Macías, Jerena, Juan Rodríguez del Padrón and Baena
himself, continued the artificial Galician tradition, now run
to seed. In others appears the imitation of Italian models
which was to supplant the ancient fashion. Francisco Imperial, a worshiper of Dante, and other Andalusians such
as Ruy Páez de Ribera, Pero González de Uceda and Ferrán
Manuel de Lando, strove to introduce Italian meters and
ideas. They first employed the Italian hendecasyllable,
although it did not become acclimated till the days of
Boscán. They likewise cultivated the *metro de arte mayor*,
which later became so prominent (see below, p. lxxv ff.).
But the interest of the poets of the *Cancionero de Baena* is
mainly historical. In spite of many an illuminating side-
light on manners, of political invective and an occasional
glint of imagination, the amorous platitudes and wire-drawn
love-contests of the Galician school, the stiff allegories of the
Italianates leave us cold. It was a transition period and
the most talented were unable to master the undeveloped
poetic language.

The same may be said, in general, of the whole fifteenth
century. Although the language became greatly clarified
toward 1500 it was not yet ready for masterly original
work in verse. Invaded by a flood of Latinisms, springing
from a novel and undigested humanism, encumbered still
with archaic words and set phrases left over from the Gali-
cians, it required purification at the hands of the real poets
and scholars of the sixteenth century. The poetry of the
fifteenth is inferior to the best prose of the same epoch; it .
is not old enough to be quaint ánd not modern enough to
meet a present-day reader upon equal terms.

These remarks apply only to artistic poetry. Popular
poetry, — that which was exemplified in the Middle Ages by
the great epics of the Cid, the Infantes de Lara and other
heroes, and in songs whose existence can rather be inferred
than proved, — was never better. It produced the lyrico-
epic *romances* (see *Notes*, p. 253), which, as far as one may
judge from their diction and from contemporary testimony,
received their final form at about this time, though in many
cases of older origin. It produced charming little songs
which some of the later court poets admired sufficiently to
gloss. But the cultured writers, just admitted to the splendid cultivated garden of Latin literature, despised these
simple wayside flowers and did not care to preserve them
for posterity.

The artistic poetry of the fifteenth century falls naturally
into three classes, corresponding to three currents of influence; and all three frequently appear in the work of one
man, not blended, but distinct. One is the conventional
love-poem of the Galician school, seldom containing a fresh
or personal note. Another is the stilted allegory with

erotic or historical content, for whose many sins Dante was
chiefly responsible, though Petrarch, he of the *Triunfi*, and
Boccaccio cannot escape some blame. Third is a vein of
highly moral reflections upon the vanity of life and certainty
of death, sometimes running to political satire. Its roots
may be found in the Book of Job, in Seneca and, nearer
at hand, in the *Proverbios morales* of the Jew Sem Tob
(*ca.* 1350), in the *Rimado de Palacio* of Ayala, and in a
few poets of the *Cancionero de Baena*.

John II was a dilettante who left the government of the
kingdom to his favorite, Álvaro de Luna. He gained more
fame in the world of letters than many better kings by
fostering the study of literature and gathering about him
a circle of "court poets" nearly all of noble birth. Only
two names among them all imperatively require mention.
Íñigo LÓPEZ DE MENDOZA, MARQUIS OF SANTILLANA (1398–
1458) was the finest type of *grand seigneur*, protector of
letters, student, warrior, poet and politician. He wrote
verse in all three of the manners just named, but he will
certainly be longest remembered for his *serranillas*, the
fine flower of the Provençal-Galician tradition, in which
the poet describes his meeting with a country lass. Santillana combined the freshest local setting with perfection of
form and left nothing more to be desired in that genre. He
also wrote the first sonnets in Castilian, but they are interesting only as an experiment, and had no followers. Juan
de MENA (1411–1456) was purely a literary man, without
other distinction of birth or accomplishment. His work
is mainly after the Italian model. The *Laberinto de fortuna*,
by which he is best known, is a dull allegory with much of
Dante's apparatus. There are historical passages where

the poet's patriotism leads him to a certain rhetorical height, but his good intentions are weighed down by three millstones: slavish imitation, the monotonous *arte mayor* stanza and the deadly earnestness of his temperament. He enjoyed great renown and authority for many decades.

Two anonymous poems of about the same time deserve mention. The *Danza de la muerte*, the Castilian representative of a type which appeared all over Europe, shows death summoning mortals from all stations of life with ghastly glee. The *Coplas de Mingo Revulgo*, promulgated during the reign of Henry IV (1454–1474), are a political satire in dialogue form, and exhibit for the first time the peculiar peasant dialect that later became a convention of the pastoral eclogues and also of the country scenes in the great drama.

The second half of the century continues the same tendencies with a notable development in the fluidity of the language and an increasing interest in popular poetry. Gómez Manrique (d. 1491?) was another warrior of a literary turn whose best verses are of a severely moral nature. His nephew JORGE MANRIQUE (1440–1478) wrote a single poem of the highest merit; his scanty other works are forgotten. The *Coplas por la muerte de su padre*, beautifully translated by Longfellow, contain some laments for the writer's personal loss, but more general reflections upon the instability of worldly glory. It is not to be thought that this famous poem is in any way original in idea; the theme had already been exploited to satiety, but Manrique gave it a superlative perfection of form and a contemporary application which left no room for improvement.

There were numerous more or less successful love-poets

of the conventional type writing in octosyllabics and the inevitable imitators of Dante with their unreadable allegories in *arte mayor*. The repository for the short poems of these writers is the *Cancionero general* of Hernando de Castillo (1511). It was reprinted many times throughout the sixteenth century. Among the writers represented in it one should distinguish, however, Rodrigo de Cota (?). His dramatic *Diálogo entre el amor y un viejo* has real charm, and has saved his name from the oblivion to which most of his fellows have justly been consigned. The bishop Ambrosio Montesino (*Cancionero*, 1508) was a fervent religious poet and the precursor of the mystics of fifty years later.

The political condition of Spain improved immensely in the reign of Ferdinand and Isabella (1479–1516) and the country entered upon a period of internal homogeneity and tranquillity which might be expected to foster artistic production. Such was the case; but literature was not the first of the arts to reach a highly refined state. The first half of the sixteenth century is a period of humanistic study, and the poetical works coming from it were still tentative. JUAN DEL ENCINA (1469–1533?) is important in the history of the drama, for his *églogas, representaciones* and *autos* are practically the first Spanish dramas not anonymous. As a lyric poet Encina excels in the light pastoral; he was a musician as well as a poet, and his bucolic *villancicos* and *glosas* in stanzas of six- and eight-syllable lines are daintily written and express genuine love of nature. The Portuguese GIL VICENTE (1470–1540?) was a follower of Encina at first, but a much bigger man. Like most of his compatriots of the sixteenth century he wrote in both Portuguese and Castilian, though better in the former tongue. He was close to the people in his thinking and writing and some of the songs contained in his plays reproduce the truest popular savor.

The intimate connection between Spain and Italy during the period when the armies of the Emperor Charles V (Charles I of Spain: reigned 1516–1555) were overrunning the latter country gave a new stimulus to the imitation of Italian meters and poets which we have seen existed in a premature state since the reign of John II. The man who first achieved real success in the hendecasyllable, combined in sonnets, octaves, *terza rima* and blank verse, was Juan Boscán Almogaver (1490?–1542), a Catalan of wealth and culture. Boscán was handicapped by writing in a tongue not native to him and by the constant holding of foreign models before his eyes, and he was not a man of genius; yet his verse kept to a loftier ideal than had appeared for a long time and his effort to lift Castilian poetry from the slough of convention into which it had fallen was successful. During the rest of the century the impulse given by Boscán divided Spanish lyrists into two opposing hosts, the Italianates and those who clung to the native meters (stanzas of short, chiefly octosyllabic, lines, for the *arte mayor* had sunk by its own weight).

The first and greatest of Boscán's disciples was his close friend Garcilaso de la Vega (1503–1536) who far surpassed his master. He was a scion of a most noble family, a favorite of the emperor, and his adventurous career, passed mostly in Italy, ended in a soldier's death. His poems, however (*églogas, canciones*, sonnets, etc.), take us from real life into the sentimental world of the Arcadian pastoral. Shepherds discourse of their unrequited loves and mourn amid surroundings of an idealized Nature.

The pure diction, the Vergilian flavor, the classic finish of these poems made them favorites in Spain from the first, and their author has always been regarded as a master.

With Garcilaso begins the golden age of Spanish poetry and of Spanish literature in general, which may be said to close in 1681 with the death of Calderón. It was a period of external greatness, of conquest both in Europe and beyond the Atlantic, but it contained the germs of future decay. The strength of the nation was exhausted in futile warfare, and virile thought was stifled by the Inquisition, supported by the monarchs. Hence the luxuriant literature of the time runs in the channels farthest from underlying social problems; philosophy and political satire are absent, and the romantic drama, novel and lyric flourish. But in all external qualities the poetry written during this period has never been equalled in Spain. Its polish, color and choiceness of language have been the admiration and model of later Castilian poets.

The superficial nature of this literature is exhibited in the controversy excited by the efforts of Boscán and Garcilaso to substitute Italian forms for the older Spanish ones. The discussion dealt with externals; with meters, not ideas. Both schools delighted in the airy nothings of the conventional love lyric, and it matters little at this distance whether they were cast in lines of eleven or eight syllables.

The contest was warm at the time, however. Sá de Miranda (1495–1558), the chief exponent of the Italian school in Portugal, wrote effectively also in Castilian. Gutierre de Cetina (1518?–1572?) and Fernando de Acuña (1500?–1580?) are two others who supported the new measures. One whose example had more influence is

Diego Hurtado de Mendoza (1503–1575), a famous diplomat, humanist and historian. He entertained his idle moments with verse, writing cleverly in the old style but turning also toward the new. His sanction for the latter seems to have proved decisive.

Cristóbal de CASTILLEJO (1490–1556) was the chief defender of the native Spanish forms. He employed them himself in light verse with cleverness, clearness and finish, and also attacked the innovators with all the resources of a caustic wit. In this patriotic task he was for a time aided by an organist of the cathedral at Granada, Gregorio Silvestre (1520–1569), of Portuguese birth. Silvestre, however, who is noted for the delicacy of his poems in whatever style, was later attracted by the popularity of the Italian meters and adopted them.

This literary squabble ended in the most natural way, namely, in the co-existence of both manners in peace and harmony. Italian forms were definitively naturalized in Spain, where they have maintained their place ever since. Subsequent poets wrote in either style or both as they felt moved, and no one reproached them. Such was the habit of Lope de Vega, Góngora, Quevedo and the other great writers of the seventeenth century.

A Sevillan Italianate was Fernando de HERRERA (1534?–1597), admirer and annotator of Garcilaso. Although an ecclesiastic, his poetic genius was more virile than that of his soldier master. He wrote Petrarchian sonnets to his platonic lady; but his martial, patriotic spirit appears in his *canciones*, especially in those on the battle of Lepanto and on the expedition of D. Sebastian of Portugal in Africa. In these stirring odes Herrera touches a sonorous, grandiloquent chord which rouses the reader's enthusiasm and places the writer in the first rank of Spanish lyrists. He is noteworthy also in that he made an attempt to create a poetic language by the rejection of vulgar words and the coinage of new ones. Others, notably Juan de Mena, had attempted it before, and Góngora afterward carried it to much greater lengths; but the idea never succeeded in Castilian to an extent nearly so great as it did in France, for example; and to-day the best poetical diction does not differ greatly from good conversational language.

Beside Herrera stands a totally different spirit, the Salamancan monk LUIS DE LEÓN (1527–1591). The deep religious feeling which is one strong trait of Spanish character has its representatives in Castilian literature from Berceo down, but León was the first to give it fine artistic expression. The mystic sensation of oneness with the divine, of aspiration to heavenly joys, breathes in all his writings. He was also a devoted student of the classics, and his poems (for which he cared nothing and which were not published till 1631) show Latin rather than Italian influence. There is nothing in literature more pure, more serene, more direct or more polished than *La vida del campo*, *Noche serena* and others of his compositions.

The other great mystics cared less for literature, either as a study or an accomplishment. The poems of Saint Theresa (1515–1582) are few and mostly mediocre. San Juan de la Cruz, the Ecstatic Doctor (1542–1591), wrote the most exalted spiritual poems in the language; like all the mystics, he was strongly attracted by the Song of Songs which was paraphrased by Pedro Malón de Chaide (1530–1596?). It is curious to note that the stanza adopted in the great mystical lyrics is one invented by Garcilaso and used in his amatory fifth *Canción*. It has the rime-scheme of the Spanish *quintilla*, but the lines are the Italian eleven- and seven-syllable (cf. pp. 9–12). Religious poems in more popular forms are found in the *Romancero espiritual* (1612) of José de Valdivielso, and in Lope de Vega's *Rimas sacras* (1614) and *Romancero espiritual* (1622).

There were numerous secular disciples of Garcilaso at about the same period. The names most deserving mention are those of Francisco de la Torre (d. 1594?), Luis Barahona de Soto (1535?–1595) and Francisco de Figueroa (1536?–1620), all of whom wrote creditably and sometimes with distinction in the Italian forms. Luis de Camoens (1524?–1580), author of the great Portuguese epic *Os Lusiadas*, employed Castilian in many verses with happy result.

These figures lead to the threshold of the seventeenth century which opened with a tremendous literary output in many lines. Cervantes was writing his various novels; the romance of roguery took on new life with *Guzmán de Alfarache* (1599); the drama, which had been developing rather slowly and spasmodically, burst suddenly into full flower with Lope de Vega and his innumerable followers. The old meter of the *romance* was adopted as a favorite form by all sorts and conditions of poets and was turned from its primitive epic simplicity to the utmost variety of subjects, descriptive, lyric and satiric.

From out this flood of production — for every dramatist was in a measure a lyric poet, and dramatists were legion — we can select for consideration only the men most prominent as lyrists. First in the impulse which he gave to literature for more than a century following stands Luis de ARGOTE Y

GÓNGORA (1561–1627), a Cordovan who chose to be known by his mother's name. His life was mainly that of a disappointed place-hunter. His abrupt change of literary manner has made some say that there were in him two poets, Góngora the Good and Góngora the Bad. He began by writing odes in the manner of Herrera and *romances* and *villancicos* which are among the clearest and best. They did not bring their author fame, however, and he seems deliberately to have adopted the involved metaphoric style to which Marini gave his name in Italy. Góngora is merely the Spanish representative of the movement, which also produced Euphuism in England and *préciosité* in France. But he surpassed all previous writers in the extreme to which he carried the method, and his *Soledades* and *Polifemo* are simply unintelligible for the inversions and strained metaphors with which they are overloaded.

His influence was enormous. Gongorism, or *culteranismo*, as it was called at the time, swept the minor poets with it, and even those who fought the movement most vigorously, like Lope and Quevedo, were not wholly free from the contagion. The second generation of dramatists was strongly affected. Yet there are few lyric poets worth mentioning among Góngora's disciples for the reason that such a pernicious system meant certain ruin to those·who lacked the master's talent. The most important names are the Count of Villamediana (1580–1622), a satirist whose sharp tongue caused his assassination, and Paravicino y Arteaga (1580–1633), a court preacher.

Obviously, such an innovation could not pass without opposition from clear-sighted men. LOPE DE VEGA (1562–1635) attacked it whenever opportunity offered, and his

verse seldom shows signs of corruption. It is impossible
to consider the master-dramatist at length here. He wrote
over 300 sonnets, many excellent eclogues, epistles, and, in
more popular styles, glosses, *letrillas*, *villancicos*, *romances*,
etc. Lope more than any other poet of his time kept his
ear close to the people, and his light poems are full of the
delicious breath of the country.

The other principal opponent of Gongorism was Francisco GÓMEZ DE QUEVEDO Y VILLEGAS (1580–1645), whose
wit and independence made him formidable. In 1631 he
published the poems of Luis de León and Francisco de la
Torre as a protest against the baleful mannerism in vogue.
But he himself adopted a hardly less disagreeable style,
called conceptism, which is supposed to have been invented
by Alonso de Ledesma (1552–1623). It consists in a strained
search for unusual thoughts which entails forced paradoxes,
antitheses and epigrams. This system, combined with local
allusions, double meanings and current slang, in which
Quevedo delighted, makes his poems often extremely difficult of comprehension. His *romances de jaques*, written in
thieves' jargon, are famous in Spain. Quevedo wrote too
much and carelessly and tried to cover too many fields, but
at his best his caustic wit and fearless vigor place him high.

There were not lacking poets who kept themselves free
from taint of *culteranismo*, though they did not join in the
fight against it. The brothers Argensola (LUPERCIO LEO-
NARDO DE ARGENSOLA, 1559–1613, BARTOLOMÉ LEONARDO
DE ARGENSOLA, 1562–1631), of Aragonese birth, turned to
Horace and other classics as well as to Italy for their inspiration. Their pure and dignified sonnets, odes and
translations rank high. Juan MARTÍNEZ DE JÁUREGUI

(1583-1641) wrote a few original poems, but is known mainly for his excellent translation of Tasso's *Aminta*. He too succumbed to Gongorism at times. The few poems of Francisco de RIOJA (1586?-1659) are famous for the purity of their style and their tender melancholy tone. A little apart is Esteban Manuel de VILLEGAS (1589-1669), an admirer of the Argensolas, "en versos cortos divino, insufrible en los mayores," who is known for his attempts in Latin meters and his successful imitations of Anacreon and Catullus.

The lyrics of CALDERÓN (1600-1681) are to be found mostly in his *comedias* and *autos*. There are passages which display great gifts in the realm of pure poetry, but too often they are marred by the impertinent metaphors characteristic of *culteranismo*.

His name closes the most brilliant era of Spanish letters. The decline of literature followed close upon that of the political power of Spain. The splendid empire of Charles V had sunk, from causes inherent in the policies of that over-ambitious monarch, through the somber bigotry of Philip II, the ineptitude of Philip III, the frivolity of Philip IV, to the imbecility of Charles II; and the death of the last of the Hapsburg rulers in 1700 left Spain in a deplorably enfeebled condition physically and intellectually. The War of the Succession (1701-1714) exhausted her internal strength still more, and the final acknowledgment of Philip V (reigned 1701-1746) brought hardly any blessing but that of peace. Under these circumstances poetry could not thrive; and in truth the eighteenth century in Spain is an age devoted more to the discussion of the principles of literature than to the production of it. At first the decadent remnants of the *siglo de oro* still survived, but later the French taste, following the principles formulated by Boileau, prevailed almost entirely. The history of Spanish poetry in the eighteenth century is a history of the struggle between these two forces and ends in the triumph of the latter.

The effects of Gongorism lasted long in Spain, which, with its innate propensity to bombast, was more fertile soil for it than other nations. Innumerable poetasters of the early eighteenth century enjoyed fame in their day and some possessed talent; but the obscure and trivial style of the age from which they could not free themselves deprived them of any chance of enduring fame. One may mention, as the least unworthy, Gabriel Álvarez de Toledo (1662–1714) and Eugenio Gerardo Lobo (1679–1750).

Some one has said that the poetry of Spain, with the exception of the *romances* and the drama of the *siglo de oro*, has always drawn its inspiration from some other country. Add to the exceptions the medieval epic and the statement would be close to the truth. First Provence through the medium of Galicia; then Italy and with it ancient Rome; and lastly France and England, on more than one occasion, have molded Spanish poetry. The power of the French classical literature, soon dominant in Europe, could not long be stayed by the Pyrenees; and Pope, Thomson and Young were also much admired. Philip V, a Frenchman, did not endeavor to crush the native spirit in his new home, but his influence could not but be felt. He established a Spanish Academy on the model of the French in 1714.

It was some time before the reaction, based on common sense and confined to the intellectuals, could take deep root, and, as was natural, it went too far and condemned much of the *siglo de oro* entire. The *Diario de los literatos*, a journal of criticism founded in 1737, and the *Poética* of Ignacio de Luzán, published in the same year, struck the first powerful blows. Luzán (1702–1754) followed in general the precepts of Boileau, though he was able to praise some of the good points in the Spanish tradition. His own poems are frigid. The *Sátira contra los malos escritores de su tiempo* (1742) of Jorge Pitillas (pseudonym of José Gerardo de Hervás, d. 1742) was an imitation of Boileau which had great effect. Blas Antonio Nasarre (1689–1751), Agustín Montiano (1697–1765) and Luis José Velázquez (1722–1772) were critics who, unable to compose meritorious plays or verse themselves, cut to pieces the great figures of the preceding age.

Needless to say, the Gallicizers were vigorously opposed, but so poor were the original productions of the defenders of the national manner that their side was necessarily the losing one. Vicente García de la Huerta (1734–1787) was its most vehement partisan, but he is remembered only for a tragedy, *Raquel*.

Thus it is seen that during a century of social and industrial depression Spain did not produce a poet worthy of the name. The condition of the nation was sensibly bettered under Charles III (reigned 1759–1788) who did what was possible to reorganize the state and curb the stifling domination of the Roman Church and its agents the Jesuits and the Inquisition. The Benedictine Feijóo (1675–1764) labored faithfully to inoculate Spain, far behind the rest of Europe, with an inkling of recent scientific discoveries. And the budding prosperity, however deceitful it proved, was reflected in a more promising literary generation.

Nicolás FERNÁNDEZ DE MORATÍN (1737–1780) followed
the French rules in theory and wrote a few mediocre plays
in accordance with them; but he showed that at heart he
was a good poet and a good Spaniard by his ode *Á Pedro
Romero, torero insigne,* some *romances* and his famous *quintillas,* the *Fiesta de toros en Madrid.* Other followers of the
French, in a genre not, strictly speaking, lyric at all, were
the two fabulists, Samaniego and Iriarte. F. María de
SAMANIEGO (1745–1801) gave to the traditional stock of
apologues, as developed by Phaedrus, Lokmân and La Fon-
taine, a permanent and popular Castilian form. Tomás de
IRIARTE (1750–1791), a more irritable personage who spent
much time in literary polemics, wrote original fables (*Fábulas
literarias,* 1781) directed not against the foibles of mankind
in general, but against the world of writers and scholars.

The best work which was done under the classical French
influence, however, is to be found in the writers of the so-
called Salamancan school, which was properly not a school
at all. The poets who are thus classed together, Cadalso,
Diego González, Jovellanos, Forner, Meléndez Valdés, Cienfuegos, Iglesias, were personal friends thrown together in
the university or town of Salamanca, but they were not
subjected to a uniform literary training and possessed no
similarity of style or aim as did the men of the later Sevillan
school.

José de CADALSO (1741–1782), a dashing soldier of great
personal charm killed at the siege of Gibraltar, is sometimes credited with founding the school of Salamanca. He
was a friend of most of the important writers of his time
and composed interesting prose satires; his verse (*Noches
lúgubres,* etc.) is not remarkable. FRAY DIEGO GONZÁLEZ

(1733-1794) is one of the masters of idiomatic Castilian in the century. He admired Luis de León and imitated him in paraphrases of the Psalms. The volume of his verse is small but unsurpassed in surety of taste and evenness of finish. The *Murciélago alevoso* has passed into many editions and become a favorite in Spain. The pure and commanding figure of JOVELLANOS (1744-1811) dominated the whole group which listened to his advice with respect. It was not always sure, for he led Diego González and Meléndez Valdés astray by persuading them to attempt philosophical poetry instead of the lighter sort for which they were fitted. He was in fact a greater man than poet, but his satires and *Epístola al duque de Veragua* are strong and dignified.

Juan MELÉNDEZ VALDÉS (1754-1817) was on the contrary a greater poet than man. Brilliant from the first, he was petted by Cadalso and Jovellanos who strove to develop his talent. In 1780 he won a prize offered by the Academy for an eclogue. In 1784 his comedy *Las bodas de Camacho*, on a subject suggested by Jovellanos (from an episode in *Don Quijote*, II, 19-21), won a prize offered by the city of Madrid, but failed on the stage. His first volume of poems was published in 1785; later editions appeared in 1797 and 1820. He attached himself to the French party at the time of the invasion in 1808, incurred great popular odium and died in France. He is the most fluent, imaginative poet of the eighteenth century and is especially successful in the pastoral and anacreontic styles. Fresh descriptions of nature, enchanting pictures of love, form an oasis in an age of studied reasonableness. His language has been criticized for its Gallicisms. José IGLESIAS DE LA CASA (1748-1791), a native of Salamanca and a priest, wrote much light satirical verse, epigrams, parodies and *letrillas* in racy Castilian; he was less successful in the graver forms.   Nicasio ÁLVAREZ DE CIENFUEGOS (1764–1809) passes as a disciple of Melén- dez; he was a passionate, uneven writer whose undisci- plined thought and habit of coining words lead to obscurity. Politically he opposed the French with unyielding vigor, barely escaped execution at their hands and died in exile. The verse of Cienfuegos prepared the way for Quintana. Differing from him in clarity and polish are Fr. Sánchez Barbero (1764–1819) and Leandro F. de Moratín, the dramatist (1760–1828).

One curious result of rationalistic doctrines was the "prosaism" into which it led many minor versifiers.   These poetasters, afraid of overstepping the limits of good sense, tabooed all imagination and described in deliberately prosy lines the most commonplace events.   The movement reached its height at the beginning of the reign of Charles IV (1788–1808) and produced such efforts as a poem to the gout, a nature-poem depicting barn-yard sounds, and even Iriarte's *La música* (1780), in which one may read in care- fully constructed *silvas* the definition of diatonic and chro- matic scales.

II

SPANISH LYRIC POETRY OF THE NINETEENTH CENTURY

Early in the nineteenth century the armies of Napoleon invaded Spain.   There ensued a fierce struggle for the mastery of the Peninsula, in which the latent strength and energy of the Spaniards became once more evident.   The

French devastated parts of the country, but they brought with them many new ideas which, together with the sharpness of the conflict, served to awaken the Spanish people from their torpor and to give them a new realization of national consciousness. During this period of stress and strife two poets, Quintana and Gallego, urged on and encouraged their fellow-countrymen with patriotic songs.

Manuel José QUINTANA (1772–1857) had preëminently the "gift of martial music," and great was the influence of his odes *Al armamento de las provincias contra los franceses* and *Á España después de la revolución de marzo*. He also strengthened the patriotism of his people by his prose *Vidas de españoles célebres* (begun in 1806): the Cid, the Great Captain (Gonzalo de Córdoba), Pizarro and others of their kind. In part a follower of the French philosophers of the eighteenth century, Quintana sang also of humanity and progress, as in his ode on the invention of printing. In politics Quintana was a liberal; in religious beliefs, a materialist. Campoamor has said of Quintana that he sang not of faith or pleasures, but of duties. His enemies have accused him of stirring the colonies to revolt by his bitter sarcasm directed at past and contemporaneous Spanish rulers, but this is doubtless an exaggeration. It may be said that except in his best patriotic poems his verses lack lyric merit and his ideas are wanting in insight and depth; but his sincerity of purpose was in the main beyond question and he occasionally gave expression to striking boldness of thought and exaltation of feeling. In technique Quintana was a follower of the Salamancan school.

The cleric Juan Nicasio GALLEGO (1777–1853) rivaled Quintana as a writer of patriotic verses. A liberal in politics like Quintana, Gallego also took the side of his people against the French invaders and against the servile Spanish rulers. He is best known by the ode *El dos de mayo*, in which he exults over the rising of the Spanish against the French on the second of May, 1808; the ode *Á la defensa de Buenos Aires* against the English; and the elegy *Á la muerte de la duquesa de Frías* in which he shows that he is capable of deep feeling. Gallego was a close friend of Quintana, whose salon in Madrid he frequented. Gallego wrote little, but his works are more correct in language and style than those of Quintana. It is interesting that although the writings of these two poets evince a profound dislike and distrust of the French, yet both were in their art largely dominated by the influence of French neo-classicism. This is but another illustration of the relative conservatism of belles-lettres.

In the year 1793 there had been formed in Seville by a group of young writers an Academia de Letras Humanas to foster the cultivation of letters. The members of this academy were admirers of Herrera, the Spanish Petrarchist and patriotic poet of the sixteenth century, and they strove for a continuation of the tradition of the earlier Sevillan group. The more important writers of the later Sevillan school were Arjona, Blanco, Lista and Reinoso. Manuel María de ARJONA (1771-1820), a priest well read in the Greek and Latin classics, was an imitator of Horace. José María BLANCO (1775-1841), known in the history of English literature as Blanco White, spent much time in England and wrote in English as well as in Castilian. Ordained a Catholic priest he later became an Unitarian. The best-known and most influential writer of the group was Alberto

LISTA (1775–1848), an educator and later canon of Seville. Lista was a skilful artist and like Arjona an admirer and imitator of Horace; but his ideas lacked depth. His best-known poem is probably a religious one, *Á la muerte de Jesús*, which abounds in true poetic feeling. Lista exerted great influence as a teacher and his *Lecciones de literatura española* did much to stimulate the study of Spanish letters. Félix José REINOSO (1772–1814), also a priest, imitated Milton in *octava rima*. As a whole the influence of the Sevillan school was healthful. By insisting upon purity of diction and regularity in versification, the members of the school helped somewhat to restrain the license and improve the bad taste prevailing in the Spanish literature of the time. The Catalonian Manuel de CABANYES (1808–1833) remained unaffected by the warring literary schools and followed with passionate enthusiasm the precepts of the ancients and particularly of Horace.

In the third decade of the nineteenth century romanticism, with its revolt against the restrictions of classicism, with its free play of imagination and emotion, and with lyricism as its predominant note, flowed freely into Spain from England and France. Spain had remained preëminently the home of romanticism when France and England had turned to classicism, and only in the second half of the eighteenth century had Spanish writers given to classicism a reception that was at the best lukewarm. Now romanticism was welcomed back with open arms, and Spanish writers turned eagerly for inspiration not only to Chateaubriand, Victor Hugo and Byron, but also to Lope de Vega and Calderón. Spain has always worshiped the past, for Spain was once great, and the appeal of romanticism was therefore the greater as it drew its material largely from national sources.

In 1830 a club known as the Parnasillo was formed in Madrid to spread the new literary theories, much as the Cénacle had done in Paris. The members of the Parnasillo met in a wretched little café to avoid public attention. Here were to be found Bretón de los Herreros, Estébanez Calderón, Mesonero Romanos, Gil y Zárate, Ventura de la Vega, Espronceda and Larra. The influence of Spanish epic and dramatic poetry had been important in stimulating the growth of romanticism in England, Germany and France. In England, Robert Southey translated into English the poem and the chronicle of the Cid and Sir Walter Scott published his Vision of Don Roderick; in Germany, Herder's translation of some of the Cid *romances* and the Schlegel brothers' metrical version of Calderón's dramas had called attention to the merit of the earlier Spanish literature; and in France, Abel Hugo translated into French the *Romancero* and his brother Victor made Spanish subjects popular with *Hernani* and *Ruy Blas* and the *Légendes des siècles*. But Spain, under the despotism of Ferdinand VII, the "Tyrant of Literature," remained apparently indifferent or even hostile to its own wonderful creations, and clung outwardly to French neo-classicism.[1] Böhl von Faber,[2] the German consul at Cadiz, who was influenced by the Schlegel brothers, had early called attention to the merit of the Spanish literature of the Golden Age and had even had some of Calderón's plays performed at

[1] Cf. *l'Épopée castillane*, Ramón Menéndez Pidal, Paris, 1910, pp. 249–252.

[2] The father of Fernán Caballero.

Cadiz.. And in 1832 Durán published his epoch-making *Romancero*. In 1833 Ferdinand VII died and the romantic movement was hastened by the home-coming of a number of men who had fled the despotism of the monarch and had spent some time in England and France, where they had come into contact with the romanticists of those countries. Prominent amongst these were Martínez de la Rosa, Antonio Alcalá Galiano, the Duke of Rivas and Espronceda.

In this period of transition one of the first prominent men of letters to show the effects of romanticism was Francisco MARTÍNEZ DE LA ROSA (1787–1862). Among his earlier writings are a *Poética* and several odes in honor of the heroes of the War of Independence against the French. After his exile in Paris he returned home imbued with romanticism, and his two plays, *Conjuración de Venecia* (1834) and *Abén Humeya* (1836: it had already been given in French at Paris in 1830), mark the first public triumph of romanticism in Spain. But Martínez de la Rosa lacked fôrce . and originality and his works merely paved the way for the greater triumph of the Duke of Rivas. Ángel de Saavedra, DUQUE DE RIVAS (1791–1865), a liberal noble, insured the definite triumph of romanticism in Spain by the successful performance of his drama *Don Álvaro* (1835). At first a follower of Moratín and Quintana, he turned, after several years of exile in England, the Isle of Malta and France, to the new romantic school, and casting off all classical restraints soon became the acknowledged leader of the Spanish romanticists. Among his better works are the lyric *Al faro de Malta*, the legendary narrative poem *El moro expósito* and his *Romances históricos*. The *Romances* are more sober in tone and less fantastic, — and it should be added, less popular to-day, — than the legends of Zorrilla. After a tempestuous life the Duke of Rivas settled quietly into the place of director of the Spanish Academy, which post he held till his death.

José de ESPRONCEDA (1808–1842) was preëminently a disciple of Byron, with Byron's mingling of pessimism and aspiration, and like him in revolt against the established order of things in politics and social organization. His passionate outpourings, his brilliant imagery and the music of his verse give to Espronceda a first place amongst the Spanish lyrical poets of the nineteenth century. Some of his shorter lyrics (e.g. *Canto á Teresa*) are inspired by his one-time passion for Teresa with whom after her marriage to another he eloped from London to Paris. The poet's best known longer works are the *Diablo mundo* and the *Estudiante de Salamanca*, which are largely made up of detached lyrics in which the subjective note is strikingly prominent. Espronceda was one of those fortunate few who shine in the world of letters although they work little. Both in lyric mastery and in his spirit of revolt, Espronceda holds the place in Spanish literature that is held in English by Byron. He is the chief Spanish exponent of a great revolutionary movement that swept over the world of letters in the first half of the nineteenth century.

José ZORRILLA (1817–1893) first won fame by the reading of an elegy at the burial of Larra. Zorrilla was a most prolific and spontaneous writer of verses, much of which is unfinished in form and deficient in philosophical insight. But in spite of his carelessness and shallowness he rivaled Espronceda in popularity. His verses are not seldom melo-dramatic or childish, but they are rich in coloring and poetic fancy and they form a vast enchanted world in which the Spaniards still delight to' wander. His versions of old Spanish legends are doubtless his most enduring work and their appeal to Spanish patriotism is not less potent to-day than when they were written. Zorrilla's dramatic works were successful on the stage by reason of their primitive vigor, especially *Don Juan Tenorio*, *El Zapatero y el rey* and *Traidor, inconfeso y mártir*. This "fantastic and legendary poet" went to Mexico in 1854 and he remained there several years. After that date he wrote little and the little lacked merit.

Gertrudis Gómez de AVELLANEDA (1814–1873) was born in Cuba but spent most of her life in Spain. Avellaneda was a graceful writer of lyrics in which there was feeling and melody but little depth of thought. With her the moving impulse was love, both human and divine. Her first volume of poems (1841) probably contains her best work. Her novels *Sab* and *Espatolino* were popular in their day but are now fallen into oblivion. Some of her plays, especially *Baltasar* and *Munio*, do not lack merit. Avellaneda is recognized as the foremost poet amongst the women of nineteenth-century Spain.

Two of the most successful dramatists of this period, García Gutiérrez and Hartzenbusch, were also lyric poets. Antonio GARCÍA GUTIÉRREZ (1813–1884), the author of *El trovador*, published two volumes of mediocre verses. Juan Eugenio HARTZENBUSCH (1806–1880) was, like Fernán Caballero, the child of a German father and a Spanish mother. Though an eminent scholar and critic, he did not hesitate in his *Amantes de Teruel* to play to the popular passion for sentimentality. He produced some lyric verse of worth. Manuel BRETÓN DE LOS HERREROS (1796–1873) was primarily a humorist and satirist, who turned from lyric verse to drama as his best medium of expression. He delighted in holding up to ridicule the excesses of romanticism. Mention should be made here of two poets who had been, like Espronceda, pupils of Alberto Lista. The eclectic poet MARQUÉS DE MOLINS (Mariano Roca de Togores: 1812–1889) wrote passively in all the literary genres of his time. VENTURA DE LA VEGA (1807–1865) was born in Argentina, but came to Spain at an early age. He was a well-balanced, cautious writer of mediocre verses that are rather neo-classic than romantic.

A marked reaction against the grandiose exaggerations of later romanticism appears in the works of José SELGAS y Carrasco (1824–1882), a clever writer of simple, sentimental verses. At one time his poetry was highly praised and widely read, but for the most part it is to-day censured as severely as it was once praised. Among the contemporaries of Selgas were the writer of simple verses and one-time popular tales, Antonio de TRUEBA (1821–1889) and Eduardo BUSTILLO, the author of *Las cuatro estaciones* and *El ciego de Buenavista*. Somewhat of the tradition of the Sevillan school persisted in the verses of Manuel CAÑETE and Narciso CAMPILLO (1838–1900) and in those of the poet and literary critic José AMADOR DE LOS RÍOS.

The Sevillan Gustavo Adolfo BÉCQUER (1836–1870) wrote perhaps the most highly polished Spanish verse of the nineteenth century. His *Rimas* are charged with true poetic fancy and the sweetest melody, but the many inversions of word-order that were used to attain to perfection of metrical form detract not a little from their charm. His writings are contained in three small volumes in which are found, together with the *Rimas*, a collection of prose legends. His prose work is filled with morbid mysticism or fairy-like mystery. His dreamy prose is often compared to that of Hoffmann and his verses to those of Heine, although it is doubtful if he was largely influenced by either of these German writers. Bécquer sings primarily of idealized human love. His material· life was wretched and it would seem that his spirit took flight into an enchanted land of its own creation. Most human beings love to forget at times their sordid surroundings and wander in dreamland; hence the enduring popularity of Bécquer's works and especially of the *Rimas*. Bécquer has been widely imitated throughout the Spanish-speaking world, but with little success. In this connection it should be noted that the Spanish poets who have most influenced the Spanish literature of the nineteenth century, both in the Peninsula and in America, are the Tyrtaean poet Quintana, the two leading romanticists Espronceda and Zorrilla and the mystic Bécquer.

Like most writers in Latin lands, Juan VALERA y Alcalá Galiano (1824–1905) and Marcelino MENÉNDEZ Y PELAYO (1856–1912) began their literary career with a volume or two of lyric verses. Valera's verses have perfect metrical form and evince high scholarship, but they are too learned to be popular. The lyrics of Menéndez y Pelayo have also more merit in form than in inspiration and are lacking in human interest. Both authors turned soon to more congenial work: Valera became the most versatile and polished of all nineteenth century Spanish writers of essays and novels; and Menéndez y Pelayo became Spain's greatest scholar in literary history. The popular novelist, Pedro Antonio de ALARCÓN (1833–1891), wrote lyrics in which there is a curious blending of humor and skepticism.

The foremost Spanish poet of the closing years of the nineteenth century was Ramón de CAMPOAMOR y Campoosorio (1817–1901) who is recognized as the initiator in Spain of a new type of verse in his *Doloras* and *Pequeños poemas*. The *doloras* are, for the most part, metrical fables or epigrams, dramatic or anecdotal in form, in which the author unites lightness of touch with depth of feeling. The *pequeño poema* is merely an enlarged *dolora*. Campoamor disliked Byron and he disliked still more the sonorous emptiness that is characteristic of too much Spanish poetry.[1] In philosophy he revered Thomas à Kempis; in form he aimed at conciseness and directness rather than at artistic perfection. His poetry lacks enthusiasm and coloring, but it has dramatic interest.

The poets Manuel del PALACIO (1832–1895) and Federico BALART (1831–1905), though quite unlike in genius, won the esteem of their contemporaries. Palacio wrote excellent sonnets and epigrams. In his *Leyendas y poemas* he proved his mastery of Spanish diction; he had, moreover, the saving grace of humor which was so noticeably lacking in Zorrilla's legends. The poet and literary critic, Balart, achieved fame with his *Dolores*, in which he mourns with sincere grief the death of his beloved wife. Mention should also be made of the following poets who deserve recognition in this brief review of the history of Spanish lyric poetry: Vicente Wenceslao QUEROL (1836–1889), a Valencian, whose *El eclipse*, *Cartas á María*, and *La fiesta de Venus*, evince a remarkable technical skill and an unusual correctness of dic-

---

[1] Menéndez y Pelayo (*Ant. Poetas Hisp.-Am.*, I, p. lv) says: "Al fin españoles somos, y á tal profusión de luz y á tal estrépito de palabras sonoras no hay entre nosotros quien resista."

tion; Teodoro LLORENTE (cf. p. 279); José GALIANO ALCALÁ whose verses have delicate feeling and lively imagination; Emilio FERRARI (b. 1853), the author of *Abelardo é Hipatia* and *Aspiración;* the pessimistic poets, Joaquín María de BARTRINA (1850–1880) and Gabino TEJADO; Salvador RUEDA (b. 1857), author of *En bloque, En tropel* and *Cantos de la vendimia;* and the poet and dramatist, Eduardo MARQUINA.

After the death of Campoamor in the first year of the twentieth century, the title of *doyen* of Spanish letters fell by universal acclaim to Gaspar NÚÑEZ DE ARCE (1834–1903). Núñez de Arce was a lyric poet, a dramatist and a writer of polemics, but first of all a man of action. With him the solution of political and sociological problems was all-important, and his literary writings were mostly the expression of his sociological and political views. Núñez de Arce is best known for his *Gritos del combate* (1875), in which he sings of liberty but opposes anarchy with energy and courage. As a satirist he attacks the excesses of radicalism as well as the vices and foibles common to mankind.[1] As a poet he is neither original nor imaginative, and often his ideas are unduly limited; but he writes with a manly vigor that is rare amongst Spanish lyric poets, most of whom have given first place to the splendors of rhetoric.

Most writers on the history of European literatures have

---

[1] Speaking of Núñez de Arce's satire, Juan Valera says humorously, in *Florilegio de poesías castellanas del siglo XIX*, Madrid, 1902, Vol. I, p. 247: «Está el poeta tan enojado contra la sociedad, contra nuestra descarriada civilización y contra los crímenes y maldades de ahora, y nos pinta tan perverso, tan vicioso y tan infeliz al hombre de nuestros días, atormentado por dudas, remordimientos, codicias y otras viles pasiones, que, á mi ver, lejos de avergonzarse este hombre de descender del mono, debiera ser el mono quien se avergonzara de haberse humanado.»

called attention to the fact that at the beginning of the nineteenth century there was a great outpouring of lyricism, which infused itself into prose as well as verse. When this movement had exhausted itself there came by inevitable reaction a period of materialism, when realism succeeded romanticism and prose fiction largely replaced verse. And now sociological and pseudo-scientific writings threaten the very existence of idealistic literature. And yet through it all there has been no dearth of poets. Browning in England and Campoamor in Spain, like many before them, have given metrical form to the expression of their philosophical views. And other poets, who had an intuitive aversion to science, have taken refuge in pure idealism and have created worlds after their own liking. To-day prose is recognized as the best medium for the promulgation of scientific or political teachings, and those who are by nature poets are turning to art for art's sake. Poetry is less didactic than formerly, and it is none the less beautiful and inspiring.

The *Notes* to this volume contain historical sketches of the literatures of Argentina (p. 279), Colombia (p. 285), Cuba (p. 291), Ecuador and Peru (p. 296), Mexico (p. 307), and Venezuela (p. 315). It is to be regretted that lack of space has excluded an account of the literatures of other Spanish-American countries, and especially of Chile and Uruguay.

III

SPANISH VERSIFICATION

Spanish versification is subject to the following general laws:
(1) There must be a harmonious flow of syllables, in which harsh combinations of sounds are avoided. This

usually requires that stressed syllables be separated by one or more unstressed syllables.[1]

(2) Verse must be divided into phrases, each of which can be uttered easily as one breath-group. The phrases are normally of not less than four nor more than eight syllables, with a rhythmic accent on the next to the last syllable of each phrase.[2] Phrases of a fixed number of syllables must recur at regular intervals. There may or may not be a pause at the end of the phrase.

(*a*) In the 11-syllable binary line the phrases may recur at irregular intervals. In lines with regular ternary movement phrasing is largely replaced by rhythmic pulsation (cf. p. lxx).

(3) There must be rime of final syllables, or final vowels, recurring at regular intervals.

(*a*) In some metrical arrangements of foreign origin the rimes recur at irregular intervals, or there is no rime at all. See the *silva* and *versos sueltos* under *Strophes*.

⌜Whether normal Spanish verse has, or ever had, binary movement, with the occasional substitution of a "troche" for an "iambic," or vice-versa, is in dispute.[3] That is, whether in Spanish verse, with the usual movement, (1) the alternation of stressed and unstressed syllables is essential, or whether (2) the

---

[1] By stress is meant secondary as well as primary syllabic stress. Thus, *en nuestra vida* has primary stress on *vi–*, and secondary stress on *nues–*.

[2] The unstressed syllable may be lacking, or there may be two unstressed syllables, after the rhythmic accent. See under *Syllabication*.

[3] There are in Spanish certain types of verses in which there is regular ternary movement throughout. These are treated separately. Cf. p. lxx.

mere balancing of certain larger blocks of syllables is sufficient. For instance, in this line of Luis de León:

> ya muestra en esperanza 'el fruto cierto,

is there regular rhythmic pulsation, much less marked than in English verse, doubtless, — but still an easily discernible alternation of stressed and unstressed syllables? If so, there must be secondary stress on *es-*. Or is *ya muestra en esperanza* one block, and *el fruto cierto* another, with no rhythmic stresses except those on *–anza* and *cierto?*

The truth seems to be that symmetry of phrases (the balancing of large blocks of syllables) is an essential and important part of modern Spanish versification; but that, in musical verse of the ordinary type, there is also a subtle and varied binary movement, while in some recitative verse (notably the dramatic *romance* verse) the binary movement is almost or quite negligible.[1]

---

[1] A count of Spanish verses (none from drama), by arbitrarily assuming three contiguous atonic syllables to be equal to $- \acute{-} -$ (with secondary stress on the middle syllable), gave the following results (cf. *Romanic Review, Vol. III*, pp. 301–308):

Common syllabic arrangements of 8-syllable lines:

(1) $\acute{-} - \acute{-} - \acute{-} - \acute{-}$ (–): Esta triste voz oí.

(2) $- \acute{-} - \acute{-} - - \acute{-}$ (–): Llorando dicen así.

(3) $- \acute{-} - - \acute{-} - \acute{-}$ (–): Mi cama las duras peñas.

Of 933 lines, 446 (nearly one-half) were in class (1); 257 in class (2); and 191 in class (3). The remaining lines did not belong to any one of these three classes.

Common syllabic arrangements of 11-syllable lines:

(1) $- \acute{-} - \acute{-} - \acute{-} - \acute{-} - \acute{-}$ (–): Verás con cuánto amor llamar porfía.

(2) $\acute{-} - \acute{-} - - \acute{-} - \acute{-} - \acute{-}$ (–): Cuántas veces el ángel me decía.

(3) $\acute{-} - - \acute{-} - \acute{-} - \acute{-} - \acute{-}$ (–): Este matiz que al cielo desafía.

Of 402 lines, 216 (slightly more than one-half) were in class (1); 94 were in class (2); and 75 in class (3). The remaining lines did not belong to any one of these three classes. Note that, in these arrangements of the 11-syllable lines, the irregularities in rhythm are found only in the first four syllables.

Some poets have used at times a quite regular binary movement in Spanish verse; but they have had few or no followers, as the effect was too monotonous to please the Spanish ear. Thus, Solís:

> Siempre orillas de la fuente
> Busco rosas á mi frente,
> Pienso en él y me sonrío,
> Y entre mí le llamo mío,
> Me entristezco de su ausencia,
> Y deseo en su presencia
> La más bella parecer
> (p. 53, ll. 6–12)

The Colombian poet, José Eusebio Caro, wrote much verse thus, under the influence of the English poets.

On the other hand, some recent "decadent" poets have written verses in which the principle of symmetry of phrases, or of a fixed number of syllables, is abandoned, and rhythm and rime are considered sufficient to make the lines musical. Thus, Leopoldo Lugones (born 1875?), of Argentina, in verses which he calls «libres» (cf. *Lunario sentimental*, Buenos Aires, 1909):

> Luna, quiero cantarte
> ¡Oh ilustre anciana de las mitologías!
> Con todas las fuerzas de mi arte.
>
> Deidad que en los antiguos días
> Imprimiste en nuestro polvo tu sandalia,
> No alabaré el litúrgico furor de tus orgías
> Ni su erótica didascalia,
> Para que alumbres sin mayores ironías,
> Al polígloto elogio de las Guías,
> Noches sentimentales de *mises* en Italia.
> (*Himno á la luna*)

This is largely a harking back to primitive conditions, for in the oldest Castilian narrative verse the rule of "counted syllables" apparently did not prevail. Cf. the *Cantar de mío Cid*, where there is great irregularity in the number of syllables. And, although in the old *romances* the half-lines of eight syllables largely predominate, many are found with seven or nine syllables, and some with even fewer or more. The adoption of the rule of "counted syllables" in Spanish may have been due to one or more of several causes: to the influence of medieval Latin rhythmic songs;[1] to French influence; or merely to the development in the Spanish people of a feeling for artistic symmetry.

Other poets of to-day write verses in which the line contains a fixed number of syllables or any multiple of that number. Thus, Julio Sesto (*Blanco y Negro*, Nov. 5, 1911):

¡Cómo desembarcan . . ., cómo desembarcan
esas pobres gentes . . .!
Desde la escalera de la nave todo Nueva York abarcan
de un vistazo: muelles, río, casas, puentes . . .
Y después que todos sus cinco sentidos
ponen asombrados en ver la ciudad,
como agradecidos,
miran á la estatua de la Libertad.
¡Ella es la Madona, ella es la Madona,
que de la Siberia saca á los esclavos,
que á los regicidas la vida perdona,
y que salva á muchos de contribuyentes, pobres, perseguidos,
súbditos y esclavos! . . .
            (*La tierra prometida*)

Spanish poets have often tried to write verses in classical meters with the substitution of stress for quantity. Thus, Villegas in the following hexameters:

Seis veces el verde soto coronó su cabeza
de nardo, de amarillo trebol, de morada viöla,
en tanto que el pecho frío de mi casta Licoris
al rayo del ruëgo mío deshizo su hielo.[2]

---

[1] Such as:

> Stabat Mater dolorosa
> Juxta crucem lachrymosa
> Dum pendebat filius.

[2] Apparently *trebol* instead of *trébol*. These lines are quoted by Eugenio Mele, in *La poesia barbara in Ispagna*, Bari, 1910.

José Eusebio Caro wrote similar hexameters, and, strange to say, made alternate lines assonate:

> ¡Céfiro rápido lánzate! ¡rápido empújame y vivo!
> ¡Más redondas mis velas pon: del proscrito á los lados,
> haz que tus silbos·susurren dulces y dulces suspiren!
> ¡Haz que pronto del patrio suelo se aleje mi barco!
> (*En alta mar*)

The number of these direct imitations is large; but few succeeded. They are, at best, foreign to the spirit of Castilian poetry.

In singing Spanish verses two facts are of especial interest: that, where the rules of prosody require synalepha, hiatus sometimes occurs (especially in opera), thus:

> Recógete — ese pañuelo.
> (Olmedo, *Folk-lore de Castilla*, p. 133)

> Y el pájaro — era verde.
> (Ledesma, *Cancionero salmantino*, p. 53)

And that musical accents do not necessarily coincide with syllabic stresses, even at the end of a phrase. Thus,

> ¡Cuántas vèces, vida mìa,
> Te asomàrás al balcòn![1]

> ¡Cuerpo buèno, alma divìna,
> Qué de fàtigas me cuèstas!

> ¡Bendiga Dios ese cuerpò,
> Tan llenísimo de gracià!
> (Hernández, *Flores de España*) ⌐

---

[1] The grave accent mark (`) indicates a strong musical accent.

SYLLABICATION

In most modern Spanish verse there is a fixed number of
syllables in a line up to and including the last stressed
syllable.[1] In counting these syllables consideration must
be given to the following facts:

(1) SYNERESIS

Within a word two or three contiguous vowels usually
combine to form a diphthong or a triphthong respectively
(this is called "syneresis"): *bai|le, rey, oi|go, ciu|dad,
cui|da|do, es|tu|diar, es|tu|diáis, dien|te, lim|pio, gra|cio|so,
muy, bien, pue|de, buey,* etc.

Exceptions:

(*a*) A stressed "weak" vowel (*i, u*) may not combine
with a "strong" vowel (*a, e, o*) to form a diphthong: *dí|a,*

---

[1] The number of unstressed syllables at the end of a line is not fixed.
See p. lvi.

In order to have the correct number of syllables, poets sometimes
(1) shorten a word or (2) shift the accent:

      (1) ¿Y á qué mi puro *espîrtu* sucias carnes . . .
          (Cabanyes, *Á Cintio*)

      (2) Puede querer . . .? *Abralé* . . .
          (Zorrilla, *Don Juan Tenorio,* Ia parte, III, 6)
         Deben de ser *angeles.*
         (Lope de Vega, *El mejor alcalde el rey,* II)

Note the artificial separation of lines in some dramatic *romance*-verse:

         . . . Soy un cate-
      Cúmeno muy diligente.
         (Calderón, *El José de las mujeres,* II)
      De una vil hermana, de un
      Falso amigo, de un infame
      Criado . . .
         (Calderón, *No hay burlas con el amor,* III)

*rí|e, frí|o, ra|íz, le|í|do, o|í|do, con|ti|nú|a, con|ti|nú|e, con|-
ti|nú|o, ba|úl, sa|bí|a, sa|brí|ais, ca|í|ais,* etc.[1]

Exceptions are rare:

Su|pe | que | se|ría | di|cho|so |
(Calderón, *No hay burlas con el amor,* III)

Cf. also *rendíos,* etc., where the *o* of *os* combines with
the *í* by synalepha.

(*b*) *uá, uó,* are usually dissyllabic, except after *c, g,* and
j: a|dú|a|na, sü|a|ve; but *cua|tro, san|ti|guó, Juan,* etc.
Syneresis may occur: *sua|ve.*

(*c*) *úi* is usually dissyllabic, except in *muy: flú|i|do.*

(*d*) Two unstressed strong vowels, if they follow the
stress, regularly form a diphthong; but if they precede they
may form a diphthong or they may be dissyllabic, usually
at the option of the poet.

Que | del | em|pí|reo en | el | ce|nit | fi|na|ba.[2]
(p. 180, l. 11)
Las | mar|mó|reas|, y aus|te|ras | es|cul|tu|ras.
(p. 138, l. 22)
La | ne|gra ad|ver|si|dad|, con | fé|rrea | ma|no.
(p. 144, l. 20)
El | tiem|po en|tre | sus | plie|gues | ro|e|do|res.
(p. 85, l. 24)

---

[1] Note that in these combinations the weak vowel receives the accent
mark. Some Spanish-American poets have sinned grievously, by reason
of their local pronunciation, in diphthongizing a strong vowel with a
following stressed weak vowel, as *maiz, a|taud, oi|do,* for *ma|íz, a|ta|úd,
o|í|do,* respectively, etc.

[2] Note that here poetic usage differs from the rules for syllabication
that obtain in prose. Thus, in *empíreo* the *í* receives the accent mark,
since it is held to be in the antepenultimate syllable, but in verse *empíreo*
is regularly trisyllabic.

Te | van | á ar|mar | do | ca|e|rás | in|cau|ta.
(p. 40, l. 24)
La | fe|al|dad | del | vi|cio|; pe|ro hu|yó|se . . .[1]
(p. 39, l. 14)
En | tan | frá|gil | rea|li|dad.
(p. 97, l. 18)
La | sub|li|me | poe|sí|a | re|ver|be|ra.
(p. 149, l. 19)

(e) Two strong vowels, if one is stressed, are usually dissyllabic:

pa|se|a, re|cre|o, ca|no|a, etc.

A|rran|ca a|rran|ca|, Dios | mí|o,
De | la | men|te | del | po|e|ta
Es|te | pen|sa|mien|to im|pí|o
Que en | un | de|li|rio | cre|ó.
(p. 83, ll. 7-10)
¿Qué | se hi|cie|ron | tus | mu|ros | to|rre|a|dos,
    Oh | mi | pa|tria | que|ri|da?
¿Dón|de | fue|ron | tus | hé|roes | es|for|za|dos,
    Tu es|pa|da | no | ven|ci|da?
(p. 78, ll. 1-4)
A|na|cre|on|te, el | vi|no y | la a|le|grí|a.
(p. 150, l. 4)
Sa|e|ta | que | vo|la|do|ra . . .
(p. 121, l. 15)
De o|ro | la | na|o| ga|di|ta|na a|por|ta.
(p. 39, l. 24)
Y | no | se es|me|re en | lo|ar|la.
(p. 43, l. 18)
Don|de á | ca|er | vol|ve|rá.
(p. 121, l. 22)

[1] The ea of fealdad is normally disyllabic by analogy with feo. Cf. (f) below.

Syneresis is rare, but may occur, — except in *éa*, *éo* and *óa*, — provided the second vowel does not receive a rhythmic accent:

> Es|cri|ba|no al | caer | el | sol.
> (p. 109, l. 3)
> Caen | es|ta|llan|do | de | los | fuer|tes | gon|ces.
> (p. 57, l. 19)
> Cual | na|ve | real | en | triun|fo em|pa|ve|sa|da.
> (p. 40, l. 15)

(*f*) In some words vowels that would normally form a diphthong are usually dissyllabic by analogy with other forms derived from the same stem: *fi|é*, *fi|ó* (cf. *fí|o*), *ri|ó*, *ri|e|ron* (cf. *rí|o*), *con|ti|nu|é* (cf. *con|ti|nú|o*), *di|a|rio* (cf. *dí|a*), *bri|o|so* (cf. *brí|o*), *hu|í*, *hu|i|mos* (cf. *hu|yo*), etc. Syneresis is rare, but possible, as in *brio|so* for *bri|o|so*.

(*g*) Prefixes, except *a*–, usually form separate syllables: *pre|in|ser|to*, *re|im|pri|mir*, *re|hu|sar;* but *aho|gar.* If the syllable after *a*– is stressed, dieresis usually occurs:

> Á | los | que a|ho|ra a|cla|ma.
> (p. 220, l. 3)
> En | la | sub|li|me | so|le|dad | a|ho|ra . . .
> (p. 188, l. 3)

(2) DIERESIS

By poetic license vowels that normally form one syllable may often be dissolved into separate syllables (this is called "dieresis") at the will of the poet: *glo|rio|so* or *glo|ri|o|so*, *rui|do* or *ru|i|do*, etc.[1]   See also (1), *d*, above.

---

[1] Note that the dieresis mark is generally used in dieresis of two weak vowels, or of strong and weak vowels where the strong vowel is stressed.

But dieresis is impossible if the diphthong is *ie* or *ue* from
Latin *ĕ* and *ŏ* respectively, as in *bien, siente, huevo, puedo.*

(3) SYNALEPHA

The final vowel or diphthong of one word and the initial
vowel or diphthong of an immediately following word in the
same line usually combine to form one syllable (this is called
"synalepha")[1] as in:

> Cuan|do | re|cuer|do | la | pie|dad | sin|ce|ra
> Con | que en | mi e|dad | pri|me|ra
> En|tra|ba en | nues|tras | vie|jas | ca|te|dra|les.
> > (p. 137, ll. 19-21)
> La | cien|cia au|daz|, cuan|do | de | ti | se a|lle|ja.
> > (p. 143, l. 16)
> ¡És|ta es | Es|pa|ña! A|tó|ni|ta y | mal|tre|cha . . .
> > (p. 147, l. 3)
> Que | mi | can|tar | so|no|ro
> A|com|pa|ñó has|ta a|quí|; no a|pri|sio|na|do . . .
> > (p. 49, ll. 6-7)

The vowels of three words may thus combine if the
middle word is *a* (or *ha*) (see also (4), *a*):

> Le | di|jo és|te á u|na | mu|jer.
> > (p. 79, l. 15)
> Sal|va á es|ta | so|cie|dad | des|ven|tu|ra|da.
> > (p. 143, l. 12)

---

[1] Note that the union of vowels in separate words is called synalepha,
while the union of vowels within a word is called syneresis. But synalepha may occur in combinations of vowels in which syneresis would
be impossible. Compare *te|ní|a* and *ca|no|a* with:

> A|sí al | man|ce|bo in|te|rrum|pe (p. 94, l. 13).
> Ni | la | mi|ra|da | que | lan|zó al | sos|la|yo (p. 219, l, 8).

(4) HIATUS

(a) Hiatus (i.e. the final vowel of one word and the initial vowel of the immediately following word form separate syllables)[1] is caused by the interposition of a weak unstressed vowel, as in:

> En | sus | re|cuer|dos | de | hiel.
>
> (p. 84, l. 3)
>
> De | sus | á|la|mos | y | huer|tos.
>
> (p. 91, l. 8)
>
> Y hoy | en | sus | can|ta|res | llo|ra.
>
> (p. 84, l. 18)

Note that, similarly, the vowels of three words may not combine, if the middle word is y, é (or he), ó (or oh), ú:

> O|llas | de | pla|ta y | a|zul.
>
> (p. 73, l. 12)
>
> Que | la al|ma | no|che | ó el | bri|llan|te | dí|a.
>
> (p. 180, l. 20)
>
> ¿Quién | cal|ma|rá, | ¡Oh Es|pa|ña! | tus | pe|sa|res?
>
> (p. 79, l. 7)

And in all such expressions as: o|cio|so é | i|rri|ta|do, Se|vi|lla | ú O|vie|do, etc.

Except when a vowel is repeated:

> Si he es|cu|cha|do | cuan|do ha|bla|bas.
>
> (Calderón, No hay burlas con el amor, III)

In modern Spanish, h, being silent, has no effect, but in older Spanish, h for Latin f, being then pronounced, prevented synalepha, as in:

> Por | el | mes | e|ra | de | ma|yo
>
> cuan|do | ha|ce | la | ca|lor.
>
> (p. 7, l. 1-2)

---

[1] Note that hiatus between words is equivalent to dieresis within a word.

Hiatus was common in Old Spanish, except when the first of two words was the definite article, a personal pronoun-object or the preposition *de;* or when the vowels were the same.

(*b*) Hiatus is usual when the initial vowel of the second word has a strong accent (usually the rhythmic accent at the end of a line or phrase):

Pues | en | fin | me | de|jó | una (Calderón).

Ta|lles | fue|ron | ya | és|tos | cual | her|mo|so (Herrera).

Tal | de | lo | al|to | tem|pes|tad | des|he|cha (Maury).

No hay | pla|ce|res | en | su | al | ma.

           (p. 85, l. 4)

Cuan|do | po|bre | de | a|ños | y | pe|sa|res

           (p. 221, l. 9)

Con|ti|go | se | fué | mi | hon|ra.

           (p. 103, l. 19)

De | gra|na|das | es|pi|gas|; tú | la | u|va) . .

           (p. 215, l. 5)

Por|que es | pa|ra el | ser | que | a|ma.

           (p. 84, l. 9)

Muy | más | her|mo|sa | la | ha|llan

           (p. 44, l. 5)

El | ne|va|do | cue|llo | al|za

           (p. 43, l. 4)

Por|que | tam|bién | e|ra| u|so.

           (p. 115, l. 9)

Que en | la | bo|ca, y | só|lo | u|no.

           (p. 52, l. 26)

Gen|te en | es|te | mon|te | an|da . . .

Ya | que | de | tu | vis|ta | hu|ye.

           (Calderón)

Gi|gan|te | o|la| que el | vien|to . . .[1]

           (p. 121, l. 23)

[1] Synalepha is usually to be avoided when it would bring together two stressed syllables as in *gigante ola, querido hijo*, etc.

But synalepha is possible (especially of *de o–*):

To|do e|le|va|ba | mi á|ni|mo in|tran|qui|lo.

(p. 139, l. 22)

Yo | le | da|ré|; mas | no en | el | ar|pa | de o|ro . . .

(p. 49, l. 5)

And synalepha is the rule, if stress on the initial syllable is weak:

Á o|tra | per|so|na en | Ma|drid.

(p. 36, l. 19)

To|da|, to|da e|res | per|fec|ta.

(p. 44, l. 22)

If the vowels are the same, they usually combine into one:

Del | sol | en | la al|ta | cum|bre

(p. 49, l. 13)

Tem|blar | en | tor|no | de él|: un | ar|co in|men|so . . .

(p. 180, l. 10)

(5) FINAL SYLLABLES

In estimating the number of syllables in a Spanish verse-line one final unstressed syllable after the last stressed syllable is counted whether it be present or not; or, if there be two unstressed syllables at the end of the line, only one is counted.[1] Thus the following are considered 8-syllable lines although, in fact, one line has nine syllables and another has only seven:

La | sal|pi|ca | con | es|com|bros

De | cas|ti|llos | y | de al|cá|za|res . . .

Pa|ra | vol|ver | á | bro|tar . . .

---

[1] In Spanish, a word stressed on the final syllable is called *agudo;* a word with one syllable after the stress is called *grave* or *llano;* one with two syllables after the stress, *esdrújulo: farol, pluma, pájaro.*

This system of counting syllables obtains in Spanish because there is one and only one unstressed syllable at the end of most verse-lines. It would, perhaps, be more logical to stop the count with the last stressed syllable, as the French do. For instance, a Spanish 11-syllable line would be called a "feminine" 10-syllable line by the French; but the French language has only one vowel (*e*) that may occur in a final unstressed syllable, while in Spanish there are several (*a, e, o*, rarely *i, u*).

RIME

Spanish poetry may be in rimed verse or in blank verse. (1) Rimed verse may have "consonance," in which there is rime of the last stressed vowel and of any consonants and vowels that may follow in the line, as in:

> En las presas
> Yo divido
> Lo cogido
> Por igual:
> Sólo quiero
> Por riqueza
> La belleza
> Sin rival.
> (p. 75, ll. 5-12)

> Madre mía, yo soy niña;
> No se enfade, no me riña,
> Si fiada en su prudencia
> Desahogo mi conciencia,
> (p. 51, ll. 10-13)

> ¡Cuán solitaria la nación que un día
> Poblara inmensa gente!
> ¡La nación cuyo imperio se extendía
> Del ocaso al oriente!
> (p. 76, ll. 19-22)

¡Oh tú, que duermes en casto lecho,
De sinsabores ajeno el pecho,
Y á los encantos de la hermosura
Unes las gracias del corazón,
Deja el descanso, doncella pura,
Y oye los ecos de mi canción!
(p. 199, ll. 1-6)

In a diphthong consisting of a strong and a weak vowel the weak vowel may be disregarded in rime. Cf. above: *prudencia, conciencia; corazón, canción; igual, rival.*

(2) Or rimed verse may have "assonance," in which there is rime of the last accented vowel and of any final vowel that may follow in the line, but not of consonants.[1]

Assonance of alternate lines is the usual rime of the *romances*, as in:

Cabellos de mi cabeza
lléganme al corvejón;
los cabellos de mi barba
por manteles tengo yo:
las uñas de las mis manos
por cuchillo tajador.
(p. 7, ll. 15-20)

Here the assonance is *o*.

[1] Assonance is rare in popular English verse, but it occurs in some household rimes; e. g.:

Little Tommy Tucker,
He cried for his supper.
What shall little Tommy Tucker have for his supper?
Black-eyed beans and bread and butter.

Here the assonance is *ú–er* (final unstressed *–er* in standard present-day English represents vocalic *r*).

¡Abenámar, Abenámar,
moro de la morería,
el día que tú naciste
grandes señales había!
Estaba la mar en calma,
la luna estaba crecida:
moro que en tal signo nace,
no debe decir mentira.

(p. 1, ll. 1–8)

Here the assonance is *í–a*.[1]

Del salón en el ángulo obscuro,
De su dueño tal vez olvidada,
Silenciosa y cubierta de polvo
Veíase el arpa.
¡Cuánta nota dormía en sus cuerdas,
Como el pájaro duerme en las ramas,
Esperando la mano de nieve
Qué sabe arrancarlas!

(p. 122, ll. 12–19)

Here the assonance is *á–a*.

The following rules for assonance should be noted:

(*a*) In modern Spanish a word stressed on the final syllable may not assonate with one stressed on a syllable preceding the final.[2]

(*b*) A word stressed on the penult may assonate with one

---

[1] The *romances viejos* were originally in lines of approximately sixteen syllables, and every line then had assonance.

[2] In the old *romances* and in the medieval epic, *á* could assonate with *á–é*. In singing these old verses every line was probably made to end in an unstressed vowel by adding paragogic *e* to a final stressed syllable. Thus, *son* was sung as *sone*, *dar* as *dare*, *temí* as *temíe*, etc. Cf. Men. Pel., *Ant.* V, 65; XI, 86, 92; and Men. Pid., *Cantar de mio Cid*, I, 65 f.

stressed on the antepenult. Vowels between the stressed syllable and the final syllable are disregarded, as in *cruza*, *cúpula* (*ú–a*), *bañe*, *márgenes*, *árabes* (*á–e*).

(*c*) In stressed diphthongs and triphthongs only the vowels receiving the stress assonate, as in *vale*, *aire* (*á–e*), *cabellos*, *suelo* (*é–o*), *envolviendo*, *aposento* (*é–o*), *guardias*, *alta* (*á–a*), *pleito*, *siento* (*é–o*), *mucho*, *triunfo* (*ú–o*).

(*d*) In unstressed diphthongs and triphthongs only the strong vowels assonate, as in *turba*, *lluvia* (*ú–a*), *licencia*, *quisierais* (*é–a*), *pido*, *continuo* (*í–o*). Similarly, *e* or *o*, before another strong vowel, is disregarded in an unstressed diphthong, as in *modo*, *erróneo* (*ó–o*), *crece*, *héroe* (*é–e*).

(*e*) In final unstressed syllables, *i* and *u* (not in diphthongs) assonate with *e* and *o*, respectively, as in *verde*, *débil* (*é–e*), *amante*, *fácil* (*á–e*), *líquido*, *espíritu* (*í–o*).

(3) In Spanish blank verse (*versos sueltos*, *libres*, *blancos*) there is usually no rime; or if there be rime it is merely incidental. Blank verse usually consists of 11-syllable lines.

> ¡Oh! ¡cuánto rostro veo, á mi censura,
> De palidez y de rubor cubierto!
> Ánimo, amigos, nadie tema, nadie,
> Su punzante aguijón; que yo persigo
> En mi sátira el vicio, no al vicioso.
> (p. 39, ll. 3-7)

Blank verse is little used in Spanish. It occurs chiefly in serious satirical or philosophical poems. But separate *versos sueltos* are introduced into some varieties of compositions, such as the *romance*, *seguidilla*, *silva*, etc.[1]

---

[1] The *versos sueltos* are, with regard to the absence of rime, in imitation of classic Greek and Latin verse. They came into Spain by way of Italy during the Renaissance movement. Abjured by the romanticists, they were restored to favor by Núñez de Arce.

VERSE-MEASURES

A. VERSE WITH BINARY MOVEMENT[1]

In modern Spanish this verse is commonly found in lines
of seven, eight or eleven syllables. It may occur in
lines of any length; but in lines of five or six syllables the binary and ternary movements are generally
mingled. In Old Spanish binary lines of approximately
8 + 8 and 7 + 7 syllables were common, and lines of
6 + 6, or of nine, syllables were then, as now, also
occasionally used.[2]

The most popular measure, and the one of most importance
in the history of Spanish verse, is the 8 + 8-syllable line
of the old *romances*, which was later divided into two
8-syllable lines, and became the most common measure in
the drama and in popular songs. This line usually has only
one rhythmic accent, which falls on the seventh syllable.[3]

> Mis arreos son las armas,
> mi descanso el pelear,
> mi cama las duras peñas,
> mi dormir siempre velar
> (p. 5, ll. 1–4)

---

[1] The term "binary" is used here to distinguish ordinary Spanish
verse from that with regular ternary movement. Cf. p. lxx.

[2] Verses of three or four syllables are best treated as half-lines, with
inner rime (*versos leoninos*).

[3] By "rhythmic accent" is meant the musical accent on the last
stressed syllable of a phrase and not syllabic stresses that may occur
within a phrase.

Rarely 8-syllable lines are written with a fixed accent on the third syllable (cf. p. 51, l. 10 f.).[1] There is then sometimes *pie quebrado* in alternate lines, as in:

> Hijo mío mucho amado,
> Para mientes;
> No contrastes á las gentes
> Mal su grado.
> Ama: é serás amado;
> Y podrás
> Hazer lo que no harás
> Desamado.[2]

Next to the popular 8-syllable line the most important measure in modern Spanish verse is that of eleven syllables, with binary movement, which came to Spain from Italy in the fifteenth century, and was generally accepted by the writers of the Siglo de Oro. This 11-syllable line, though of foreign origin, has held the boards as the chief erudite measure in Spanish verse for four centuries, and taken all in all it is the noblest metrical form for serious poems in modern Spanish. A striking peculiarity of the line is its flexibility. It is not divided into hemistichs as were its predecessors, the 14-syllable Alexandrine and the 12-syllable *arte mayor* verse; but it consists of two phrases and the position of the inner rhythmic accent is usually variable.

---

[1] They are less common in Spanish than in Italian:

> Sai tu dirme, o fanciullino,
> In qual pasco gita sia
> La vezzosa Egeria mia
> Ch'io pur cerco dal mattino?
> (Paolo A. Rolli)

[2] Note the example of hiatus in this older Spanish.

A well constructed line of this type has a rhythmic accent
on the sixth syllable, or a rhythmic accent on the fourth
syllable (usually with syllabic stress on the eighth), beside
the necessary accent in the tenth position. Generally the
inner accent falls on the sixth syllable approximately twice
as often as on the fourth.

> Y con diversas flòres va esparcièndo . . . (León)
> Y para envejecèrse florecièron . . . (Calderón)
>
> .   .   .   .
>
> Cuna y sepùlcro en un botón hallàron . . . (Calderón)
> Se mira al mùndo á nuestros pies tendìdo . . . (Zorrilla)

Logically, the close of the first phrase should coincide
with the end of the word that receives the inner rhythmic
accent, and this is usually so, as in:

> ¿Qué tengo yò, | que mi amistad procùras? . . . (Lope)
> Son la verdad y Diòs, | Dios verdadèro . . . (Quevedo)

But in some lines the rhetorical and the rhythmic accents
do not coincide, as in:

> . . . pero huyòse
> El pudor á vivìr en las cabàñas . . . (Jovellanos)
> Del plectro sabiamènte meneàdo . . . (León)
> Que á mi puerta, cubièrto de rocìo . . . (Lope)

The 11-syllable line may be used alone. Cf. the sonnets
of Lope de Vega (p. 14) and Calderón (p. 18), the *Epístola
satírica* of Quevedo (p. 15), the blank verse of Jovellanos
(p. 38) and Núñez de Arce (p. 144), *et al.* The neo-classic
poets of the eighteenth century and some of the earlier
romanticists even used it in *redondillas* or assonated:

En pago de este amor que, mal mi grado,
Hasta el crimen me lleva en su delirio,
Y á no verse por ti menospreciado
Mi virtud elevara hasta el martirio . . .

. . . .

¿Por qué de nuevo pálida tristeza
Tus rosadas mejillas descolora?
¿Por qué tu rostro en lágrimas se inunda?
¿Por qué suspiras, niña, y te acongojas?
(Bretón de los Herreros, *¿Quién es ella?*)

But the poets of the Siglo de Oro and the neo-classic poets generally used it in combination with 7-syllable lines, as in Leon's verses:

¡Qué descansada vida,
la del que huye el mundanal rüido,
y sigue la escondida
senda por donde han ido
los pocos sabios que en el mundo han sido!

Strophes of three 11-syllable lines and one 5-syllable line (*versos sáficos*) are not uncommon in highly lyric poems. Usually, in the long lines, the inner accent falls on the fourth syllable, with syllabic stress on the eighth, and with cesura after the fifth syllable. Thus:[1]

Dulce vecino de la verde selva,
Huésped eterno del Abril florido,
Vital aliento de la madre Venus,
Céfiro blando.
(Villegas, *Al céfiro*)

[1] Mele (*op. cit.*) states that the Sapphic ode was introduced into Spain from Italy by Antonio Agustín, bishop of Tarragona, in the first half of the sixteenth century, and quotes these lines by Agustín:

Iúpiter torna, como suele, rico:
Cuerno derrama Jove copiöso,
Ya que bien puede el pegaseo monte
Verse y la cumbre.

The romanticists used the *versos sáficos* with rime.　Thus, Zorrilla:

> Huye la fuente al manantial ingrata,
> El verde musgo en derredor lamiendo,
> Y el agua limpia en su cristal retrata
> 　　Cuanto va viendo.
> 　　　(p. 86, ll. 3–6)

In the Sapphic strophe of Francisco de la Torre (d. 1594), the short line has seven syllables, and the long line may have inner rhythmic accent on the sixth, or on the fourth syllable.　Thus:

> El frío Bóreas y el helado Noto
> Apoderados de la mar insana
> Anegaron agora en este puerto
> 　　Una dichosa nave.
> 　　(*¡Tirsi, Tirsi! vuelve y endereza*)

The Sapphic strophe of Francisco de la Torre has been not infrequently imitated.　Thus, Bécquer:

> Volverán las obscuras golondrinas
> En tu balcón sus nidos á colgar,
> Y, otra vez, con el ala á sus cristales
> 　　Jugando llamarán.
> 　　(p. 122, l. 24–p. 123, l. 2) [1]

The 7-syllable line is commonly used in combination with those of eleven syllables (see above).　In the seventeenth century, particularly, the 7-syllable line was used in anacre-

---

[1] These long lines are especially cantabile, as most are accented on the third and sixth syllables.　Only one is accented on the fourth and eighth.

ontics, artistic *romances*, *quintillas*, etc., in imitation of the Italian *settenario*, as in Villegas' *Cantilena* beginning:

> Yo vi sobre un tomillo
> Quejarse un pajarillo,
> Viendo su nido amado,
> De quien era caudillo,
> De un labrador robado.

In present-day songs the 7-syllable line is rather rare, except in combination with lines of five syllables, as in:

> Camino de Valencia,
> Camino largo . . .

And:

> Á la puerta del cielo
> Venden zapatos . . .

In these lines there is no fixed inner rhythmic accent.

The Old Spanish Alexandrine verse-line was composed of two 7-syllable half-lines. In the thirteenth and fourteenth centuries numerous monkish narrative poems (*mester de clereçia*) were written in this measure:

> En el nonbre del Padre, — que fizo toda cosa,
> E de don Jhesu Christo, — Fijo dela Gloriosa,
> Et del Spiritu Sancto, — que egual dellos posa,
> De un confessor sancto — quiero fer vna prosa . . .
> (Gonzalo de Berceo)

The old Alexandrine fell before the rising popularity of the *arte mayor* verse early in the fifteenth century. In the eighteenth century a 13-syllable Alexandrine appears in Spanish in imitation of the classic French line. This later Spanish Alexandrine is not composed of two distinct half-

lines. It also has, like its French prototype, alternate
couplets of masculine and feminine lines (*versos agudos* and
versos llanos or *graves*). Thus, Iriarte:

> En cierta catedral una campana había
> Que sólo se tocaba algún solemne día
> Con el más recio son, con pausado compás,
> Cuatro golpes ó tres solía dar, no más.

There is an inner rhythmic accent on the sixth syllable.
Iriarte also revived the older Alexandrine, but without
hiatus:

> Cuando veo yo algunos, — que de otros escritores
> Á la sombra se arriman, — y piensan ser autores . . .

Recent poets have revived the old Alexandrine.[1] Thus,
Rubén Darío uses it, even retaining the hiatus between
the half-lines; but instead of grouping the lines in quatrains with monorime, as the old monks did, he uses assonance in alternate lines, which is, so far as I know, without
precedent:

> Es con voz de la Biblia — ó verso de Walt Whítman
> Que habría que llegar — hasta ti, ¡cazador!
> Primitivo y moderno, — sencillo y complicado,
> Con un algo de Wáshington — y mucho de Nemrod . . .
> (p. 211, ll. 1-4)

Lines of five or six syllables usually have a mingled binary
and ternary movement:

> Una barquera
> Hallé bizarra,
> De pocos años
> Y muchas gracias.
> (N. Moratín)

---

[1] For their use of this line with ternary movement, see p. lxxix.

Salí á las diez
Á ver á Clori
(No lo acerté):
Horas menguadas
Debe de haber . . .
(L. Moratín)

Lines of 5 + 5 syllables (*versos asclepiadeos*) are occasionally written:

Id en las alas — del raudo céfiro,
Humildes versos, — de las floridas
Vegas que diáfano — fecunda el Arlas,
Adonde lento — mi patrio río
Ve los alcázares — de Mantua excelsa.
(L. Moratín)

The Mexican poet Pesado used the same line in his *Serenata:*

¡Oh tú que duermes — en casto lecho,
De sinsabores — ajeno el pecho,
Y á los encantos — de la hermosura
Unes las gracias — del corazón,
Deja el descanso, — doncella pura,
Y oye los ecos — de mi canción!
(p. 199, ll. 1-6)

The same measure appears in a patriotic song, *Himno de Riego:*

En las cabezas — él proclamó
La suspirada — constitución,
Y enarbolando — marcial pendón,
Á los leales — acaudilló . . .[1]

---

[1] It should be noted that these latter verses, like most Spanish patriotic songs, are sung with ternary movement, thus:

Èn las cabèzas — èl proclamò . . .

This 10-syllable measure is cantabile, and its phrases are too short and too regular to make good recitative verse.

Versos alcaicos differ from the *asclepiadeos* in that the former have, in a strophe, two lines of 5 + 5, one of nine, and one of ten syllables. Thus, in these lines of Victorio Giner (who probably introduced this strophe into Spain in the second half of the nineteenth century):

> Y si los nautas, cantando el piélago,
> Con remos hieren y espumas alzan,
> Se aduerme á los ecos sus penas
> Y á los ecós su batel avanza.

Juan Luis Estelrich (*Poesías*, 1900) uses *versos alcaicos* with the first two lines of each strophe *esdrújulo*, in imitation of Carducci:

> Carmen, tu nombre trae al espíritu
> Vuelo de aromas, susurro de árboles,
> Los píos consorcios del cielo,
> Y el cantar melodioso del Lacio.
> (*Á Carmen Valera*) [1]

Romances in lines of 6 + 6 (or 6 + 5) syllables occur in popular Spanish verse, as in the Asturian *romance* of *Don Bueso*, beginning:

> Camina don Bueso — mañanita fría
> á tierra de moros — á buscar amiga . . .
> (Men. Pel., *Ant.* X, 56: cf. also *Ant.* XI, 102)

This measure was also used in *endechas*, as in *Los comendadores de Córdoba* (fifteenth century), beginning:

> ¡Los comendadores, — por mi mal os vi!
> Yo vi á vosotros, — vosotros á mí . . .

[1] Cf. Mele, *op. cit.*

The 9-syllable line was not well received in Spain, and it has been little used. Iriarte, in his desire to vary the metrical constructions of his fables, used it at least once:

> Sobre una mesa, cierto día,
> Dando estaba conversación
> Á un Abanico y á un Manguito
> Un Paraguas ó Quitasol . . .

There is certainly no fixed inner rhythmic accent in these lines. The fact seems to be that the 9-syllable line is too long to be uttered comfortably in one phrase, or breath-group, and it is too short to be regularly divided into parts by cesura.

B. VERSE WITH TERNARY MOVEMENT

Verse with regular ternary movement may occur in lines of any length, but it is commonly found only in lines of ten, eleven or twelve syllables. Many ternary lines of five and six syllables are found, but they are almost invariably mingled with binary lines. This *rondel antiguo* (Nebrija, quoted by Men. Pel., *Ant.* V. 66) is ternary throughout, it would seem:

> Despide plazer
> y pone tristura;
> crece en querer
> vuestra hermosura.

For mixed movements, see the *serranilla* on p. 45, l. 9 f.

In lines with *regular* ternary movement, properly speaking, every primary stress receives a rhythmic accent, and these accents are always separated by two atonic syllables, as in:

> Yo no sè como bàilan aquì,
> Que en mi tièrra no bàilan ansì . . .

Rarely one finds 6-syllable and 9-syllable lines with regular ternary movement, and these are probably never of popular origin. Thus:

> Serèna la lùna
> Alùmbra en el cièlo,
> Domìna en el suèlo
> Profùnda quietùd . . .
> (Espronceda, *El reo de muerte*, II)

> Y luègo el estrèpito crèce
> Confùso y mezclàdo en un sòn,
> Que rònco en las bòvedas hòndas
> Tronàndo furiòso zumbò . . .
> (Espronceda, *Estudiante de Salamanca*)

Formerly the Spanish 10-syllable line occurred usually in combination with other lines, as in:

> En la càlle de Atòcha, ¡litòn!
> Que vìve mi dàma;
> Yo me llàmo Bartòlo, ¡litòn!
> Litòque, vitòque, y [1] èlla Catànla.
> — En la càlle del Sòrdo, ¡litòn!
> Que vìve mi mòzo,
> Pues á cuànto le pìdo, ¡litòn!
> Litòque, vitòque, que sièmpre está sòrdo.
> (Quiñones de Benavente, *Entremeses, bailes, loas y sainetes*, quoted
> by Milá y Fontanals, *Obras completas*, Vol. V, p. 324 f.)

[1] There is hiatus here.

Calderón used it in the *Viña del Señor:*

Á la vìña, á la vìña, zagàles;
Zagàles, venìd, venìd á la vìña.
Á la vìña, á la vìña, zagàles,
Y vàya de jìra, de bùlla y de bàile.
Zagàles, venìd, venìd á la vìña,
Y vàya de bàile, de bùlla y de jìra.

A recent number of the *Ilustración Española y Americana* (15 Enero, 1911) contains lines of similar construction by Don Rafael Torromé:

Al miràr su carìta sonriènte,
　　Tan dùlce y tan buèna,
Siempre obsèrvo que mi àlma presiènte,
　　Con duèlo y con pèna,
Que más tàrde este mùndo inclemènte
Trocarà en sentimièntos de hièna
Los pùros afèctos de su àlma inocènte.

Iriarte did not hesitate to write fables in these 10-syllable lines alone:

De sus hìjos la tòrpe Avetùrda
El pesàdo volàr conocìa . . .

And the romanticists of the nineteenth century used it not infrequently:

Con inmòvil, irònica muèca
Inclinàron formàndo en redòr . . .
　(Espronceda, *Est. de Sal.*)

Del salòn en el àngulo obscùro,
De su duèño tal vèz olvidàda,
Silenciòsa y cubièrta de pòlvo,
　Velase el àrpa.
　(Bécquer, *Rima* VII)

In the nineteenth century this line came to be popular in patriotic songs which are sung by the multitude, while the crash of the drum marks the rhythmic accents:

> Entonèmos festìvos cantàres,
> Pues el dìa felìz ha llegàdo,
> Que del yùgo servìl aliviàdo
> Goza yà el Españòl libertàd.
>   (*La Constitución*)

> Al combàte corrèd, Bayamèses,
> Que la pàtria os contèmpla orgullòsa;
> No temàis una muèrte gloriòsa,
> Que morìr por la pàtria es vivìr.
>   (Cuban national hymn, cf. p. 251)

The commoner form of verse with 11-syllable ternary lines is that popularly called "*de gaita gallega*" (Men. Pel., *Ant.*, V, p. cxcv; X, 141. Cf. also Milá, *op. cit.*), the assumption being that this verse is intimately related to that type of popular Galician poetry known as the *muiñeira*, which was sung to the music of the bagpipe. These lines are typical of the "*endecasílabos de gaita gallega*":

> Tànto bailè á la puèrta del cùra,
> Tànto bailè que me diò calentùra;
> Tànto bailè á la puèrta del hòrno,
> Tànto bailè que me dièron un bòllo.[1]

---

[1] Many Galician *muiñeiras* have been collected: cf. Milá, *op. cit.;* Carolina Michaëlis de Vasconcellos, *Cancioneiro de Ajuda*, Vol. II, Halle, 1904; José Pérez Ballesteros, *Cancionero popular gallego*, Madrid, 1885.

Menéndez y Pelayo (*Ant.* X, 141) gives, in his collection of *Romances tradicionales de Asturias,* the following one in ternary 11-syllable lines:

La tentación

— ¡Ày, probe Xuàna de cuèrpo garrìdo!
¡Ày, probe Xuàna de cuèrpo galàno!
¿Dònde le dèxas al tù buen amìgo?
¿Dònde le dèxas al tù buen amàdo?
— ¡Muèrto le dèxo á la orìlla del rìo,
muèrto le dèxo á la orìlla del vàdo!
— ¿Cuànto me dàs, volverètelo vìvo?
¿ Cuànto me dàs, volverètelo sàno?
— Dòyte las àrmas y dòyte el rocìno,
dòyte las àrmas y dòyte el cabàllo.
— No hè menestèr ni armàs ni rocìno,
no hè menestèr ni armàs ni cabàllo . . .

It should be noted that this poem has assonance of the odd and of the even lines. Men. Pel. says of this popular 11-syllable *romance* that «su aparición en la poesía popular castellana es un fenómeno singular, aun en Asturias misma, y hasta ahora no se ha presentado más ejemplo que éste.» Note the apparent shifting of stress in *armas.* Iriarte and L. Moratìn did not scorn to use this line.

Iriarte:

Cièrta criàda la càsa barrìa
Còn una escòba muy sùcia y muy vièja . . .

Moratín (in the chorus of *Padres del Limbo*):

Hùyan los àños con ràpido vuèlo;
Gòce la tièrra duràble consuèlo;
Mìre á los hòmbres piadòso el Señòr . . .

The 11-syllable line of ternary movement has had less vogue in artistic verse than those of ten and twelve syllables.[1]

The Spanish ternary 12-syllable line was formerly used chiefly in combination with lines of ten or eleven syllables. Some examples of mingled 10- and 12-syllable lines have already been given above. Another is:

> Mancebìto, perdòne las hèmbras,
> Que còmen y bèben y nò tienen rèntas.
> — Pues, mocìtas, maldìtas sean èllas,
> Ó còsan ó làbren ó càiganse muèrtas.

A song of mingled 11- and 12-syllable lines begins thus:

> Al pàsar la bàrca, me dìjo el barquèro:
> Mòza bonìta no pàga dinèro.[2]

Efforts have been made from time to time to use the ternary movements in erudite verse, but these, for the most part, have proven futile. The most serious and the most successful attempt appears in the use of the *copla de arte mayor* in the fifteenth century. The *copla (metro, versos) de arte mayor* consists of mingled 12- and 11-syllable lines arranged in strophes of eight lines, each with consonantal rime according to some definite scheme. The *arte mayor* verse attained to its most perfect form and its greatest

---

[1] In *Las hijas del Cid* E. Marquina has used a flexible 11-syllable ternary line beginning with either $\stackrel{.}{-} - - \stackrel{.}{-}$ or $- \stackrel{.}{-} - \stackrel{.}{-}$:

> Sus nòmbres jùntos los llèvo en el àlma,
> Jùntos los guàrda tambièn mi memòria.

These are blank verses with occasional assonance.

[2] Cf. Milá, *op. cit.* In singing *pasar*, there is apparently a shifting of stress which is not uncommon in songs.

popularity in *El laberinto de la fortuna* (1444?), by Juan de Mena, of which the following is a strophe:

> Amores me dieron corona de amores
> porque mi nombre por más bocas ande;
> entonçes no era mi mal menos grande,
> quando me dauan plazer sus dolores;
> vençen el seso sus dulçes errores,
> mas non duran sienpre, segund luego plazen;
> pues me fizieron del mal que vos fazen,
> sabed al amor desamar, amadores.
> (Strophe 106)

The old *arte mayor* verse has these distinguishing characteristics:

The line is divided into hemistichs, each of which may have four, five or six syllables, thus:

$$(1) \; (-) - - - \prime (-) \mid (-) - - - \prime (-),$$

except that the final syllable of the first hemistich and the initial syllable of the second may not both be lacking. These arrangements may also occur (the third is rare):

$$(2) \; (-) - - - \prime - - \mid - - - \prime (-)$$
$$(3) \; (-) - - - \prime \mid - - - - - \prime (-).$$

Examples of types:

(1) Las grandes fazañas | de nuestros mayores . . . (Str. 4)
Vayan de gente | sabidos en gente . . . (Str. 3)
Reconocerán | maguer que feroce . . . (Str. 274)
Assí que qualquiera | cuerpo ya muerto . . . (Str. 244)
Cuya virtud | maguer que reclama . . .
Sufren que passen | males e viçios . . . (Str. 232)
(2) E ví á Pitágoras | que defendía . . . (Str. 118)
Bien como médico | mucho famoso . . . (Str. 178)
(3) Quando el señor | es en neçessidad . . . (Str. 258)

The initial unstressed syllable of the first hemistich is lacking in approximately one-third of the lines of the *Laberinto*.
These lines resemble the 11-syllable *gaita gallega* verse, and
the others resemble the popular Galician 12-syllable ternary
line, for in both the final unstressed syllable of the first
hemistich may fall,[1] which seems to indicate that the appearance of the *arte mayor* verse in Castilian was due to
Galician influence.

Again, as in many Galician songs of this type, the ternary
movement of the old *arte mayor* verse is not strictly regular.
Approximately nine-tenths of the lines in the *Laberinto* may
be read with regular ternary movement:

$$(-) \, \acute{-} - - \acute{-} \, (-) \mid (-) \, \acute{-} - - \acute{-} \, (-),$$

by giving a rhythmic accent to a syllable with secondary
stress or to a middle syllable in a group of atonics, in a
not inconsiderable number of lines, as in:

> Pòr las altùras, | collàdos y cèrros . . .
> Assì que tu ères | la gòvernadòra . . .

In the remaining lines the commonest movement is:

$$(-) - \acute{-} - \acute{-} \, (-) \mid (-) - \acute{-} - \acute{-} \, (-),$$

as in:

> Aquel claro padre, aquel dulce fuente . . .

---

[1] Cf. these Galician *muiñeiras*, cited by Milá y Fontanals (*Romania*,
VI, p. 47 f.):

> Càndo te vèxo | na bèira do río,
> Quèda o meu còrpo | tembràndo de frìo;
> Càndò te vèxo | d'o mònte n'altùra,
> A tòdo o mon còrpo | lle dà calentùra.
> Ìsca d'ahì | galìña maldìta,
> Ìsca d'ahì | non me màte la pìta;
> Ìsca d'ahì | galìña ladròna,
> Ìsca d'ahì | pra càs de tua dòna.

In the second half of the sixteenth century and in the seventeenth century, the *arte mayor* verse was out of fashion, although it appeared occasionally, as in these lines of Lope de Vega (a variety of the Sapphic strophe), with inner rime:

> Amor poderoso en cielo y en tierra,
> dulcísima guerra de nuestros sentidos,
> ¡oh, cuántos perdidos con vida inquiëta
> tu imperio sujeta!
> (From first act of *Dorotea*)

In the nineteenth century it was restored to favor by the romanticists.[1] Good examples are: Espronceda, *El templario;* Avellaneda, *Las siete palabras;* and Zorrilla, *Á un torreón* (part). Some writers used it even in the drama (cf. Gil y Zárate, *Guzmán el bueno*). The modern *arte mayor* verse is written in 12-syllable lines, usually with regular ternary movement. Thus:

> ¡Oh Antìlla dichòsa! | ¿qué màgicos sònes,
> Qué lùz inefàble, | qué extràña alegrìa,
> Del cièlo destièrran |'los nègros crespònes,
> Prestàndo á esta nòche | la pòmpa del dìa?

> ¿Por què tan ufàna, | tan bèlla la lùna
> Con fàz refulgènte | comiènza su gìro,
> Y no hày leve sòmbra | que crùce importùna
> Su tròno esmaltàdo | de plàta y zafìro?
> (Avellaneda, *Serenata de Cuba*)

---

[1] Iriarte, of course, had written a fable or two in *arte mayor* verse. Cf. *Fábula* XXXIX.

Soldàdos, la Pàtria | nos llàma á la lìd;
Jurèmos por èlla | vencèr ó morìr;
Serènos, alègres, | valièntes, osàdos,
Cantèmos, soldàdos, | el hìmno á la lìd:
Ya nuèstros acèntos | el òrbe se admìre,
Y en nòsotros[1] mìre | los hìjos del Cìd;
Ya nuèstros acèntos | el òrbe se admìre,
Y en nòsotros mìre | los hìjos del Cìd.
(*Himno de Riego:* cf. p. 242)

Lines of fourteen and fifteen syllables with ternary movement are never popular, and in artistic verse they are exceedingly rare. Avellaneda used these measures in *Soledad
del alma:*

Sàle la auròra risuèña, de flòres vestìda,
Dàndole al cièlo y al càmpo variàdo colòr;
Tòdo se anìma sintièndo brotàr nueva vìda,
Càntan las àves, y el àura suspìra de amòr.

. . . .

Huyèron velòces — cual nùbes que el vièneto arrebàta —
. Los brèves momèntos de dìcha que el cièlo me diò . . .
¿Por què mi existència, ya inùtil, su cùrso dilàta,
Si el tèrmino ansiàdo á su espàlda perdìdo dejò?

Some recent poets have attempted to write ternary Alexandrine verse. Thus, the Peruvian poet, José S. Chocano
(1867–ᅠ):

Los Estados Unidos, como argolla de bronce,
contra un clavo sujetan de la América un pie;
y la América debe, si pretende ser libre,
imitarles primero, é igualarles después.

[1] Note in *nosotros* the shifting of stress, which the musical notation
indicates clearly.

Imitemos ¡oh Musa! las crujientes est'ofas
que en el Norte se arrastran con la gracia de un tren,
y que giren las rimas como ruedas veloces
y que caigan los versos como varas de riel.
(*La epopeya del Pacífico*)

STROPHES

There are certain conventional combinations of line and
rime known by special names. Those used in modern
Spanish may best be considered under the heads (I) Assonance, (II) Consonantal Rime, and (III) No Rime.

I. (1) The *romance* is the most characteristic and national of all Spanish meters. The proper *romance* consists
of 8-syllable lines with assonance in alternate lines[1] (cf.
pp. 1–8, 42, etc.). The structure of the *romance* line has
already been treated (p. lxi). In the old *romances* there
was no division into stanzas, but poets from the end of the
sixteenth century on regularly employ a pause after every
fourth line, thereby creating a series of quatrains (pp. 42,
60, etc.), except in the drama (p. 19).

(2) Alternate assonance may be employed with lines of
any length. With 11-syllable lines the verse is called *romance heroico* or *real*. Lines of seven syllables make *versos
anacreónticos*. The name *endecha* is given to some assonated verse of either six (p. 124) or seven syllables. When
the first three lines of a stanza are of seven syllables and the
last of eleven, the verse is called *endecha real*. For examples
of alternate assonance in lines of various lengths, see pp. 122
(2 examples), 123, 137, 160, 177.

An *estribillo*, or refrain, may be used in any assonating
verse (p. 45).

---

[1] Historically, of 16-syllable lines, all assonating.

(3) The use of alternate assonance in lines of fourteen syllables (pp. 211, 212) is a none too happy device of the author.

(4) The *seguidilla* is usually a stanza of seven lines of seven and five syllables in length, in this order: 7, 5, 7, 5; 5, 7, 5. There is usually a pause after the fourth line; lines 2 and 4 have one assonance and lines 5 and 7 another. The assonances change from one stanza to another. See pp. 112 and 120. In some · *seguidillas* the stanzas consist only of the first four lines described.

II. The native Spanish strophes are usually combinations of 8-syllable or shorter lines. The 11-syllable line, itself an importation from Italy, brought with it many well-known Italian strophes. In none of the pure Italian forms are lines ending in *agudos* or *esdrújulos* permissible.

(1) The *redondilla mayor* consists of four 8-syllable lines with the rime-scheme *abba* (pp. 149, 167), or, less commonly, *abab* (p. 136). It is a common and characteristic Spanish meter. The *redondilla menor* has the same form expressed in lines of less than eight syllables. The same rime-schemes are found with lines of seven or of eleven (pp. 117, 207) syllables, and with combinations of eleven and seven (p. 134), or eleven and five (p. 86) syllables; but they are not properly called *redondillas*.

(2) The *quintilla* is a 5-line strophe, usually of 8-syllable lines. Only two rimes are used in one stanza, and not more than two lines having the same rime should stand together (pp. 26, 114). *Quintillas* are sometimes written with lines of other lengths. Examples with eleven and seven syllables are found on pp. 128, 133 and 148. The stanza used in *Vida retirada* (p. 9) is termed *lira:* cf. *Introduction*, p. xxiii.

(3) The *décima* (or *espinela*) is a 10-line strophe of 8-syllable lines which may be considered as two *quintillas;* but there should be a pause after the fourth line, and the rime-scheme is usually as follows: *abbaaccddc.*

(4) The *arte mayor* line has already been described (p. lxxv). The *copla de arte mayor* is a stanza of eight such lines, usually having the rime-scheme *abbaacca.*

(5) The *octava rima* (Ital. *ottava rima*) is an Italian form. Each stanza has eight 11-syllable lines with the rime-scheme *ababbcc.* Examples are found of octaves employing short lines. A variety of the *octava rima* is the *octava bermudina* with the rime-scheme *abbcdeec,* the lines in *c* ending in *agudos.*

(6) The *soneto* (sonnet) is formed of fourteen 11-syllable lines. In the Siglo de Oro it appears as a much stricter form than the English sonnet of the corresponding period. The quatrains have the regular construction *abba,* and the tiercets almost always follow one of two types: either *cde, cde,* or *cdcdcd.* See pp. 14, 18, 148, etc.

(7) *Tercetos* (Italian *terza rima*), the verse used by Dante in the *Divina Commedia,* are formed of 11-syllable lines in groups of three, with the rime-scheme *aba, bcb, cdc,* etc., ending *yzyz.* See p. 15.

(8) The term *canción,* which means any lyrical composition, is also applied specifically to a verse form in which the poet invents a typical strophe, with a certain length of line and order of rimes, and adheres to this type of stanza throughout the whole poem. The lines are of eleven and seven syllables, — the Italian structure. Of such nature are the poems on pp. 8, 20, 71, 137 (bottom), 174, 190.

The same procedure is employed with lines of any length,

but the poem is not then called *canción*. For strophes in
10-syllable lines, see p. 199; in 8-syllable lines, pp. 16, 51,
83, 151; in 7-syllables, p. 202.

(9) The *silva* is a free composition of 11- and 7-syllable
lines. Most of the lines rime, but without any fixed order,
and lines are often left unrimed. See pp. 46, 54, 152, 214
(bottom), etc. A similar freely riming poem in lines of
seven syllables is Villegas' *Cantilena* (p. 17).

(10) The Asclepiadean verse (p. lxviii) and the Sapphic
(p. lxiv) and Alcaic (p. lxix) strophes have already been
described. These may be rimed, or in blank verse.

(11) Numerous conventional names are given to poems
for some other characteristic than their metrical structure.
Thus a *glosa* (gloss) is a poem "beginning with a text, a
line of which enters into each of the stanzas expounding it."
A *letra* may be a short gloss. The name *letrilla* is applied
sometimes to a little poem in short lines which may be set
to music (p. 9), and sometimes to a strophic poem with a
refrain (p. 16). A *madrigal* is a short *silva* upon a light
topic, an expanded conceit. The term *cantilena* is given
to any short piece of verse intended to be set to music
(p. 17). *Serranillas*, in which is described the meeting of
a gentleman with a rustic maiden, are famous for the examples written by Juan Ruiz and the Marquis of Santillana.
A *villancico* is a popular poem with a refrain, usually dealing with an episode celebrated in a church festival (p. 13).

III. *Versos sueltos, libres* or *blancos* (blank verse) are
formed, as in English, of 11-syllable lines, with occasionally a shorter line thrown in. There is no rime, but sometimes a couplet may mark the close of an idea. See pp. 38
and 144, and cf. also p. lx.

ESPAÑA

ROMANCES

ABENÁMAR

¡Abenámar, Abenámar,
moro de la morería,
el día que tú naciste
grandes señales había!
Estaba la mar en calma,   5
la luna estaba crecida:
moro que en tal signo nace,
no debe decir mentira. —
Allí respondiera el moro,
bien oiréis lo que decía: 10
— Yo te la diré, señor,
aunque me cueste la vida,
porque soy hijo de un moro
y una cristiana cautiva;
siendo yo niño y muchacho   15
mi madre me lo decía:
que mentira no dijese,
que era grande villanía:
por tanto pregunta, rey,

1

que la verdad te diría.
— Yo te agradezco, Abenámar
aquesa tu cortesía.
¿Qué castillos son aquéllos?
¡Altos son y relucían!
— El Alhambra era, señor,
y la otra la mezquita;
los otros los Alixares,
labrados á maravilla.
El moro que los labraba
cien doblas ganaba al día,
y el día que no los labra
otras tantas se perdía.
El otro es Generalife,
huerta que par no tenía;
el otro Torres Bermejas,
castillo de gran valía. —
Allí habló el rey don Juan,
bien oiréis lo que decía:
— Si tú quisieses, Granada,
contigo me casaría;
daréte en arras y dote
á Córdoba y á Sevilla.
— Casada soy, rey don Juan,
casada soy, que no viuda;
el moro que á mí me tiene
muy grande bien me quería.

FONTE–FRIDA

Fonte-frida, fonte-frida,
fonte-frida y con amor,
do todas las avecicas
van tomar consolación,
sino es la tortolica   5
que está viuda y con dolor.
Por allí fuera á pasar
el traidor de ruiseñor:
las palabras que le dice
llenas son de traición: 10
— Si tú quisieses, señora,
yo sería tu servidor.
— Vete de ahí, enemigo,
malo, falso, engañador,
que ni poso en ramo verde,   15
ni en prado que tenga flor;
que si el agua hallo clara,
turbia la bebía yo;
que no quiero haber marido,
porque hijos no haya, no: 20
no quiero placer con ellos,
ni menos consolación.
¡Déjame, triste enemigo,
malo, falso, mal traidor,
que no quiero ser tu amiga,   25
ni casar contigo, no.

EL CONDE ARNALDOS

¡Quién hubiese tal ventura
sobre las aguas del mar,
como hubo el conde Arnaldos
la mañana de San Juan!
5   Con un falcón en la mano
la caza iba á cazar,
vió venir una galera
que á tierra quiere llegar.
Las velas traía de seda,
10   la jarcia de un cendal,
marinero que la manda
diciendo viene un cantar
que la mar facía en calma,
los vientos hace amainar,
15   los peces que andan nel hondo
arriba los hace andar,
las aves que andan volando
nel mástel las faz posar.
Allí fabló el conde Arnaldos,
20   bien oiréis lo que dirá:
— Por Dios te ruego, marinero,
dígasme ora ese cantar. —
Respondióle el marinero,
tal respuesta le fué á dar:
25   — Yo no digo esta canción
sino á quien conmigo va.

LA CONSTANCIA

Mis arreos son las armas,
mi descanso el pelear,
mi cama las duras peñas,
mi dormir siempre velar.
Las manidas son escuras,   5
los caminos por usar,
el cielo con sus mudanzas
ha por bien de me dañar,
andando de sierra en sierra
por orillas de la mar,   10
por probar si en mi ventura
hay lugar donde avadar.
Pero por vos, mi señora,
todo se ha de comportar.

EL AMANTE DESDICHADO

En los tiempos que me vi   15
más alegre y placentero,
yo me partiera de Burgos
para ir á Valladolid:
encontré con un Palmero,
quien me habló, y dijo así: 20
— ¿Dónde vas tú, el desdichado?
¿Dónde vas? ¡triste de ti!
¡Oh persona desgraciada,
en mal punto te conocí!
Muerta es tu enamorada,   25

muerta es, que yo la vi;
las andas en que la llevan
de negro las vi cubrir,
los responsos que le dicen
5   yo los ayudé á decir:
siete condes la lloraban,
caballeros más de mil,
llorábanla sus doncellas,
llorando dicen así:
10   — ¡Triste de aquel caballero
que tal pérdida pierde aquí! —
Desque aquesto oí, mezquino,
en tierra muerto caí,
y por más de doce horas
15   no tornara, triste, en mí.
Desque hube retornado,
á la sepultura fuí,
con lágrimas de mis ojos
llorando decía así:
20   — Acógeme, mi señora,
acógeme á par de ti. —
Al cabo de la sepultura
esta triste voz oí:
— Vive, vive, enamorado,
25   vive, pues que yo morí:
Dios te dé ventura en armas,
y en amor otro que sí,
que el cuerpo come la tierra,
y el alma pena por ti. —

EL PRISIONERO

Por el mes era de mayo
cuando hace la calor,
cuando canta la calandria,
y responde el ruiseñor,
cuando los enamorados 5
van á servir al amor,
sino yo, triste, cuitado,
que vivo en esta prisión,
que ni sé cuándo es de día
ni cuándo las noches son, 10
sino por un avecilla
que me cantaba al albor.
Matómela un ballestero,
¡déle Dios mal galardón!
Cabellos de mi cabeza 15
lléganme al corvejón;
los cabellos de mi barba
por manteles tengo yo:
las uñas de las mis manos
por cuchillo tajador. 20
Si lo hacía el buen rey,
hácelo como señor:
si lo hace el carcelero,
hácelo como traidor.
Mas ¡quién ahora me diese 25
un pájaro hablador,
siquiera fuese calandria,

ó tordico ó ruiseñor:
· criado fuese entre damas
y avezado á la razón,
· que me lleve una embajada ·
á mi esposa Leonor,
que me envíe una empanada,
no de truchas ni salmón,
sino de una lima sorda
y de un pico tajador:
la lima para los hierros,
y el pico para el torreón! —
Oídolo había el rey,
mandóle quitar la prisión.

DON GIL VICENTE

CANCIÓN

Muy graciosa es la doncella:
¡cómo es bella y hermosa!
Digas tú, el marinero
que en las naves vivías,
si la nave ó la vela ó la estrella
es tan bella.
Digas tú, el caballero
que las armas vestías,
si el caballo ó las armas ó la guerra
es tan bella.
Digas tú, el pastorcico

que el ganadico guardas,
si el ganado ó los valles ó la sierra
es tan bella.

SANTA TERESA DE JESÚS

LETRILLA QUE LLEVABA POR REGISTRO EN SU BREVIARIO

Nada te turbe;
nada te espante;   5
todo se pasa;
Dios no se muda,
la paciencia todo lo alcanza.
Quien á Dios tiene,
        nada le falta.   10
Solo Dios basta.

FRAY LUIS DE LEÓN

VIDA RETIRADA

¡Qué descansada vida
la del que huye el mundanal rüido,
y sigue la escondida
senda por donde han ido   15
los pocos sabios que en el mundo han sido!
    Que no le enturbia el pecho
de los soberbios grandes el estado,

ni del dorado techo
se admira, fabricado
del sabio moro, en jaspes sustentado.
    No cura si la fama
canta con voz su nombre pregonera,
ni cura si encarama
la lengua lisonjera
lo que condena la verdad sincera.
    ¿Qué presta á mi contento
si soy del vano dedo señalado?
si en busca de este viento
ando desalentado
con ansias vivas, y mortal cuidado?
    ¡Oh campo, oh monte, oh río!
¡oh secreto seguro deleitoso!
roto casi el navío,
á vuestro almo reposo
huyo de aqueste mar tempestüoso.
    Un no rompido sueño,
un día puro, alegre, libre quiero;
no quiero ver el ceño
vanamente severo
de quien la sangre ensalza ó el dinero.
    Despiértenme las aves
con su cantar süave no aprendido,
no los cuidados graves
de que es siempre seguido
quien al ajeno arbitrio está atenido.
    Vivir quiero conmigo,

gozar quiero del bien que debo al cielo,
á solas sin testigo,
libre de amor, de celo,
de odio, de esperanzas, de recelo.

    Del monte en la ladera   5
por mi mano plantado tengo un huerto
que con la primavera
de bella flor cubierto
ya muestra en esperanza el fruto cierto.

    Y como codiciosa   10
de ver y acrecentar su hermosura,
desde la cumbre airosa
una fontaña pura
hasta llegar corriendo se apresura.

    Y luego sosegada   15
el paso entre los árboles torciendo,
el suelo de pasada
de verdura vistiendo,
y con diversas flores va esparciendo.

    El aire el huerto orea,   20
y ofrece mil olores al sentido,
los árboles menea
con un manso rüido
que del oro y del cetro pone olvido.

    Ténganse su tesoro   25
los que de un flaco leño se confían:
no es mío ver el lloro
de los que desconfían
cuando el cierzo y el ábrego porfían.

La combatida antena
cruje, y en ciega noche el claro día
se torna, al cielo suena
confusa vocería,
5   y la mar enriquecen á porfía.
    Á mí una pobrecilla
mesa de amable paz bien abastada
me baste, y la vajilla
de fino oro labrada
10   sea de quien la mar no teme airada.
    Y mientras miserable-
mente se están los otros abrasando
en sed insaciable
del no durable mando,
15   tendido yo á la sombra esté cantando;
    Á la sombra tendido
de yedra y lauro eterno coronado,
puesto el atento oído
al son dulce acordado
20   del plectro sabiamente meneado.

ANÓNIMO

Á CRISTO CRUCIFICADO

No me mueve, mi Dios, para quererte
El cielo que me tienes prometido,
Ni me mueve el infierno tan temido
Para dejar por eso de ofenderte.

Tú me mueves, Señor; muéveme el verte
Clavado en una cruz y escarnecido;
Muéveme ver tu cuerpo tan herido;
. Muévenme tus afrentas y tu muerte.

Muéveme, al fin, tu amor, y en tal manera,   5
Que aunque no hubiera cielo, yo te amara.
Y aunque no hubiera infierno, te temiera.

No me tienes que dar porque te quiera;
Pues aunque lo que espero no esperara.
Lo mismo que te quiero te quisiera.   10

DON LOPE FÉLIX DE VEGA CARPIO

CANCIÓN DE LA VIRGEN

Pues andáis en las palmas,
Ángeles santos,
Que se duerme mi niño,
Tened los ramos.

Palmas de Belén   15
Que mueven airados
Los furiosos vientos,
Que suenan tanto,
No le hagáis ruido,
Corred más paso;   20
Que se duerme mi niño,
Tened los ramos.

El niño divino,
Que está cansado

De llorar en la tierra,
Por su descanso
Sosegar quiere un poco
Del tierno llanto;
Que se duerme mi niño,
Tened los ramos.
    Rigurosos hielos
Le están cercando,
Ya veis que no tengo
Con que guardarlo:
Ángeles divinos,
Que vais volando,
Que se duerme mi niño,
Tened los ramos.

MAÑANA

¿Qué tengo yo, que mi amistad procuras?
¿Qué interés se te sigue, Jesús mío,
Que á mi puerta, cubierto de rocío,
Pasas las noches del invierno escuras?
    ¡Oh cuánto fueron mis entrañas duras,
Pues no te abrí!   ¡Qué extraño desvarío,
Si de mi ingratitud el hielo frío
Secó las llagas de tus plantas puras!
    ¡Cuántas veces el ángel me decía:
«Alma, asómate agora á la ventana;
Verás con cuánto amor llamar porfía!»
    Y ¡cuántas, hermosura soberana,

« Mañana le abriremos, » respondía!
Para lo mismo responder mañana.

DON FRANCISCO DE QUEVEDO

EPÍSTOLA SATÍRICA Y CENSORIA

Contra las costumbres presentes de los castellanos, escrita
al Conde-Duque de Olivares

No he de callar, por más que con el dedo,
Ya tocando la boca, ó ya la frente,
Silencio avises ó amenaces miedo.   5
  ¿No ha de haber un espíritu valiente?
¿Siempre se ha de sentir lo que se dice?
¿Nunca se ha de decir lo que se siente?
  Hoy sin miedo que libre escandalice
Puede hablar el ingenio, asegurado   10
De que mayor poder le atemorice.
  En otros siglos pudo ser pecado
Severo estudio y la verdad desnuda,
Y romper el silencio el bien hablado.
  Pues sepa quien lo niega y quien lo duda   15
Que es lengua la verdad de Dios severo
Y la lengua de Dios nunca fué muda.
  Son la verdad y Dios, Dios verdadero:
Ni eternidad divina los separa,
Ni de los dos alguno fué primero.   20

. . . .

LETRILLA SATÍRICA

Poderoso caballero
Es don Dinero.
   Madre, yo al oro me humillo:
Él es mi amante y mi amado,
Pues de puro enamorado,
De contino anda amarillo;
Que pues, doblón ó sencillo,
Hace todo cuanto quiero,
,Poderoso caballero
Es don Dinero.
   Nace en las Indias honrado,
Donde el mundo le acompaña;
Viene á morir en España
Y es en Génova enterrado.
Y pues quien le trae al lado
Es hermoso, aunque sea fiero,
Poderoso caballero
Es don Dinero.
   Es galán y es como un oro,
Tiene quebrado el color,
Persona de gran valor,
Tan cristiano como moro;
Pues que da y quita el decoro
Y quebranta cualquier fuero,
Poderoso caballero
Es don Dinero.
   Son sus padres principales

Y es de nobles descendiente,
Porque en las venas de Oriente
Todas las sangres son reales:
Y pues es quien hace iguales
Al duque y al ganadero,   5
Poderoso caballero
Es don Dinero.

DON ESTEBAN MANUEL DE VILLEGAS

CANTILENA: DE UN PAJARILLO

Yo vi sobre un tomillo
Quejarse un pajarillo,
Viendo su nido amado,   10
De quien era caudillo,
De un labrador robado.
Vile tan congojado
Por tal atrevimiento
Dar mil quejas al viento,   15
Para que al cielo santo
Lleve su tierno llanto,
Lleve su triste acento.
Ya con triste armonía,
Esforzando el intento,   20
Mil quejas repetía;
Ya cansado callaba,
Y al nuevo sentimiento

Ya sonoro volvia.
Ya circular volaba,
Ya rastrero corría,
Ya pues de rama en rama
5   Al rústico seguía;
Y saltando en la grama,
Parece que decía:
« Dame, rústico fiero,
Mi dulce compañía » ;
10   Y que le respondía
El rústico: « No quiero. »

DON PEDRO CALDERÓN DE LA BARCA

SONETO

Estas que fueron pompa y alegría
Despertando al albor de la mañana,
Á la tarde serán lástima vana
15   Durmiendo en brazos de la noche fría.
Este matiz que al cielo desafía,
Iris listado de oro, nieve y grana,
Será escarmiento de la vida humana:
¡Tanto se emprende en término de un día!
20   Á florecer las rosas madrugaron,
Y para envejecerse florecieron:
Cuna y sepulcro en un botón hallaron.
Tales los hombres sus fortunas vieron:
En un día nacieron y expiraron;
25   Que pasados los siglos, horas fueron.

CONSEJO DE CRESPO Á SU HIJO

EL ALCALDE DE ZALAMEA (II, 21)

Por la gracia de Dios, Juan,
Eres de linaje limpio
Más que el sol, pero villano:
Lo uno y lo otro te digo,
Aquello, porque no humilles   5
Tanto tu orgullo y tu brío,
Que dejes, desconfiado,
De aspirar con cuerdo arbitrio
Á ser más; lo otro, porque
No vengas, desvanecido,   10
Á ser menos: igualmente
Usa de entrambos designios
Con humildad; porque siendo
Humilde, con recto juicio
Acordarás lo mejor;   15
Y como tal, en olvido
Pondrás cosas que suceden
Al revés en los altivos.
¡Cuántos, teniendo en el mundo
Algún defecto consigo,   20
Le han borrado por humildes!
Y ¡á cuántos, que no han tenido
Defecto, se le han hallado,
Por estar ellos mal vistos!
Sé cortés sobremanera,   25
Sé liberal y esparcido;

Que el sombrero y el dinero
Son los que hacen los amigos;
Y no vale tanto el oro
Que el sol engendra en el indio
5   Suelo y que conduce el mar,
Como ser uno bienquisto.
No hables mal de las mujeres:
La más humilde, te digo
Que es digna de estimación,
10   Porque, al fin, dellas nacimos.

FRAY DIEGO GONZÁLEZ

EL MURCIÉLAGO ALEVOSO

INVECTIVA

Estaba Mirta bella
Cierta noche formando en su aposento,
Con gracioso talento,
Una tierna canción, y porque en ella
15   Satisfacer á Delio meditaba,
Que de su fe dudaba,
Con vehemente expresión le encarecía
El fuego que en su casto pecho ardía.
Y estando divertida,
20   Un murciélago fiero, ¡suerte insana!
Entró por la ventana;
Mirta dejó la pluma, sorprendida,

Temió, gimió, dió voces, vino gente;
Y al querer diligente
Ocultar la canción, los versos bellos
De borrones llenó, por recogellos.
   Y Delio, noticioso   5
Del caso que en su daño había pasado,
Justamente enojado
Con el fiero murciélago alevoso,
Que había la canción interrumpido,
Y á su Mirta afligido,   10
En cólera y furor se consumía,
Y así á la ave funesta maldecía:
   «Oh monstruo de ave y bruto,
Que cifras lo peor de bruto y ave,
Visión nocturna grave,   15
Nuevo horror de las sombras, nuevo luto,
De la luz enemigo declarado,
Nuncio desventurado
De la tiniebla y de la noche fría,
¿Qué tienes tú que hacer donde está el día?   20
   «Tus obras y figura
Maldigan de común las otras aves,
Que cánticos süaves
Tributan cada día á la alba pura;
Y porque mi ventura interrumpiste,   25
Y á su autor afligiste,
Todo el mal y desastre te suceda
Que á un murciélago vil suceder pueda.
   «La lluvia repetida,

Que viene de lo alto arrebatada,
Tan sólo reservada
Á las noches, se oponga á tu salida;
Ó el relámpago pronto reluciente
5   Te ciegue y amedrente;
Ó soplando del Norte recio el viento,
No permita un mosquito á tu alimento.
    «La dueña melindrosa,
Tras el tapiz do tienes tu manida,
10 Te juzgue, inadvertida,
Por telaraña sucia y asquerosa,
Y con la escoba al suelo te derribe;
Y al ver que bulle y vive,
Tan fiera y tan ridícula figura,
15 Suelte la escoba y huya con presura.
    «Y luego sobrevenga
El juguetón gatillo bullicioso,
Y primero medroso
Al verte, se retire y se contenga,
20 Y bufe y se espeluce horrorizado,
Y alce el rabo esponjado,
Y el espinazo en arco suba al cielo,
Y con los pies apenas toque el suelo.
    «Mas luego recobrado,
25 Y del primer horror convalecido,
El pecho al suelo unido,
Traiga el rabo del uno al otro lado,
Y cosido en la tierra, observe atento;
Y cada movimiento

Que en ti llegue á notar su perspicacia,
Le provoque al asalto y le dé audacia.
  « En fin sobre ti venga,
Te acometa y ultraje sin recelo,
Te arrastre por el suelo,   5
Y á costa de tu daño se entretenga;
Y por caso las uñas afiladas
En tus alas clavadas,
Por echarte de sí con sobresalto,
Te arroje muchas veces á lo alto   10
  « Y acuda á tus chillidos
El muchacho, y convoque á sus iguales,
Que con los animales
Suelen ser comúnmente desabridos;
Que á todos nos dotó naturaleza   15
De entrañas de fiereza,
Hasta que ya la edad ó la cultura
Nos dan humanidad y más cordura.
  « Entre con algazara
La pueril tropa, al daño prevenida,   20
Y lazada oprimida
Te echen al cuello con fiereza rara;
Y al oirte chillar alcén el grito
Y te llamen maldito;
Y creyéndote al fin del diablo imagen,   25
Te abominen, te escupan y te ultrajen.
  « Luego por las telillas
De tus alas te claven al postigo,
Y se burlen contigo,

Y al hocico te apliquen candelillas,
Y se rían con duros corazones
De tus gestos y acciones,
Y á tus tristes querellas ponderadas
5 Correspondan con fiesta y carcajadas.
       « Y todos bien armados
De piedras, de navajas, de aguijones,
De clavos, de punzones,
De palos por los cabos afilados
10 (De diversión y fiesta ya rendidos),
Te embistan atrevidos,
Y te quiten la vida con presteza,
Consumando en el modo su fiereza.
       « Te puncen y te sajen,
15 Te tundan, te golpeen, te martillen,
Te piquen, te acribillen,
Te dividan, te corten y te rajen,
Te desmiembren, te partan, te degüellen,
Te hiendan, te desuellen,
20 Te estrujen, te aporreen, te magullen,
Te deshagan, confundan y aturrullen.
       « Y las supersticiones
De las viejas creyendo realidades,
Por ver curiosidades,
25 En tu sangre humedezcan algodones,
Para encenderlos en la noche obscura,
Creyendo sin cordura
Que verán en el aire culebrinas
Y otras tristes visiones peregrinas.

«Muerto ya, te dispongan
El entierro, te lleven arrastrando,
Gori, gori, cantando,
Y en dos filas delante se compongan,
Y otros, fingiendo voces lastimeras,   5
Sigan de plañideras,
Y dirijan entierro tan gracioso
Al muladar más sucio y asqueroso;
  «Y en aquella basura
Un hoyo hondo y capaz te faciliten,   10
Y en él te depositen,
Y allí te den debida sepultura;
Y para hacer eterna tu memoria,
Compendiada tu historia
Pongan en una losa duradera,   15
Cuya letra dirá de esta manera:

Epitafio

«Aquí yace el murciélago alevoso,
Que al sol horrorizó y ahuyentó el día,
De pueril saña triunfo lastimoso,
Con cruel muerte pagó su alevosía: 20
No sigas, caminante, presuroso,
Hasta decir sobre esta losa fría:
Acontezca tal fin y tal estrella
Á aquel que mal hiciere á Mirta bella.»

DON NICOLÁS F. DE MORATÍN

FIESTA DE TOROS EN MADRID

Madrid, castillo famoso
Que al rey moro alivia el miedo,
Arde en fiestas en su coso
Por ser el natal dichoso
5   De Alimenón de Toledo.

Su bravo alcaide Aliatar,
De la hermosa Zaida amante,
Las ordena celebrar
Por si la puede ablandar
10   El corazón de diamante.

Pasó, vencida á sus ruegos,
Desde Aravaca á Madrid;
Hubo pandorgas y fuegos,
Con otros nocturnos juegos
15   Que dispuso el adalid.

Y en adargas y colores,
En las cifras y libreas,
Mostraron los amadores,
Y en pendones y preseas,
20   La dicha de sus amores.

Vinieron las moras bellas
De toda la cercanía,
Y de lejos muchas de ellas:
Las más apuestas doncellas
25   Que España entonces tenía.

Aja de Jetafe vino,
Y Zahara la de Alcorcón,
En cuyo obsequio muy fino
Corrió de un vuelo el camino
El moraicel de Alcabón;   5
  Jarifa de Almonacid,
Que de la Alcarria en que habita
Llevó á asombrar á Madrid
Su amante Audalla, adalid
Del castillo de Zorita.   10
  De Adamuz y la famosa
Meco llegaron allí
Dos, cada cual más hermosa,
Y Fátima la preciosa,
Hija de Alí el alcadí.   15
  El ancho circo se llena
De multitud clamorosa,
Que atiende á ver en la arena
La sangrienta lid dudosa,
Y todo en torno resuena.   20
  La bella Zaida ocupó
Sus dorados miradores
Que el arte afiligranó,
Y con espejos y flores
Y damascos adornó.   25
  Añafiles y atabales,
Con militar armonía,
Hicieron salva, y señales
De mostrar su valentía

Los moros más principales.
  No en las vegas de Jarama
Pacieron la verde grama
Nunca animales tan fieros,
Junto al puente que se llama,
Por sus peces, de Viveros,
  Como los que el vulgo vió
Ser lidiados aquel día;
Y en la fiesta que gozó,
La popular alegría
Muchas heridas costó.
  Salió un toro del toril
Y á Tarfe tiró por tierra,
Y luego á Benalguacil;
Después con Hamete cierra
El temerón de Conil.
  Traía un ancho listón
Con uno y otro matiz
Hecho un lazo por airón,
Sobre la inhiesta cerviz
Clavado con un arpón.
  Todo galán pretendía
Ofrecerle vencedor
Á la dama que servía:
Por eso perdió Almanzor
El potro que más quería.
  El alcaide muy zambrero
De Guadalajara, huyó
Mal herido al golpe fiero,

Y desde un caballo overo
El moro de Horche cayó.

  Todos miran á Aliatar,
Que, aunque tres toros ha muerto,
No se quiere aventurar,   5
Porque en lance tan incierto
El caudillo no ha de entrar.

  Mas viendo se culparía,
Va á ponérsele delante:
La fiera le acometía,   10
Y sin que el rejón la plante
Le mató una yegua pía.

  Otra monta acelerado:
Le embiste el toro de un vuelo,
Cogiéndole entablerado;   15
Rodó el bonete encarnado
Con las plumas por el suelo.

  Dió vuelta hiriendo y matando
Á los de á pie que encontrara,
El circo desocupando,   20
Y emplazándose, se para,
Con la vista amenazando.

  Nadie se atreve á salir:
La plebe grita indignada,
Las damas se quieren ir,   25
Porque la fiesta empezada
No puede ya proseguir.

  Ninguno al riesgo se entrega
Y está en medio el toro fijó,

Cuando un portero que llega
De la puerta de la Vega,
Hincó la rodilla, y dijo:
    Sobre un caballo alazano,
5 Cubierto de galas y oro,
Demanda licencia urbano
Para alancear á un toro
Un caballero cristiano.
    Mucho le pesa á Aliatar;
10 Pero Zaida dió respuesta
Diciendo que puede entrar,
Porque en tan solemne fiesta
Nada se debe negar.
    Suspenso el concurso entero
15 Entre dudas se embaraza,
Cuando en un potro ligero
Vieron entrar en la plaza
Un bizarro caballero,
    Sonrosado, albo color,
20 Belfo labio, juveniles
Alientos, inquieto ardor,
En el florido verdor
De sus lozanos abriles.
    Cuelga la rubia guedeja
5 Por donde el almete sube,
Cual mirarse tal vez deja
Del sol la ardiente madeja
Entre cenicienta nube;
    Gorguera de anchos follajes,

De una cristiana primores;
En el yelmo los plumajes
Por los visos y celajes
Vergel de diversas flores;
   En la cuja gruesa lanza,   5
Con recamado pendón,
Y una cifra á ver se alcanza,
Que es de desesperación,
Ó á lo menos de venganza.
   En el arzón de la silla   10
Ancho escudo reverbera
Con blasones de Castilla,
Y el mote dice á la orilla:
Nunca mi espada venciera.
   Era el caballo galán,   15
El bruto más generoso,
De más gallardo ademán:
Cabos negros, y brioso,
Muy tostado, y alazán,
   Larga cola recogida   20
En las piernas descarnadas,
Cabeza pequeña, erguida,
Las narices dilatadas,
Vista feroz y encendida.
   Nunca en el ancho rodeo   25
Que da Betis con tal fruto
Pudo fingir el deseo
Más bella estampa de bruto,
Ni más hermoso paseo.

Dió la vuelta al rededor;
Los ojos que le veían
Lleva prendados de amor:
¡Alá te salve! decían,
¡Déte el Profeta favor!
 Causaba lástima y grima
Su tierna edad floreciente:
Todos quieren que se exima
Del riesgo, y él solamente
Ni recela ni se estima.
 Las doncellas, al pasar,
Hacen de ámbar y alcanfor
Pebeteros exhalar,
Vertiendo pomos de olor,
De jazmines y azahar.
 Mas cuando en medio se para,
Y de más cerca le mira
La cristiana esclava Aldara,
Con su señora se encara,
Y así la dice, y suspira:
— Señora, sueños no son;
Así los cielos, vencidos
De mi ruego y aflicción,
Acerquen á mis oídos
Las campanas de León,
 Como ese doncel, que ufano
Tanto asombro viene á dar
Á todo el pueblo africano,
Es Rodrigo de Bivar,

El soberbio castellano. —
  Sin descubrirle quién es,
La Zaida desde una almena
Le habló una noche cortés,
Por donde se abrió después   5
El cubo de la Almudena;
  Y supo que, fugitivo
De la corte de Fernando,
El cristiano, apenas vivo,
Está á Jimena adorando   10
Y en su memoria cautivo.
  Tal vez á Madrid se acerca
Con frecuentes correrías
Y todo en torno la cerca;
Observa sus saetías,   15
Arroyadas y ancha alberca.
  Por eso le ha conocido:
Que en medio de aclamaciones,
El caballo ha detenido
Delante de sus balcones,   20
Y la saluda rendido.
  La mora se puso en pie
Y sus doncellas detrás:
El alcaide que lo ve,
Enfurecido además,   25
Muestra cuán celoso esté.
  Suena un rumor placentero
Entre el vulgo de Madrid:
No habrá mejor caballero,

Dicen, en el mundo entero,
Y algunos le llaman Cid.
  Crece la algazara, y él,
Torciendo las riendas de oro,
Marcha al combate crüel:
Alza el galope, y al toro
Busca en sonoro tropel.
  El bruto se le ha encarado
Desde que le vió llegar,
De tanta gala asombrado,
Y al rededor le ha observado
Sin moverse de un lugar.
  Cual flecha se disparó
Despedida de la cuerda,
De tal suerte le embistió;
Detrás de la oreja izquierda
La aguda lanza le hirió.
  Brama la fiera burlada;
Segunda vez acomete,
De espuma y sudor bañada,
Y segunda vez la mete
Sutil la punta acerada.
  Pero ya Rodrigo espera
Con heroico atrevimiento,
El pueblo mudo y atento:
Se engalla el toro y altera,
Y finje acometimiento.
  La arena escarba ofendido,
Sobre la espalda la arroja

Con el hueso retorcido;
El suelo huele y le moja
En ardiente resoplido.
　　La cola inquieto menea,
La diestra oreja mosquea,　　　　　　　5
Vase retirando atrás,
Para que la fuerza sea
Mayor, y el ímpetu más.
　　El que en esta ocasión viera
De Zaida el rostro alterado,　　　　　10
Claramente conociera
Cuanto le cuesta cuidado
El que tanto riesgo espera.
　　Mas ¡ay, que le embiste horrendo
El animal espantoso!　　　　　　　　15
Jamás peñasco tremendo
Del Cáucaso cavernoso
Se desgaja, estrago haciendo,
　　Ni llama así fulminante
Cruza en negra obscuridad　　　　　20
Con relámpagos delante,
Al estrépito tronante
De sonora tempestad,
　　Como el bruto se abalanza
Con terrible ligereza;　　　　　　　25
Mas rota con gran pujanza
La alta nuca, la fiereza
Y el último aliento lanza.
　　La confusa vocería

Que en tal instante se oyó
Fué tanta, que parecía
Que honda mina reventó,
Ó el monte y valle se hundía.
5   Á caballo como estaba
Rodrigo, el lazo alcanzó
Con que el toro se adornaba:
En su lanza le clavó
Y á los balcones llegaba.
10   Y alzándose en los estribos,
Le alarga á Zaida, diciendo:
— Sultana, aunque bien entiendo
Ser favores excesivos,
Mi corto don admitiendo;
15   Si no os dignáredes ser
Con él benigna, advertid
Que á mí me basta saber
Que no le debo ofrecer
Á otra persona en Madrid. —
20   Ella, el rostro placentero,
Dijo, y turbada: — Señor,
Yo le admito y le venero,
Por conservar el favor
De tan gentil caballero. —
25   Y besando el rico don,
Para agradar al doncel,
Le prende con afición
Al lado del corazón
Por brinquiño y por joyel.

Pero Aliatar el caudillo
De envidia ardiendo se ve,
Y, trémulo y amarillo,
Sobre un tremecén rosillo
Lozaneándose fué.   5

.Y en ronca voz: — Castellano,
Le dice, con más decoros
Suelo yo dar de mi mano,
Si no penachos de toros,
Las cabezas del cristiano.   10 .

Y si vinieras de guerra
Cual vienes de fiesta y gala,
Vieras que en toda la tierra,
Al valor que dentro encierra
Madrid, ninguno se iguala. —   15

— Así, dijo el de Bivar,
Respondo —; y la lanza al ristre
Pone, y espera á Aliatar;
Mas sin que nadie administre
Orden, tocaron á armar.   20

Ya fiero bando con gritos
Su muerte ó prisión pedía,
Cuando se oyó en los distritos
Del monte de Leganitos
Del Cid la trompetería.   25

Entre la Monclova y Soto
Tercio escogido emboscó,
Que, viendo como tardó,
Se acerca, oyó el alboroto,

Y al muro se abalanzó.
  Y si no vieran salir
Por la puerta á su señor,
Y Zaida á le despedir,
5   Iban la fuerza á embestir:
Tal era ya su furor.
  El alcaide, recelando
Que en Madrid tenga partido,
Se templó disimulando,
10   Y por el parque florido
Salió con él razonando.
  Y es fama que, á la bajada,
Juró por la cruz el Cid
De su vencedora espada
15   De no quitar la celada
Hasta que gane á Madrid.

DON GASPAR MELCHOR DE JOVELLANOS

Á ARNESTO

¿Quis tam patiens ut teneat se?
JUVENAL

Déjame, Arnesto, déjame que llore
Los fieros males de mi patria, deja
Que su rüina y perdición lamente;
20   Y si no quieres que en el centro obscuro
De esta prisión la pena me consuma,
Déjame al menos que levante el grito
Contra el desorden: deja que á la tinta

Mezclando miel y acíbar, siga indócil
Mi pluma el vuelo del bufón de Aquino.
¡Oh! ¡cuánto rostro veo, á mi censura,
De palidez y de rubor cubierto!
Ánimo, amigos, nadie tema, nadie,   5
Su punzante aguijón; que yo persigo
En mi sátira el vicio, no al vicioso.

.   .   .   .

Ya la notoriedad es el más noble
Atributo del vicio, y nuestras Julias,
Más que ser malas quieren parecerlo.   10
Hubo un tiempo en que andaba la modestia
Dorando los delitos; hubo un tiempo
En que el recato tímido cubría
La fealdad del vicio; pero huyóse
El pudor á vivir en las cabañas.   15

.   .   .   .

¡Oh infamia! ¡oh siglo! ¡oh corrupción! Matronas
Castellanas, ¿quién pudo vuestro claro
Pundonor eclipsar? ¿Quién de Lucrecias
En Laís os volvió? ¿Ni el proceloso
Océano, ni, lleno de peligros,   20
El Lilibeo, ni las arduas cumbres
De Pirene pudieron guareceros
Del contagio fatal? Zarpa preñada
De oro la nao gaditana, aporta
Á las orillas gálicas, y vuelve   25
Llena de objetos fútiles y vanos;

Y entre los signos de extranjera pompa
Ponzoña esconde y corrupción, compradas
Con el sudor de las iberas frentes;
Y tú, mísera España, tú la esperas
5   Sobre la playa, y con afán recoges
La pestilente carga, y la repartes
Alegre entre tus hijos. Viles plumas,
Gasas y cintas, flores y penachos
Te trae en cambio de la sangre tuya;
10   De tu sangre ¡oh baldón! y acaso, acaso
De tu virtud y honestidad. Repara
Cual la liviana juventud los busca.
Mira cual va con ellos engreída
La impudente doncella; su cabeza,
15   Cual nave real en triunfo empavesada,
Vana presenta del favonio al soplo
La mies de plumas y de airones, y anda
Loca, buscando en la lisonja el premio
De su indiscreto afán. ¡Ay triste! guarte,
20   Guarte, que está cercano el precipicio.
El astuto amador ya en asechanza
Te atisba y sigue con lascivos ojos;
La adulación y la caricia el lazo
Te van á armar, do caerás incauta,
25   En él tu oprobio y perdición hallando.
¡Ay cuánto, cuánto de amargura y lloro
Te costarán tus galas! ¡Cuán tardío
Será y estéril tu arrepentimiento!
Ya ni el rico Brasil, ni las cavernas

Del nunca exhausto Potosí no bastan
Á saciar el hidrópico deseo,
La ansiosa sed de vanidad y pompa.
Todo lo agotan: cuesta un sombrerillo
Lo que antes un Estado, y se consume   5
En un festín la dote de una infanta;
Todo lo tragan; la riqueza unida
Va á la indigencia; pide y pordiosea
El noble, engaña, empeña, malbarata,
Quiebra y perece, y el logrero goza   10
Los pingües patrimonios, premio un día
Del generoso afán de altos abuelos.
¡Oh ultraje! ¡oh mengua! todo se trafica:
Parentesco, amistad, favor, influjo,
Y hasta el honor, depósito sagrado,   15
Ó se vende ó se compra. Y tú, belleza,
Don el más grato que dió al hombre el cielo,
No eres ya premio del valor, ni paga
Del peregrino ingenio; la florida
Juventud, la ternura, el rendimiento   20
Del constante amador ya no te alcanzan.
Ya ni te das al corazón, ni sabes
De él recibir adoración y ofrendas.
Ríndeste al oro. La vejez hedionda,
La sucia palidez, la faz adusta,   25
Fiera y terrible, con igual derecho
Vienen sin susto á negociar contigo.
Daste al barato, y tu rosada frente,
Tus suaves besos y tus dulces brazos,

Corona un tiempo del amor más puro,
Son ya una vil y torpe mercancía.

DON JUAN MELÉNDEZ VALDÉS

ROSANA EN LOS FUEGOS

Del sol llevaba la lumbre,
Y la alegría del alba,
En sus celestiales ojos
La hermosísima Rosana,
Una noche que á los fuegos
Salió la fiesta de Pascua
Para abrasar todo el valle
En mil amorosas ansias.
Por do quiera que camina
Lleva tras sí la mañana,
Y donde se vuelve rinde
La libertad de mil almas.
El céfiro la acaricia
Y mansamente la halaga,
Los Amores la rodean
Y las Gracias la acompañan.
Y ella, así como en el valle
Descuella la altiva palma
Cuando sus verdes pimpollos
Hasta las nubes levanta;
Ó cual vid de fruto llena
Que con el olmo se abraza,

Y sus vástagos extiende
Al arbitrio de las ramas;
Así entre sus compañeras
El nevado cuello alza,
Sobresaliendo entre todas   5
Cual fresca rosa entre zarzas.
Todos los ojos se lleva
Tras sí, todo lo avasalla;
De amor mata á los pastores
Y de envidia á las zagalas.   10
Ni las músicas se atienden,
Ni se gozan las lumbradas;
Que todos corren por verla
Y al verla todos se abrasan.
¡Qué de suspiros se escuchan!   15
¡Qué de vivas y de salvas!
No hay zagal que no la admire
Y no se esmere en loarla.
Cual absorto la contempla
Y á la aurora la compara   20
Cuando más alegre sale
Y el cielo en albores baña;
Cual al fresco y verde aliso
Que crece al margen del agua,
Cuando más pomposo en hojas   25
En su cristal se retrata;
Cual á la luna, si muestra
Llena su esfera de plata,
Y asoma por los collados

De luceros coronada.
Otros pasmados la miran
Y mudamente la alaban,
Y cuanto más la contemplan
5   Muy más hermosa la hallan.
Que es como el cielo su rostro
Cuando en la noche callada
Brilla con todas sus luces
Y los ojos embaraza.
10   ¡Ay, qué de envidias se encienden!
¡Ay, qué de celos que causa
En las serranas del Tormes
Su perfección sobrehumana!
Las más hermosas la temen,
15   Mas sin osar murmurarla;
Que como el oro más puro
No sufre una leve mancha.
Bien haya tu gentileza,
Una y mil veces bien haya,
20   Y abrase la envidia al pueblo,
Hermosísima aldeana.
Toda, toda eres perfecta,
Toda eres donaire y gracia,
El amor vive en tus ojos
25   Y la gloria está en tu cara.
La libertad me has robado,
Yo la doy por bien robada,
Mas recibe el don benigna
Que mi humildad te consagra.

Esto un zagal la decía
Con razones mal formadas,
Que salió libre á los fuegos
Y volvió cautivo á casa.
Y desde entonces perdido   5
El día á sus puertas le halla;
Ayer le cantó esta letra
Echándole la alborada:
   Linda zagaleja
De cuerpo gentil,   10
Muérome de amores
Desde que te vi.
   Tu talle, tu aseo,
Tu gala y donaire,
No tienen, serrana,   15
Igual en el valle.
Del cielo son ellos
Y tú un serafín:
Muérome de amores
Desde que te vi.   20
   De amores me muero,
Sin que nada baste
Á darme la vida
Que allá te llevaste,
Si ya no te dueles,   25
Benigna, de mí;
Que muero de amores
Desde que te vi.

DON MANUEL JOSÉ QUINTANA

ODA Á ESPAÑA, DESPUÉS DE LA REVOLUCIÓN DE MARZO

¿Qué era, decidme, la nación que un día   a
Reina del mundo proclamó el destino,   b
La que á todas las zonas extendía   a
Su cetro de oro y su blasón divino?   b
5   Volábase á occidente,
Y el vasto mar Atlántico sembrado
Se hallaba de su gloria y su fortuna.
Do quiera España: en el preciado seno
De América, en el Asia, en los confines
10 Del África, allí España.   El soberano   A
Vuelo de la atrevida fantasía   b
Para abarcarla se cansaba en vano;   a
La tierra sus mineros le rendía,   b
Sus perlas y coral el Oceano,   A
15 Y donde quier que revolver sus olas   C
Él intentase, á quebrantar su furia
Siempre encontraba costas españolas.   C
  Ora en el cieno del oprobio hundida,
Abandonada á la insolencia ajena,
20 Como esclava en mercado, ya aguardaba
La ruda argolla y la servil cadena.
¡Qué de plagas! ¡oh Dios! Su aliento impuro,
La pestilente fiebre respirando,
Infestó el aire, emponzoñó la vida;

La hambre enflaquecida
Tendió sus brazos lívidos, ahogando
Cuanto el contagio perdonó; tres veces
De Jano el templo abrimos,
Y á la trompa de Marte aliento dimos;   5
Tres veces ¡ay! Los dioses tutelares
Su escudo nos negaron, y nos vimos
Rotos en tierra y rotos en los mares.
¿Qué en tanto tiempo viste
Por tus inmensos términos, oh Iberia?   10
¿Qué viste ya sino funesto luto,
Honda tristeza, sin igual miseria,
De tu vil servidumbre acerbo fruto?
     Así rota la vela, abierto el lado,
Pobre bajel á naufragar camina,   15
De tormenta en tormenta despeñado,
Por los yermos del mar; ya ni en su popa
Las guirnaldas se ven que antes le ornaban,
Ni en señal de esperanza y de contento
La flámula riendo al aire ondea.   20
Cesó en su dulce canto el pasajero,
Ahogó su vocería
El ronco marinero,
Terror de muerte en torno le rodea,
Terror de muerte silencioso y frío;   25
Y él va á estrellarse al áspero bajío.
     Llega el momento, en fin; tiende su mano
El tirano del mundo al occidente,
Y fiero exclama: «El occidente es mío.»

Bárbaro gozo en su ceñuda frente
Resplandeció, como en el seno obscuro
De nube tormentosa en el estío
Relámpago fugaz brilla un momento
Que añade horror con su fulgor sombrío.
Sus guerreros feroces
Con gritos de soberbia el viento llenan;
Gimen los yunques, los martillos suenan,
Arden las forjas. ¡Oh vergüenza! ¿Acaso
Pensáis que espadas son para el combate
Las que mueven sus manos codiciosas?
No en tanto os estiméis: grillos, esposas,
Cadenas son que en vergonzosos lazos
Por siempre amarren tan inertes brazos.
      Estremecióse España
Del indigno rumor que cerca oía,
Y al grande impulso de su justa saña
Rompió el volcán que en su interior hervía.
Sus déspotas antiguos
Consternados y pálidos se esconden;
Resuena el eco de venganza en torno,
Y del Tajo las márgenes responden:
«¡Venganza!» ¿Dónde están, sagrado río,
Los colosos de oprobio y de vergüenza
Que nuestro bien en su insolencia ahogaban?
Su gloria fué, nuestro esplendor comienza;
Y tú, orgulloso y fiero,
Viendo que aun hay Castilla y castellanos,
Precipitas al mar tus rubias ondas,

Diciendo: «Ya acabaron los tiranos.»
 ¡Oh triunfo! ¡Oh gloria! ¡Oh celestial momento!
¿Con que puede ya dar el labio mío
El nombre augusto de la patria al viento?
Yo le daré; mas no en el arpa de oro   5
Que mi cantar sonoro
Acompañó hasta aquí; no aprisionado .
En estrecho recinto, en que se apoca
El numen en el pecho
Y el aliento fatídico en la boca.   10
Desenterrad la lira de Tirteo,
Y el aire abierto á la radiante lumbre
Del sol, en la alta cumbre
Del riscoso y pinífero Fuenfría,
Allí volaré yo, y allí cantando   15
Con voz que atruene en rededor la sierra,
Lanzaré por los campos castellanos
Los ecos de la gloria y de la guerra.
 ¡Guerra, nombre tremendo, ahora sublime,
Único asilo y sacrosanto escudo   20
Al ímpetu sañudo
Del fiero Atila que á occidente oprime!
¡Guerra, guerra, españoles!   En el Betis
Ved del Tercer Fernando alzarse airada
La augusta sombra; su divina frente   25
Mostrar Gonzalo en la imperial Granada;
Blandir el Cid su centelleante espada,
Y allá sobre los altos Pirineos,
Del hijo de Jimena

Animarse los miembros giganteos.
En torvo ceño y desdeñosa pena
Ved como cruzan por los aires vanos;
Y el valor exhalando que se encierra -
5   Dentro del hueco de sus tumbas frías,
En fiera y ronca voz pronuncian: «¡Guerra!
    ¡Pues qué! ¿Con faz serena
Vierais los campos devastar opimos,
Eterno objeto de ambición ajena,
10   Herencia inmensa que afanando os dimos?
Despertad, raza de héroes: el momento
Llegó ya de arrojarse á la victoria;
Que vuestro nombre eclipse nuestro nombre,
Que vuestra gloria humille nuestra gloria.
15   No ha sido en el gran día
El altar de la patria alzado en vano
Por vuestra mano fuerte.
Juradlo, ella os lo manda: *¡Antes la muerte*
Que consentir jamás ningún tirano!»
20   Sí, yo lo juro, venerables sombras;
Yo lo juro también, y en este instante
Ya me siento mayor. Dadme una lanza,
Ceñidme el casco fiero y refulgente;
Volemos al combate, á la venganza;
25   Y el que niegue su pecho á la esperanza,
Hunda en el polvo la cobarde frente.
Tal vez el gran torrente
De la devastación en su carrera
Me llevará. ¿Qué importa? ¿Por ventura

No se muere una vez?   ¿No iré, expirando,
Á encontrar nuestros ínclitos mayores?
«¡Salud, oh padres de la patria mía,
Yo les diré, salud!   La heroica España
De entre el estrago universal y horrores   5
Levanta la cabeza ensangrentada,
Y vencedora de su mal destino,
Vuelve á dar á la tierra amedrentada
Su cetro de oro y su blasón divino. »

DON DIONISIO SOLÍS

LA PREGUNTA DE LA NIÑA

Madre mía, yo soy niña;   10
No se enfade, no me riña,
Si fiada en su prudencia
Desahogo mi conciencia,
Y contarle solicito
Mi desdicha ó mi delito,   15
Aunque muerta de rubor.
Pues Blasillo el otro día,
Cuando mismo anochecía,
Y cantando descuidada
Conducía mi manada,   20
En el bosque, por acaso,
Me salió solito al paso,
Más hermoso que el amor.
Se me acerca temeroso,

Me saluda cariñoso,
Me repite que soy linda,
Que no hay pecho que no rinda,
Que si río, que si lloro,
5   Á los hombres enamoro,
Y que mato con mirar.
   Con estilo cortesano
Se apodera de mi mano,
Y entre dientes, madre mía,
10   No sé bien qué me pedía;
Yo entendí que era una rosa,
Pero él dijo que era otra cosa,
Que yo no le quise dar.
   ¿Sabe usted lo que decía
15   El taimado que quería?
Con vergüenza lo confieso,
Mas no hay duda que era un beso
Y fué tanto mi sonrojo,
Que irritada de su arrojo,
20   No sé como no morí.
   Mas mi pecho enternecido
De mirarle tan rendido,
Al principio resistiendo,
Él instando, yo cediendo,
25   Fué por fin tan importuno,
Que en la boca, y sólo uno,
Que me diera permití.
   Desde entonces, si le miro,
Yo no sé por qué suspiro,

Ni por qué si á Clori mira
Se me abrasa el rostro en ira;
Ni por qué, si con cuidado
Se me pone junto al lado,
Me estremezco de placer.   5
    Siempre orillas de la fuente
Busco rosas á mi frente,
Pienso en él y me sonrío,
Y entre mí le llamo mío,
Me entristezco de su ausencia,   10
Y deseo en su presencia
La más bella parecer.
    Confundida, peno y dudo,
Y por eso á usted acudo;
Dígame, querida madre,   15
Si sentía por mi padre
Este plácido tormento,
Esta dulce que yo siento
Deliciosa enfermedad.
    Diga usted con qué se cura   20
Ó mi amor, ó mi locura,
Y si puede por un beso,
Sin que pase á más exceso,
Una niña enamorarse,
Y que trate de casarse   25
Á los quince de su edad.

DON JUAN NICASIO GALLEGO

EL DOS DE MAYO

Noche, lóbrega noche, eterno asilo
Del miserable que, esquivando el sueño,
En tu silencio pavoroso gime:
No desdeñes mi voz; letal beleño
5   Presta á mis sienes, y en tu horror sublime
Empapada la ardiente fantasía,
Da á mi pincel fatídicos colores
Con que el tremendo día
Trace al furor de vengadora tea,
10   Y el odio irrite de la patria mía,
Y escándalo y terror al orbe sea.
     ¡Día de execración! La destructora
Mano del tiempo le arrojó al averno;
Mas ¿quién el sempiterno
15   Clamor con que los ecos importuna
La madre España en enlutado arreo
Podrá atajar? Junto al sepulcro frío,
Al pálido lucir de opaca luna,
Entre cipreses fúnebres la veo:
20   Trémula, yerta, desceñido el manto,
Los ojos moribundos
Al cielo vuelve, que le oculta el llanto;
Roto y sin brillo el cetro de dos mundos
Yace entre el polvo, y el león guerrero
25   Lanza á sus pies rugido lastimero.

¡Ay, que cual débil planta
Que agota en su furor hórrido viento,
De víctimas sin cuento
Lloró la destrucción Mantua afligida!
Yo vi, yo vi su juventud florida   5
Correr inerme al huésped ominoso.
¿Mas qué su generoso
Esfuerzo pudo? El pérfido caudillo
En quien su honor y su defensa fía,
La condenó al cuchillo.   10
¿Quién ¡ay! la alevosía,
La horrible asolación habrá que cuente,
Que, hollando de amistad los santos fueros,
Hizo furioso en la indefensa gente
Ese tropel de tigres carniceros?   15
    Por las henchidas calles .
Gritando se despeña
La infame turba que abrigó en su seno,
Rueda allá rechinando la cureña,
Acá retumba el espantoso trueno,   20
Allí el joven lozano,
El mendigo infeliz, el venerable
Sacerdote pacífico, el anciano
Que con su arada faz respeto imprime,
Juntos amarra su dogal tirano.   25
En balde, en balde gime,
De los duros satélites en torno,
La triste madre, la afligida esposa.
Con doliente clamor, la pavorosa

Fatal descarga suena,
Que á luto y llanto eterno la condena.
　　¡Cuánta escena de muerte! ¡cuánto estrago!
¡Cuántos ayes doquier! Despavorido
Mirad ese infelice
Quejarse al adalid empedernido
De otra cuadrilla atroz: "¡Ah! ¿Qué te hice?"
Exclama el triste en lágrimas deshecho:
"Mi pan y mi mansión partí contigo,
Te abrí mis brazos, te cedí mi lecho,
Templé tu sed, y me llamé tu amigo;
¿Y ahora pagar podrás nuestro hospedaje
Sincero, franco, sin doblez ni engaño,
Con dura muerte y con indigno ultraje?"
¡Perdido suplicar! ¡inútil ruego!
El monstruo infame á sus ministros mira,
Y con tremenda voz gritando: "¡fuego!"
Tinto en su sangre el desgraciado expira.
　　Y en tanto ¿dó se esconden?
¿Dó están ¡oh cara patria! tus soldados,
Que á tu clamor de muerte no responden?
Presos, encarcelados
Por jefes sin honor, que, haciendo alarde
De su perfidia y dolo,
Á merced de los vándalos te dejan,
Como entre hierros el león, forcejean
Con inútil afán. Vosotros sólo,
Fuerte Daoiz, intrépido Velarde,
Que osando resistir al gran torrente

Dar supisteis en flor la dulce vida
Con firme pecho y con serena frente;
Si de mi libre musa
Jamás el eco adormeció á tiranos,
Ni vil lisonja emponzoñó su aliento,   5
Allá del alto asiento,.
Al que la acción magnánima os eleva,
El himno oid que á vuestro nombre entona,
Mientras la fama alígera le lleva
Del mar de hielo á la abrasada zona.   10
    Mas ¡ay! que en tanto sus funestas alas
Por la opresa metrópoli tendiendo,
La yerma asolación sus plazas cubre,
Y al áspero silbar de ardientes balas,
Y al ronco son de los preñados bronces,   15
Nuevo fragor y estrépito sucede.
¿Oís cómo, rompiendo
De moradores tímidos las puertas,
Caen estallando de los fuertes gonces?
¡Con qué espantoso estruendo   20
Los dueños buscan, que medrosos huyen!
Cuanto encuentran destruyen,
Bramando, los atroces forajidos,
Que el robo infame y la matanza ciegan.
¿No veis cuál se despliegan,   25
Penetrando en los hondos aposentos,
De sangre y oro y lágrimas sedientos?
    Rompen, talan, destrozan
Cuanto se ofrece á su sangrienta espada.

Aquí; matando al dueño, se alborozan,
Hieren allí su esposa acongojada;
La familia asolada
Yace expirando, y con feroz sonrisa
5　Sorben voraces el fatal tesoro.
Suelta, á otro lado, la madeja de oro,
Mustio el dulce carmín de su mejilla,
Y en su frente marchita la azucena,
Con voz turbada y anhelante lloro,
10　De su verdugo ante los pies se humilla
Tímida virgen, de amargura llena;
Mas con furor de hiena,
Alzando el corvo alfanje damasquino,
Hiende su cuello el bárbaro asesino.
15　　　¡Horrible atrocidad!.... Treguas ¡oh musa!
Que ya la voz rehusa
Embargada en suspiros mi garganta.
Y en ignominia tanta,
¿Será que rinda el español bizarro
20　La indómita cerviz á la cadena?
No, que ya en torno suena
De Palas fiera el sanguinoso carro,
Y el látigo estallante
Los caballos flamígeros hostiga.
25　Ya el duro peto y el arnés brillante .
Visten los fuertes hijos de Pelayo.
Fuego arrojó su ruginoso acero:
«¡Venganza y guerra!» resonó en su tumba;
«¡Venganza y guerra!» repitió Moncayo;

Y al grito heroico que en los aires zumba,
"¡Venganza y guerra!" claman Turia y Duero.
Guadalquivir guerrero
Alza al bélico son la regia frente,
Y del Patrón valiente   5
Blandiendo altivo la nudosa lanza,
Corre gritando al mar: "¡Guerra y venganza!"
    ¡Oh sombras infelices
De los que aleve y bárbara cuchilla
Robó á los dulces lares!   10
¡Sombras inultas que en fugaz gemido
Cruzáis los anchos campos de Castilla!
La heroica España, en tanto que al bandido
Que á fuego y sangre, de insolencia ciego,
Brindó felicidad, á sangre y fuego   15
Le retribuye el don, sabrá piadosa
Daros solemne y noble monumento.
Allí en padrón cruento
De oprobio y mengua, que perpetuo dure,
La vil traición del déspota se lea,   20
Y altar eterno sea
Donde todo Español al monstruo jure
Rencor de muerte que en sus venas cunda,
Y á cien generaciones se difunda.

DON FRANCISCO MARTÍNEZ DE LA ROSA

EL NIDO

¿Dónde vas, zagal cruel,
Dónde vas con ese nido,
Riyendo tú mientras pían
Esos tristes pajarillos?
5   Su madre los dejó solos
En este momento mismo,
Para buscarles sustento
Y dárselo con su pico . . .
Mírala cuán azorada
10   Echa menos á sus hijos,
Salta de un árbol en otro,
Va, torna, vuela sin tino:
Al cielo favor demanda
Con acento dolorido;
15   Mientras ellos en tu mano
Baten el ala al oirlo . . .
¡Tú también tuviste madre,
Y la perdiste aun muy niño,
Y te encontraste en la tierra
20   Sin amparo y sin abrigo! —
Las lágrimas se le saltan
Al cuitado pastorcillo,
Y vergonzoso y confuso
Deja en el árbol el nido.

DON ÁNGEL DE SAAVEDRA, DUQUE DE RIVAS

UN CASTELLANO LEAL

ROMANCE PRIMERO

«Holá, hidalgos y escuderos
De mi alcurnia y mi blasón,
Mirad como bien nacidos
De mi sangre y casa en pro.

«Esas puertas se defiendan;   5
Que no ha de entrar, vive Dios,
Por ellas, quien no estuviere
Más limpio que lo está el sol.

«No profane mi palacio
Un fementido traidor   10
Que contra su Rey combate
Y que á su patria vendió.

«Pues si él es de Reyes primo,
Primo de Reyes soy yo;
Y conde de Benavente   15
Si él es duque de Borbón;

«Llevándole de ventaja
Que nunca jamás manchó
La traición mi noble sangre,
Y haber nacido español.»   20

Así atronaba la calle
Una ya cascada voz,

Que de un palacio salía
Cuya puerta se cerró;
   Y á la que estaba á caballo
Sobre un negro pisador,
5   Siendo en su escudo las lises
Más bien que timbre baldón,
   Y de pajes y escuderos
Llevando un tropel en pos
Cubiertos de ricas galas,
10   El gran duque de Borbón:
   El que lidiando en Pavía,
Más que valiente, feroz,
Gozóse en ver prisionero
Á su natural señor;
15   Y que á Toledo ha venido,
Ufano de su traición,
Para recibir mercedes
Y ver al Emperador.

ROMANCE SEGUNDO

   En una anchurosa cuadra
20   Del alcázar de Toledo,
Cuyas paredes adornan
Ricos tapices flamencos,
   Al lado de una gran mesa,
Que cubre de terciopelo
25   Napolitano tapete
Con borlones de oro y flecos;
   Ante un sillón de respaldo

Que entre bordado arabesco
Los timbres de España ostenta
Y el águila del imperio,
De pie estaba Carlos Quinto,
Que en España era primero,   5
Con gallardo y noble talle,
Con noble y tranquilo aspecto.

De brocado de oro y blanco
Viste tabardo tudesco,
De rubias martas orlado,   10
Y desabrochado y suelto,
Dejando ver un justillo
De raso jalde, cubierto
Con primorosos bordados
Y costosos sobrepuestos,   15
Y la excelsa y noble insignia
Del Toisón de oro, pendiendo
De una preciosa cadena
En la mitad de su pecho.
Un birrete de velludo   20
Con un blanco airón, sujeto
Por un joyel de diamantes
Y un antiguo camafeo,
Descubre por ambos lados,
Tanta majestad cubriendo,   25
Rubio, cual barba y bigote,
Bien atusado el cabello.
Apoyada en la cadera

La potente diestra ha puesto,
Que aprieta dos guantes de ámbar
Y un primoroso mosquero,
   Y con la siniestra halaga
5   De un mastín muy corpulento,
Blanco y las orejas rubias,
El ancho y carnoso cuello.

   Con el Condestable insigne,
Apaciguador del reino,
10   De los pasados disturbios
Acaso está discurriendo;
   Ó del trato que dispone
Con el Rey de Francia preso,
Ó de asuntos de Alemania
15   Agitada por Lutero;
   Cuando un tropel de caballos
Oye venir á lo lejos
Y ante el alcázar pararse,
Quedando todo en silencio.
20   En la antecámara suena
Rumor impensado luego,
Ábrese al fin la mampara
Y entra el de Borbón soberbio,
   Con el semblante de azufre
25   Y con los ojos de fuego,
Bramando de ira y de rabia
Que enfrena mal el respeto;
   Y con balbuciente lengua,

Y con mal borrado ceño,
Acusa al de Benavente,
Un desagravio pidiendo.

   Del español Condestable
Latió con orgullo el pecho,   5
Ufano de la entereza
De su esclarecido deudo.
   Y aunque advertido procura
Disimular cual discreto,
Á su noble rostro asoman   10
La aprobación y el contento.
   El Emperador un punto
Quedó indeciso y suspenso,
Sin saber qué responderle
Al francés, de enojo ciego.   15
   Y aunque en su interior se goza
Con el proceder violento
Del conde de Benavente,
De altas esperanzas lleno
   Por tener tales vasallos,   20
De noble lealtad modelos,
Y con los que el ancho mundo
Será á sus glorias estrecho,
   Mucho al de Borbón le debe
Y es fuerza satisfacerlo: 25
Le ofrece para calmarlo
Un desagravio completo.
   Y, llamando á un gentil-hombre,

Con el semblante severo
Manda que el de Benavente
Venga á su presencia presto.

ROMANCE TERCERO

Sostenido por sus pajes
Desciende de su litera
El conde de Benavente
Del alcázar á la puerta.
Era un viejo respetable,
Cuerpo enjuto, cara seca,
Con dos ojos como chispas,
Cargados de largas cejas,
Y con semblante muy noble,
Mas de gravedad tan seria
Que veneración de lejos
Y miedo causa de cerca.
Eran su traje unas calzas
De púrpura de Valencia,
Y de recamado ante
Un coleto á la leonesa:
De fino lienzo gallego
Los puños y la gorguera,
Unos y otra guarnecidos
Con randas barcelonesas:
Un birretón de velludo
Con su cintillo de perlas,
Y el gabán de paño verde
Con alamares de seda.

Tan sólo de Calatrava
La insignia española lleva;
Que el Toisón ha despreciado
Por ser orden extranjera.

Con paso tardo, aunque firme,   5
Sube por las escaleras,
Y al verle, las alabardas
Un golpe dan en la tierra;
    Golpe de honor, y de aviso
De que en el alcázar entra   10
Un Grande, á quien se le debe
Todo honor y reverencia.
    Al llegar á la antesala,
Los pajes que están en ella
Con respeto le saludan   15
Abriendo las anchas puertas.
    Con grave paso entra el conde
Sin que otro aviso preceda,
Salones atravesando
Hasta la cámara regia.   20

Pensativo está el Monarca,
Discurriendo como pueda
Componer aquel disturbio
Sin hacer á nadie ofensa.
    Mucho al de Bórbón le debe,   25
Aun mucho más de él espera,
Y al de Benavente mucho

Considerar le interesa.
  Dilación no admite el caso,
No hay quien dar consejo pueda
Y Villalar y Pavía
Á un tiempo se le recuerdan.
  En el sillón asentado
Y el codo sobre la mesa,
Al personaje recibe,
Que comedido se acerca.

  Grave el conde le saluda
Con una rodilla en tierra,
Mas como Grande del reino
Sin descubrir la cabeza.
  El Emperador benigno
Que alce del suelo le ordena,
Y la plática difícil
Con sagacidad empieza.
  Y entre severo y afable
Al cabo le manifiesta
Que es el que á Borbón aloje
Voluntad suya resuelta.
  Con respeto muy profundo,
Pero con la voz entera,
Respóndele Benavente,
Destocando la cabeza:
  «Soy, señor, vuestro vasallo,
Vos sois mi rey en la tierra,
Á vos ordenar os cumple

.De mi vida y de mi hacienda.
  «Vuestro soy, vuestra mi casa,
De mí disponed y de ella,
Pero no toquéis mi honra
Y respetad mi conciencia.   5
  «Mi casa Borbón ocupe
Puesto que es voluntad vuestra,
Contamine sus paredes,
Sus blasones envilezca;
  «Que á mí me sobra en Toledo   10
Donde vivir, sin que tenga
Que rozarme con traidores,
Cuyo solo aliento infesta.
  Y en cuanto él deje mi casa,
Antes de tornar yo á ella,   15
Purificaré con fuego
Sus paredes y sus puertas.»
  Dijo el conde, la real mano
Besó, cubrió su cabeza,
Y retiróse bajando   20
Á do estaba su litera.
  Y á casa de un su pariente
Mandó que le condujeran,
Abandonando la suya
Con cuanto dentro se encierra.   25
  Quedó absorto Carlos Quinto
De ver tan noble firmeza,
Estimando la de España
Más que la imperial diadema.

ROMANCE CUARTO

Muy pocos días el duque
Hizo mansión en Toledo,
Del noble conde ocupando
Los honrados aposentos.
5   Y la noche en que el palacio
Dejó vacío, partiendo,
Con su séquito y sus pajes,
Orgulloso y satisfecho,
    Turbó la apacible luna
10   Un vapor blanco y espeso
Que de las altas techumbres
Se iba elevando y creciendo:
    Á poco rato tornóse
En humo confuso y denso
15   Que en nubarrones obscuros
Ofuscaba el claro cielo;
    Después en ardientes chispas,
Y en un resplandor horrendo
Que iluminaba los valles
20   Dando en el Tajo reflejos,
    Y al fin su furor mostrando
En embravecido incendio
Que devoraba altas torres
Y derrumbaba altos techos.
25   Resonaron las campanas,
Conmovióse todo el pueblo,
De Benavente el palacio

Presa de las llamas viendo.
El Emperador confuso
Corre á procurar remedio,
En atajar tanto daño
Mostrando tenaz empeño.   5
    En vano todo: tragóse
Tantas riquezas el fuego,
Á la lealtad castellana
Levantando un monumento.
    Aun hoy unos viejos muros   10
Del humo y las llamas negros
Recuerdan acción tan grande
En la famosa Toledo.

PADRE JUAN AROLAS

SÉ MÁS FELIZ QUE YO

Sobre pupila azul, con sueño leve,
Tu párpado cayendo amortecido,   15
Se parece á la pura y blanca nieve
Que sobre las violetas reposó:
Yo el sueño del placer nunca he dormido:
        Sé más feliz que yo.
    Se asemeja tu voz en la plegaria   20
Al canto del zorzal de indiano suelo
Que sobre la pagoda solitaria
Los himnos de la tarde suspiró:

Yo sólo esta oración dirijo al cielo:
Sé más feliz que yo.
Es tu aliento la esencia más fragante
De los lirios del Arno caudaloso
5   Que brotan sobre un junco vacilante
Cuando el céfiro blando los meció:
Yo no gozo su aroma delicioso:
Sé más feliz que yo.
El amor, que es espíritu de fuego,
10   Que de callada noche se aconseja
Y se nutre con lágrimas y ruego,
En tus purpúreos labios se escondió:
Él te guarde el placer y á mí la queja:
Sé más feliz que yo.
15   Bella es tu juventud en sus albores
Como un campo de rosas del Oriente;
Al ángel del recuerdo pedí flores
Para adornar tu sien, y me las dió;
Yo decía al ponerlas en tu frente:
20   Sé más feliz que yo.
Tu mirada vivaz es de paloma;
Como la adormidera del desierto
Causas dulce embriaguez, hurí de aroma
Que el cielo de topacio abandonó:
25   Mi suerte es dura, mi destino incierto:
Sé más feliz que yo.

DON JOSÉ DE ESPRONCEDA

CANCIÓN DEL PIRATA

Con diez cañones por banda,
Viento en popa á toda vela,
No corta el mar, sino vuela
Un velero bergantín:
  Bajel pirata que llaman,   5
Por su bravura, el *Temido*,
En todo mar conocido
Del uno al otro confín.
  La luna en el mar riela,
En la lona gime el viento,   10
Y alza en blando movimiento
Olas de plata y azul;
  Y ve el capitán pirata,
Cantando alegre en la popa,
Asia á un lado, al otro Europa,   15
Y allá á su frente Stambul,
    « Navega, velero mío,
         Sin temor;
     Que ni enemigo navío,
     Ni tormenta, ni bonanza   20
     Tu rumbo á torcer alcanza,
     Ni á sujetar tu valor.
       « Veinte presas
       Hemos hecho

Á despecho
Del inglés,
Y han rendido
Sus pendones
5   Cien naciones
Á mis pies. »
Que es mi barco mi tesoro,
Que es mi Dios la libertad,
Mi ley la fuerza y el viento,
10   *Mi única patria la mar.*

«Allá muevan feroz guerra
Ciegos reyes
Por un palmo más de tierra:
Que yo tengo aquí por mío
15   Cuanto abarca el mar bravío,
Á quien nadie impuso leyes.
«Y no hay playa,
Sea cual quiera,
Ni bandera
20   De esplendor,
Que no sienta
Mi derecho,
Y dé pecho
Á mi valor. »
25   *Que es mi barco mi tesoro . . .*

«Á la voz de «¡barco viene!»
Es de ver

Cómo vira y se previene
Á todo trapo á escapar;
Que yo soy el rey del mar,
Y mi furia es de temer.
     «En las presas   5
     Yo divido
     Lo cogido
     Por igual:
     Sólo quiero
     Por riqueza   10
     La belleza
     Sin rival.»
Que es mi barco mi tesoro . . .

    «¡Sentenciado estoy á muerte!
       Yo me río: 15
No me abandone la suerte,
Y al mismo que me condena
Colgaré de alguna entena,
Quizá en su propio navío.
     «Y si caigo,   20
     ¿Qué es la vida?
     Por perdida
     Ya la di,
     Cuando el yugo
     Del esclavo,   25
     Como un bravo,
     Sacudí.»
Que es mi barco mi tesoro . . .

«Son mi música mejor
Aquilones:
El estrépito y temblor
De los cables sacudidos,
Del negro mar los bramidos
Y el rugir de mis cañones.
« Y del trueno
Al son violento
Y del viento
Al rebramar,
Yo me duermo
Sosegado,
Arrullado
Por el mar. »

Que es mi barco mi tesoro,
Que es mi Dios la libertad,
Mi ley la fuerza y el viento,
Mi única patria la mar.

Á LA PATRIA

¡Cuán solitaria la nación que un día
Poblara inmensa gente!
¡La nación cuyo imperio se extendía
Del ocaso al oriente!

¡Lágrimas viertes, infeliz, ahora,
Soberana del mundo,
Y nadie de tu faz encantadora
Borra el dolor profundo!

Obscuridad y luto tenebroso
En ti vertió la muerte,
Y en su furor el déspota sañoso
Se complació en tu suerte.

No perdonó lo hermoso, patria mía;   5
Cayó el joven guerrero,
Cayó el anciano, y la segur impía
Manejó placentero.

So la rabia cayó la virgen pura
Del déspota sombrío,   10
Como eclipsa la rosa su hermosura
En el sol del estío.

¡Oh vosotros, del mundo habitadores,
Contemplad mi tormento!
¿Igualarse podrán ¡ah! qué dolores   15
Al dolor que yo siento?

Yo, desterrado de la patria mía,
De una patria que adoro,
Perdida miro su primer valía
Y sus desgracias lloro   20

Tendió sus brazos la agitada España,
Sus hijos implorando;
Sus hijos fueron, mas traidora saña
Desbarató su bando.

¿ Qué se hicieron tus muros torreados,
Oh mi patria querida?
¿ Dónde fueron tus héroes esforzados,
Tu espada no vencida?

5 ¡Ay! de tus hijos en la humilde frente
Está el rubor grabado;
Á sus ojos, caídos tristemente,
El llanto está agolpado.

Un tiempo España fué; cien héroes fueron
10 En tiempos de ventura,
Y las naciones tímidas la vieron
Vistosa en hermosura.

Cual cedro que en el Líbano se ostenta,
Su frente se elevaba;
15 Como el trueno á la virgen amedrenta,
Su voz las aterraba.

Mas hora, como piedra en el desierto,
Yaces desamparada,
Y el justo desgraciado vaga incierto
20 Allá en tierra apartada.

Cubren su antigua pompa y poderío
Pobre hierba y arena,
Y el enemigo que tembló á su brío
Burla y goza en su pena.

Vírgenes, destrenzad la cabellera
Y dadla al vago viento;
Acompañad con arpa lastimera
Mi lúgubre lamento.

Desterrados ¡oh Dios! de nuestros lares 5
Lloremos duelo tanto:
¿Quién calmará ¡oh España! tus pesares?
¿Quién secará tu llanto?

DON JOSÉ ZORRILLA

ORIENTAL

Corriendo van por la vega
Á las puertas de Granada 10
Hasta cuarenta gomeles
Y el capitán que los manda.
Al entrar en la ciudad,
Parando en su yegua blanca,
Le dijo éste á una mujer 15
Que entre sus brazos lloraba:
— Enjuga el llanto, cristiana,
No me atormentes así,
Que tengo yo, mi sultana,
Un nuevo Edén para ti. 20
Tengo un palacio en Granada,
Tengo jardines y flores,
Tengo una fuente dorada
Con más de cien surtidores.

Y en la vega del Genil
Tengo parda fortaleza,
Que será reina entre mil
Cuando encierre tu belleza.

5   Y sobre toda una orilla
Extiendo mi senorío;
Ni en Córdoba ni en Sevilla
Hay un parque como el mío.

      Allí la altiva palmera
10   Y el encendido granado,
Junto á la frondosa higuera
Cubren el valle y collado.

      Allí el robusto nogal,
Allí el nópalo amarillo,
15   Allí el sombrío moral
Crecen al pie del castillo.

      Y olmos tengo en mi alameda
Que hasta el cielo se levantan,
Y en redes de plata y seda
20   Tengo pájaros que cantan.

      Y tú mi sultana eres,
Que desiertos mis salones
Están, mi harén sin mujeres,
Mis oídos sin canciones.

25   Yo te daré terciopelos
Y perfumes orientales;
De Grecia te traeré velos
Y de Cachemira chales.

      Y te daré blancas plumas

Para que adornes tu frente,
Más blancas que las espumas
De nuestros mares de oriente;
 Y perlas para el cabello,
Y baños para el calor,   5
Y collares para el cuello;
Para los labios . . . ¡amor! —
 — ¿Qué me valen tus riquezas,
Respondióle la cristiana,
Si me quitas á mi padre,   10
Mis amigos y mis damas?
 Vuélveme, vuélveme, moro,
Á mi padre y á mi patria,
Que mis torres de León
Valen más que tu Granada. —   15
 Escuchóla en paz el moro,
Y manoseando su barba,
Dijo, como quien medita,
En la mejilla una lágrima:
 Si tus castillos mejores   20
Que nuestros jardines son,
Y son más bellas tus flores,
Por ser tuyas, en León,
 Y tú diste tus amores
Á alguno de tus guerreros,   25
Hurí del Edén, no llores;
Vete con tus caballeros. —
 Y dándola su caballo
Y la mitad de su guardia

El capitán de los moros
Volvió en silencio la espalda.

INDECISIÓN

¡Bello es vivir, la vida es la armonía!
Luz, peñascos, torrentes y cascadas,
Un sol de fuego iluminando el día,
Aire de aromas, flores apiñadas:
Y en medio de la noche majestuosa
Esa luna de plata, esas estrellas,
Lámparas de la tierra perezosa,
Que se ha dormido en paz debajo de ellas.
¡Bello es vivir!   Se ve en el horizonte
Asomar el crepúsculo que nace;
Y la neblina que corona el monte
En el aire flotando se deshace;
Y el inmenso tapiz del firmamento
Cambia su azul en franjas de colores;
Y susurran las hojas en el viento,
Y desatan su voz los ruiseñores.

. . . .

Si hay huracanes y aquilón que brama,
Si hay un invierno de humedad vestido,
Hay una hoguera á cuya roja llama
Se alza un festín con su discorde ruido.
Y una pintada y fresca primavera,
Con su manto de luz y orla de flores,

Que cubre de verdor la ancha pradera
Donde brotan arroyos saltadores.

. . . .

¡Bello es vivir, la vida es la armonía!
Luz, peñascos, torrentes y cascadas,
Un sol de fuego iluminando el día,   5
Aire de aromas, flores apiñadas.

Arranca, arranca, Dios mío,
De la mente del poeta
Este pensamiento impío
Que en un delirio creó;   10
Sin un instante de calma,
En su olvido y amargura,
No puede soñar su alma
Placeres que no gozó.
¡Ay del poeta! su llanto   15
Fué la inspiración sublime
Con que arrebató su canto
Hasta los cielos tal vez;
Solitaria flor que el viento
Con impuro soplo azota,   20
Él arrastra su tormento
Escrito sobre la tez.
Porque tú, ¡oh Dios! le robaste
Cuanto los hombres adoran;
Tú en el mundo le arrojaste   25
Para que muriera en él;
Tú le dijiste que el hombre

Era en la tierra su *hermano;*
Mas él no encuentra ese nombre
En sus recuerdos de hiel.
　　Tú le has dicho que eligiera
5　Para el viaje de la vida
Una hermosa compañera
Con quien partir su dolor;
Mas ¡ay! que la busca en vano;
Porque es para el ser que ama
10　Como un inmundo gusano
Sobre el tallo de una flor.
　　Canta la luz y las flores,
Y el amor en las mujeres,
Y el placer en los amores,
15　Y la calma en el placer:
Y sin esperanza adora
Una belleza escondida,
Y hoy en sus cantares llora
Lo que alegre cantó ayer.
20　　Él con los siglos rodando
Canta su afán á los siglos,
Y los siglos van pasando
Sin curarse de su afán.
¡Maldito el nombre de gloria
25　Que en tu cólera le diste!
Sentados en su memoria
Recuerdos de hierro están.
　　El día alúmbra su pena,
La noche alarga su duelo,

La aurora escribe en el cielo
Su sentencia de vivir:
Fábulas son los placeres,
No hay placeres en su alma,
No hay amor en las mujeres,   5
Tarda la hora de morir.
    Hay sol que alumbra, mas quema:
Hay flores que se marchitan,
Hay recuerdos que se agitan
Fantasmas de maldición.   10
Si tiene una voz que canta,
Al arrancarla del pecho
Deja fuego en la garganta,
Vacío en el corazón.

¡Bello es vivir! Sobre gigante roca   15
Se mira el mundo á nuestros pies tendido,
La frente altiva con las nubes toca . . .
Todo creado para el hombre ha sido.
    ¡Bello es vivir! Que el hombre descuidado
En los bordes se duerme de la vida,   20
Y de locura y sueños embriagado
En un festín el porvenir olvida.
    ¡Bello es vivir! Vivamos y cantemos:
El tiempo entre sus pliegues roedores
Ha de llevar el bien que no gocemos,   25
Y ha de apagar placeres y dolores.
    Cantemos de nosotros olvidados,
Hasta que el son de la fatal campana

Toque á morir . . . Cantemos descuidados,
Que el sol de ayer no alumbrará mañana.

LA FUENTE

Huye la fuente al manantial ingrata
El verde musgo en derredor lamiendo,
5   Y el agua limpia en su cristal retrata
        Cuanto va viendo.
El césped mece y las arenas moja
Do mil caprichos al pasar dibuja,
Y ola tras ola murmurando arroja,
10   Riza y empuja.
Lecho mullido la presenta el valle,
Fresco abanico el abedul pomposo,
Cañas y juncos retirada calle,
        Sombra y reposo.
15   Brota en la altura la fecunda fuente;
¿Y á qué su empeño, si al bajar la cuesta
Halla del río en el raudal rugiente
        Tumba funesta?

Á BUEN JUEZ MEJOR TESTIGO
Tradición de Toledo

I

Entre pardos nubarrones
20   Pasando la blanca luna,
Con resplandor fugitivo,

La baja tierra no alumbra.
La brisa con frescas alas
Juguetona no murmura,
Y las veletas no giran
Entre la cruz y la cúpula.   5
Tal vez un pálido rayo
La opaca atmósfera cruza,
Y unas en otras las sombras
Confundidas se dibujan.
Las almenas de las torres   10
Un momento se columbran,
Como lanzas de soldados
Apostados en la altura.
Reverberan los cristales
La trémula llama turbia,   15
Y un instante entre las rocas
Rïela la fuente oculta.
Los álamos de la vega
Parecen en la espesura
De fantasmas apiñados   20
Medrosa y gigante turba;
Y alguna vez desprendida
Gotea pesada lluvia,
Que no despierta á quien duerme,
Ni á quien medita importuna.   25
Yace Toledo en el sueño
Entre las sombras confusa,
Y el Tajo á sus pies pasando
Con pardas ondas la arrulla.

El monótono murmullo
Sonar perdido se escucha,
Cual si por las hondas calles
Hirviera del mar la espuma.
5   ¡Qué dulce es dormir en calma
Cuando á lo lejos susurran
Los álamos que se mecen,
Las aguas que se derrumban!
Se sueñan bellos fantasmas
10   Que el sueño del triste endulzan,
Y en tanto que sueña el triste,
No le aqueja su amargura.
   Tan en calma y tan sombría
Como la noche que enluta
15   La esquina en que desemboca
Una callejuela oculta,
Se ve de un hombre que aguarda
La vigilante figura,
Y tan á la sombra vela
20   Que entre la sombra se ofusca.
Frente por frente á sus ojos
Un balcón á poca altura
Deja escapar por los vidiios
La luz que dentro le alumbra;
25   Mas ni en el claro aposento,
Ni en la callejuela obscura
El silencio de la noche
Rumor sospechoso turba.
Pasó así tan largo tiempo,

Que pudiera haberse duda
De si es hombre, ó solamente
Mentida ilusión nocturna;
Pero es hombre, y bien se ve,
Porque con planta segura   5
Ganando el centro á la calle
Resuelto y audaz pregunta:
— ¿Quién va? — y á corta distancia
El igual compás se escucha
De un caballo que sacude   10
Las sonoras herraduras.
¿Quién va? repite, y cercana
Otra voz menos robusta
Responde: — Un hidalgo ¡calle!
Y el paso el bruto apresura.   15
— Téngase el hidalgo, — el hombre
Replica, y la espada empuña.
— Ved más bien si me haréis calle
(Repusieron con mesura)
Que hasta hoy á nadie se tuvo   20
Ibán de Vargas y Acuña.
— Pase el Acuña y perdone: —
Dijo el mozo en faz de fuga,
Pues teniéndose el embozo
Sopla un silbato, y se oculta.   25
Paró el jinete á una puerta,
Y con precaución difusa
Salió una niña al balcón
Que llama interior alumbra.

—¡Mi padre! —clamó en voz baja,
Y el viejo en la cerradura
Metió la llave pidiendo
Á sus gentes que le acudan.
5   Un negro por ambas bridas
Tomó la cabalgadura,
Cerróse detrás la puerta
Y quedó la calle muda.
En esto desde el balcón,
10   Como quien tal acostumbra,
Un mancebo por las rejas
De la calle se asegura.
Asió el brazo al que apostado
Hizo cara á Ibán de Acuña,
15   Y huyeron, en el embozo
Velando la catadura.

II

Clara, apacible y serena
Pasa la siguiente tarde,
Y el sol tocando su ocaso
20   Apaga su luz gigante:
Se ve la imperial Toledo
Dorada por los remates,
Como una ciudad de grana
Coronada de cristales.
25   El Tajo por entre rocas
Sus anchos cimientos lame,
Dibujando en las arenas

Las ondas con que las bate.
Y la ciudad se retrata
En las ondas desiguales,
Como en prendas de que el río
Tan afanoso la bañe.   5
Á lo lejos en la vega
Tiende galán por sus márgenes,
De sus álamos y huertos
El pintoresco ropaje, ·
Y porque su altiva gala   10
Más á los ojos halague,
La salpica con escombros
De castillos y de alcázares.
Un recuerdo es cada piedra
Que toda una historia vale,   15
Cada colina un secreto
De príncipes ó galanes.
Aquí se bañó la hermosa
Por quien dejó su rey culpable
Amor, fama, reino y vida   20
En manos de musulmanes.
Allí recibió Galiana
Á su receloso amante
En esa cuesta que entonces
Era un plantel de azahares.   25
Allá por aquella torre,
Que hicieron puerta los árabes,
Subió el Cid sobre Babieca
Con su gente y su estandarte.

Más lejos se ve el castillo
De San Servando, ó Cervantes
Donde nada se hizo nunca
Y nada al presente se hace.
Á este lado está la almena
Por do sacó vigilante
El conde Don Peranzules
Al rey, que supo una tarde
Fingir tan tenaz modorra,
Que, político y constante,
Tuvo siempre el brazo quedo
Las palmas al horadarle.
Allí está el circo romano,
Gran cifra de un pueblo grande,
Y aquí la antigua Basílica
De bizantinos pilares,
Que oyó en el primer concilio
Las palabras de los Padres
Que velaron por la Iglesia
Perseguida ó vacilante.
La sombra en este momento
Tiende sus turbios cendales
Por todas esas memorias
De las pasadas edades,
Y del Cambrón y Visagra
Los caminos desiguales,
Camino á los Toledanos
Hacia las murallas abren.
Los labradores se acercan

Al fuego de sus hogares,
Cargados con sus aperos,
Cansados de sus afanes.
Los ricos y sedentarios
Se tornan con paso grave,   5
Calado el ancho sombrero,
Abrochados los gabanes;
Y los clérigos y monjes
Y los prelados y abades
Sacudiendo el leve polvo   10
De capelos y sayales.
Quédase sólo un mancebo
De impetuosos ademanes,
Que se pasea ocultando
Entre la capa el semblante.   15
Los que pasan le contemplan
Con decisión de evitarle,
Y él contempla á los que pasan
Como si á alguien aguardase.
Los tímidos aceleran   20
Los pasos al divisarle,
Cual temiendo de seguro
Que les proponga un combate;
Y los valientes le miran
Cual si sintieran dejarle   25
Sin que libres sus estoques
En riña sonora dancen.
Una mujer también sola
Se viene el llano adelante,

La luz del rostro escondida
En tocas y tafetanes.
Mas en lo leve del paso,
Y en lo flexible del talle,
5   Puede á través de los velos
Una hermosa adivinarse.
Vase derecha al que aguarda,
Y él al encuentro la sale
Diciendo . . . cuanto se dicen
10 En las citas los amantes.
Mas ella, galanterías
Dejando severa aparte,
Así al mancebo interrumpe
En voz decisiva y grave:

15   «Abreviemos de razones,
Diego Martínez; mi padre,
Que un hombre ha entrado en su ausencia
Dentro mi aposento sabe:
Y así quien mancha mi honra,
20 Con la suya me la lave;
Ó dadme mano de esposo,
Ó libre de vos dejadme.»
Miróla Diego Martínez
Atentamente un instante,
25 Y echando á un lado el embozo,
Repuso palabras tales:
«Dentro de un mes, Inés mía,
Parto á la guerra de Flandes;

Al año estaré de vuelta
Y contigo en los altares.
Honra que yo te desluzca,
Con honra mía se lave;
Que por honra vuelven honra   5
Hidalgos que en honra nacen.
— Júralo, — exclamó la niña.
— Más que mi palabra vale
No te valdrá un juramento.
— Diego, la palabra es aire.   10
— ¡Vive Dios que estás tenaz!
Dalo por jurado y baste.
— No me basta; que olvidar
Puedes la palabra en Flandes.
— ¡Voto á Dios! ¿qué más pretendes?   15
— Que á los pies de aquella imagen
Lo jures como cristiano
Del santo Cristo delante. »
Vaciló un punto Martínez,
Mas porfiando que jurase,   20
Llevóle Inés hacia el templo
Que en medio la vega yace.
Enclavado en un madero,
En duro y postrero trance,
Ceñida la sien de espinas,   25
Descolorido el semblante,
Víase allí un crucifijo
Teñido de negra sangre,
Á quien Toledo devota

Acude hoy en sus azares.
Ante sus plantas divinas
Llegaron ambos amantes,
Y haciendo Inés que Martínez
Los sagrados pies tocase,
Preguntóle:
    — Diego, ¿juras
Á tu vuelta desposarme?
Contestó el mozo:
      — ¡Sí juro!
Y ambos del templo se salen.

III

Pasó un día y otro día,
Un mes y otro mes pasó,
Y un año pasado había,
Mas de Flandes no volvía
Diego, que á Flandes partió.
 Lloraba la bella Inés
Su vuelta aguardando en vano,
Oraba un mes y otro mes
Del crucifijo á los pies
Do puso el galán su mano.
 Todas las tardes venía
Después de traspuesto el sol,
Y á Dios llorando pedía
La vuelta del español,
Y el español no volvía.
 Y siempre al anochecer,

Sin dueña y sin escudero,
En un manto una mujer
El campo salía á ver
Al alto del *Miradero*.

  ¡Ay del triste que consume   5
Su existencia en esperar!
¡Ay del triste que presume
Que el duelo con que él se abrume
Al ausente ha de pesar!

  La esperanza es de los cielos   10
Precioso y funesto don,
Pues los amantes desvelos
Cambian la esperanza en celos,
Que abrasan el corazón.

  Si es cierto lo que se espera,   15
Es un consuelo en verdad;
Pero siendo una quimera,
En tan frágil realidad
Quien espera desespera.

  Así Inés desesperaba   20
Sin acabar de esperar,
Y su tez se marchitaba,
Y su llanto se secaba
Para volver á brotar.

  En vano á su confesor   25
Pidió remedio ó consejo
Para aliviar su dolor;
Que mal se cura el amor
Con las palabras de un viejo.

En vano á Ibán acudía,
Llorosa y desconsolada;
El padre no respondía;
Que la léngua le tenía
5 Su propia deshonra atada.

Y ambos maldicen su estrella,
Callando el padre severo
Y suspirando la bella,
Porque nació mujer ella,
10 Y el viejo nació altanero.

Dos años al fin pasaron
En esperar y gemir,
Y las guerras acabaron,
Y los de Flandes tornaron
15 Á sus tierras á vivir.

Pasó un día y otro día,
Un mes y otro mes pasó,
Y el tercer año corría;
Diego á Flandes se partió,
20 Mas de Flandes no volvía.

Era una tarde serena,
Doraba el sol de occidente
Del Tajo la vega amena,
Y apoyada en una almena
25 Miraba Inés la corriente.

Iban las tranquilas olas
Las riberas azotando
Bajo las murallas solas,
Musgo, espigas y amapolas

Ligeramente doblando.
  Algún olmo que escondido
Creció entre la hierba blanda,
Sobre las aguas tendido
Se reflejaba perdido   5
En su cristalina banda.
  Y algún ruiseñor colgado
Entre su fresca espesura
Daba al aire embalsamado
Su cántico regalado   10
Desde la enramada obscura.
  Y algún pez con cien colores,
Tornasolada la escama,
Saltaba á besar las flores,
Que exhalan gratos olores,   15
Á las puntas de una rama.
  Y allá en el trémulo fondo
El torreón se dibuja
Como el contorno redondo
Del hueco sombrío y hondo   20
Que habita nocturna bruja.
  Así la niña lloraba
El rigor de su fortuna,
Y así la tarde pasaba
Y al horizonte trepaba   25
La consoladora luna.
  Á lo lejos por el llano
En confuso remolino
Vió de hombres tropel lejano

Que en pardo polvo liviano
Dejan envuelto el camino.
   Bajó Inés del torreón,
Y llegando recelosa
5   Á las puertas del Cambrón,
Sintió latir zozobrosa
Más inquieto el corazón.
   Tan galán como altanero
Dejó ver la escasa luz
10   Por bajo el arco primero
Un hidalgo caballero
En un caballo andaluz;
   Jubón negro acuchillado,
Banda azul, lazo en la hombrera,
15   Y sin pluma al diestro lado
El sombrero derribado
Tocando con la gorguera;
   Bombacho gris guarnecido,
Bota de ante, espuela de oro,
20   Hierro al cinto suspendido,
Y á una cadena prendido
Agudo cuchillo moro.
   Vienen tras este jinete
Sobre potros jerezanos
25   De lanceros hasta siete,
Y en adarga y coselete
Diez peones castellanos.
   Asióse á su estribo Inés
Gritando: — ¡Diego, eres tú! —

Y él viéndola de través
Dijo — ¡Voto á Belcebú,
Que no me acuerdo quién es! —
    Dió la triste un alarido
Tal respuesta al escuchar,   5
Y á poco perdió el sentido,
Sin que más voz ni gemido
Volviera en tierra á exhalar.
    Frunciendo ambas á dos cejas
Encomendóla á su gente,   10
Diciendo: — ¡Malditas viejas
Que á las mozas malamente
Enloquecen con consejas! —
    Y aplicando el capitán
Á su potro las espuelas   15
El rostro á Toledo dan,
Y á trote cruzando van
Las obscuras callejuelas.

                    IV

    Así por sus altos fines
Dispone y permite el cielo   20
Que puedan mudar al hombre
Fortuna, poder y tiempo.
Á Flandes partió Martínez
De soldado aventurero,
Y por su suerte y hazañas   25
Allí capitán le hicieron.
Según alzaba en honores

Alzábase en pensamientos,
Y tanto ayudó en la guerra
Con su valor y altos hechos,
Que el mismo rey á su vuelta
5   Le armó en Madrid caballero,
Tomándole á su servicio
Por capitán de lanceros.
Y otro no fué que Martínez
Quien ha poco entró en Toledo,
10   Tan orgulloso y ufano
Cual salió humilde y pequeño.
Ni es otro á quien se dirige,
Cobrado el conocimiento,
La amorosa Inés de Vargas,
15   Que vive por él muriendo.
Mas él, que olvidando todo
Olvidó su nombre mesmo,
Puesto que hoy Diego Martínez
Es el capitán Don Diego,
20   Ni se ablanda á sus caricias,
Ni cura de sus lamentos;
Diciendo que son locuras
De gentes de poco seso;
Que ni él prometió casarse
25   Ni pensó jamás en ello.
¡Tanto mudan á los hombres
Fortuna, poder y tiempo!
En vano porfiaba Inés
Con amenazas y ruegos;

Cuanto más ella importuna
Está Martínez severo.
Abrazada á sus rodillas
Enmarañado el cabello,
La hermosa niña lloraba   5
Prosternada por el suelo.
Mas todo empeño es inútil,
Porque el capitán Don Diego
No ha de ser Diego Martínez
Como lo era en otro tiempo.   10
Y así llamando á su gente,
De amor y piedad ajeno,
Mandóles que á Inés llevaran
De grado ó de valimiento.
Mas ella antes que la asieran,   15
Cesando un punto en su duelo,
Así habló, el rostro lloroso
Hacia Martínez volviendo:
«Contigo se fué mi honra,
Conmigo tu juramento;   20
Pues buenas prendas son ambas,
En buen fiel las pesaremos.»
Y la faz descolorida
En la mantilla envolviendo,
Á pasos desatentados   25
Salióse del aposento.

V

Era entonces de Toledo
Por el rey gobernador
El justiciero y valiente
Don Pedro Ruiz de Alarcón.
5. Muchos años por su patria
El buen viejo peleó;
Cercenado tiene un brazo,
Mas entero el corazón.
La mesa tiene delante,
10 Los jueces en derredor,
Los corchetes á la puerta
Y en la derecha el bastón.
Está, como presidente
Del tribunal superior,
15 Entre un dosel y una alfombra
Reclinado en un sillón,
Escuchando con paciencia
La casi asmática voz
Con que un tétrico escribano
20 Solfea una apelación.
Los asistentes bostezan
Al murmullo arrullador,
Los jueces medio dormidos
Hacen pliegues al ropón,
25 Los escribanos repasan
Sus pergaminos al sol,
Los corchetes á una moza

Guiñan en un corredor,
Y abajo en Zocodover
Gritan en discorde son
Los que en el mercado venden
Lo vendido y el valor.   5
   Una mujer en tal punto,
En faz de grande aflicción,
Rojos de llorar los ojos,
Ronca de gemir la voz,
Suelto el cabello y el manto,   10
Tomó plaza en el salón
Diciendo á gritos: "¡Justicia,
Jueces; justicia, señor!»
Y á los pies se arroja humilde
De Don Pedro de Alarcón,   15
En tanto que los curiosos
Se agitan al rededor.
Alzóla cortés Don Pedro
Calmando la confusión
Y el tumultuoso murmullo   20
Que esta escena ocasionó,
Diciendo:
                — Mujer, ¿qué quieres?
— Quiero justicia, señor.
— ¿De qué?
                — De una prenda hurtada.
— ¿Qué prenda?   25
                — Mi corazón.
— ¿Tú le diste?

> . — Le presté.
> — ¿ Y no te le han vuelto?
>   — No.
> — ¿ Tienes testigos?
>   — Ninguno.
> — ¿ Y promesa?
>   — ¡ Sí, por Dios!
> Que al partirse de Toledo
> Un juramento empeñó.
> — ¿ Quién es él?
>   — Diego Martínez.
> — ¿ Noble?
>   — Y capitán, señor.
> — Presentadme al capitán,
> Que cumplirá si juró. —
> Quedó en silencio la sala,
> Y á poco en el corredor
> Se oyó de botas y espuelas
> El acompasado son.
> Un portero, levantando
> El tapiz, en alta voz
> Dijo: — El capitán Don Diego. —
> Y entró luego en el salón
> Diego Martínez, los ojos
> Llenos de orgullo y furor.
> — ¿ Sois el capitán Don Diego,
> Díjole Don Pedro, vos? —
> Contestó altivo y sereno
> Diego Martínez:

    — Yo soy.
— ¿Conocéis á esta muchacha?
— Ha tres años, salvo error.
— ¿Hicísteisla juramento
De ser su marido? —
      — No.
— ¿Juráis no haberlo jurado?   5
— Sí juro. —
     — Pues id con Dios.
— ¡Miente! — clamó Inés llorando
De despecho y de rubor.
— Mujer, ¡piensa lo que dices! . . .
— Digo que miente, juró.   10
— ¿Tienes testigos?
      — Ninguno.
— Capitán, idos con Dios,
Y dispensad que acusado
Dudara de vuestro honor. —

 Tornó Martínez la espalda   15
Con brusca satisfacción,
É Inés, que le vió partirse,
Resuelta y firme gritó:
— Llamadle, tengo un testigo.
Llamadle otra vez, señor. —   20
Volvió el capitán Don Diego,
Sentóse Ruiz de Alarcón,
La multitud aquietóse
Y la de Vargas siguió:
— Tengo un testigo á quien nunca   25

Faltó verdad ni razón.
— ¿Quién?
     — Un hombre que de lejos
Nuestras palabras oyó,
Mirándonos desde arriba.
 — ¿Estaba en algún balcón?
— No, que estaba en un suplicio
Donde ha tiempo que expiró.
— ¿Luego es muerto?
       — No, que vive.
— Estáis loca, ¡vive Dios!
¿Quién fué?
     — El CRISTO de la Vega
Á cuya faz perjuró. —
 Pusiéronse en pie los jueces
Al nombre del Redentor,
Escuchando con asombro
Tan excelsa apelación.
Reinó un profundo silencio
De sorpresa y de pavor,
Y Diego bajó los ojos
De vergüenza y confusión.
Un instante con los jueces
Don Pedro en secreto habló,
Y levantóse diciendo
Con respetuosa voz:
 «La ley es ley para todos,
Tu testigo es el mejor,
Mas para tales testigos

No hay más tribunal que Dios.
Haremos . . . lo que sepamos;
Escribano, al caer el sol
Al CRISTO que está en la vega
Tomaréis declaración. »' 5

VI

Es una tarde serena,
Cuya luz tornasolada
Del purpurino horizonte
Blandamente se derrama.
Plácido aroma las flores 10
Sus hojas plegando exhalan,
Y el céfiro entre perfumes
Mece las trémulas alas.
Brillan abajo en el valle
Con suave rumor las aguas, 15
Y las aves en la orilla
Despidiendo al día cantan.
Allá por el *Miradero*
Por el Cambrón y Visagra
Confuso tropel de gente 20
Del Tajo á la vega baja.
Vienen delante Don Pedro
De Alarcón, Ibán de Vargas,
Su hija Inés, los escribanos,
Los corchetes y los guardias; 25
Y detrás monjes, hidalgos,
Mozas, chicos y canalla.

Otra turba de curiosos
En la vega les aguarda,
Cada cual comentariando
El caso según le cuadra.
5   Entre ellos está Martínez
En apostura bizarra,
Calzadas espuelas de oro,
Valona de encaje blanca,
Bigote á la borgoñona,
10   Melena desmelenada,
El sombrero guarnecido
Con cuatro lazos de plata,
Un pie delante del otro,
Y el puño en el de la espada.
15   Los plebeyos de reojo
Le miran de entre las capas,
Los chicos al uniforme
Y las mozas á la cara.
Llegado el gobernador
20   Y gente que le acompaña,
Entraron todos al claustro
Que iglesia y patio separa.
Encendieron ante el CRISTO
Cuatro cirios y una lámpara,
25   Y de hinojos un momento
Le rezaron en voz baja.
  Está el CRISTO de la Vega
La cruz en tierra posada,
Los pies alzados del suelo

Poco menos de una vara;
Hacia la severa imagen
Un notario se adelanta,
De modo que con el rostro
Al pecho santo llegaba.   5
Á un lado tiene á Martínez,
Á otro lado á Inés de Vargas,
Detrás al gobernador
Con sus jueces y sus guardias.
Después de leer dos veces   10
La acusación entablada,
El notario á Jesucristo
Así demandó en voz alta:
— *Jesús, Hijo de María,*
Ante nos esta mañana   15
Citado como testigo
Por boca de Inés de Vargas,
¿Juráis ser cierto que un día
Á vuestras divinas plantas
Juró á Inés Diego Martínez   20
Por su mujer desposarla?
    Asida á un *brazo* desnudo
Una *mano* atarazada
Vino á posar en los autos
La seca y hendida palma,   25
Y allá en los aires *¡Sí juro!*
Clamó una voz más que humana.
    Alzó la turba medrosa
La vista á la imagen santa . . .

Los labios tenía abiertos,
Y una mano desclavada.

CONCLUSIÓN

Las vanidades del mundo
Renunció allí mismo Inés,
Y espantado de sí propio
Diego Martínez también.
Los escribanos temblando
Dieron de esta escena fe,
Firmando como testigos
Cuantos hubieron poder.
Fundóse un aniversario
Y una capilla con él,
Y Don Pedro de Alarçón
El altar ordenó hacer,
Donde hasta el tiempo que corre,
Y en cada un año una vez,
Con la mano desclavada
El crucifijo se ve.

DON ANTONIO DE TRUEBA

CANTOS DE PÁJARO

Tengo yo un pajarillo
Que el día pasa
Cantando entre las flores
De mi ventana;

Y un canto alegre
Á todo pasajero
Dedica siempre.
Tiene mi pajarillo
Siempre armonías   5
Para alegrar el alma
Del que camina . . .
¡Oh cielo santo,
Por qué no harán los hombres
Lo que los pájaros!   10
Cuando mi pajarillo
Cantos entona,
Pasajeros ingratos
Cantos le arrojan:
Mas no por eso   15
Niega sus armonías
Al pasajero.
Tiende las leves alas,
Cruza las nubes
Y canta junto al cielo   20
Con voz más dulce:
«Paz á los hombres
Y gloria al que en la altura
Rige los orbes!»
Y yo sigo el ejemplo   25
Del ave mansa
Que canta entre las flores
De mi ventana,
Porque es sabido

Que poetas y pájaros
Somos lo mismo.

LA PEREJILERA

Al salir el sol dorado
Esta mañana te vi
Cogiendo, niña, en tu huerto
Matitas de perejil.
    Para verte más de cerca
En el huerto me metí,
Y sabrás que eché de menos
Mi corazón al salir.
    Tú debiste de encontrarle,
Que en el huerto le perdí.
«Dámele, perejilera,
Que te le vengo á pedir.»

DON JOSÉ SELGAS Y CARRASCO

LA MODESTIA

Por las flores proclamado
Rey de una hermosa pradera,
Un clavel afortunado
Dió principio á su reinado
Al nacer la primavera.
    Con majestad soberana
Llevaba y con noble brío
El regio manto de grana,

Y sobre la frente ufana
La corona de rocío.

Su comitiva de honor
Mandaba, por ser costumbre,
El céfiro volador,   5
Y había en su servidumbre
Hierbas y malvas de olor.

Su voluntad poderosa,
Porque también era uso,
Quiso una flor para esposa,   10
Y regiamente dispuso
Elegir la más hermosa.

Como era costumbre y ley,
Y porque causa delicia
En la numerosa grey,   15
Pronto corrió la noticia
Por los estados del rey.

Y en revuelta actividad
Cada flor abre el arcano
De su fecunda beldad,   20
Por prender la voluntad
Del hermoso soberano.

Y hasta las menos apuestas
Engalanarse se vían
Con harta envidia, dispuestas   25
Á ver las solemnes fiestas
Que celebrarse debían.

Lujosa la Corte brilla:
El rey, admirado, duda,

Cuando ocultarse sencilla
Vió una tierna florecilla
Entre la hierba menuda.

Y por si el regio esplendor
De su corona le inquieta,
Pregúntale con amor:
— «¿Cómo te llamas?» — «Violeta,»
Dijo temblando la flor.

— «¿Y te ocultas cuidadosa
Y no luces tus colores,
Violeta dulce y medrosa,
Hoy que entre todas las flores
Va el rey á elegir esposa?»

Siempre temblando la flor,
Aunque llena de placer,
Suspiró y dijo: — «Señor,
Yo no puedo merecer
Tan distinguido favor.»

El rey, suspenso, la mira
Y se inclina dulcemente;
Tanta modestia le admira;
Su blanda esencia respira,
Y dice alzando la frente:

«Me depara mi ventura
Esposa noble y apuesta;

Sepa, si alguno murmura,
Que la mejor hermosura
Es la hermosura modesta. »

    Dijo, y el aura afanosa
Publicó en forma de ley,
Con voz dulce y melodiosa,
Que la violeta es la esposa
Elegida por el rey.

    Hubo magníficas fiestas,
Ambos esposos se dieron
Pruebas de amor manifiestas,
Y en aquel reinado fueron
Todas las flores modestas.

DON PEDRO A. DE ALARCÓN

EL MONT-BLANC

¡Heme al fin en la cumbre soberana!...
¡Nieve perpetua ..., soledad doquiera!...
¿Quién sino el hombre, en su soberbia insana,
Á hollar estos desiertos se atreviera?
    Aquí enmudece hasta la voz del viento ...;
Profundo mar parece el horizonte ...,
Única playa el alto firmamento ...,
Anclada nave el solitario monte.
    ¡Nada en torno de mí!...¡Todo á mis plantas!

Obscuros bosques, relucientes ríos,
Lagos, campiñas, páramos, gargantas . . .
¡Europa entera yace á los pies míos!
    ¡Y cuán pequeña la terrestre vida,
Cuán relegado el humanal imperio
Se ve desde estos hielos donde anida
El *Monte Blanco*, el rey del hemisferio!
    . ¡De aquí tiende su cetro sobre el mundo!
El Danubio opulento, el Po anchuroso,
El luengo Rhin y el Ródano profundo,
Hijos son de los hijos del Coloso.
    Debajo de él . . . los Alpes se eslabonan
Como escabeles de su trono inmenso:
Debajo de él . . . las nubes se amontonan
Cual humo leve de quemado incienso.
    ¡Sobre él . . . los cielos nada más! La tarde
Le invidia al verlo de fulgor ceñido . . .
Llega la noche, y aún su frente arde
Con reflejos de un sol por siempre hundido.
    Allá turnan con raudo movimiento
Una y otra estación . . . Él permanece
Mudo, inmóvil, estéril. ¡Monumento
De la implacable eternidad parece!
    Ni el oso atroz ni el traicionero lobo
Huellan jamás su excelsitud nevada . .
Húerfano vive del calor del globo . . .
¡En él principia el reino de la nada!
    Por eso, ufano de su horror profundo,
Dichoso aquí mi corazón palpita . . .

¡Aquí solo con Dios . . ., fuera del mundo!
¡Solo, bajo la bóveda infinita!
  ¡Y qué süave, deleitosa calma
Brinda á mi pecho esta región inerte! . . .
Así concibe fatigada el alma   5
El tardo bien de la benigna muerte.
  ¡Morir aquí! De los poblados valles
No retornar á la angustiosa vida:
No escuchar más los lastimosos ayes
De la cuitada humanidad caída: 10
  Desparecer, huyendo de la tierra,
Desde esta cima que se acerca al cielo:
Por siempre desertar de aquella guerra,
De eterna libertad tendiendo el vuelo . . .
  Tal ansia acude al corazón llagado,   15
Al mirarte, ¡oh *Mont-Blanc!*, erguir la frente
Sobre un mísero mundo atribulado
Por el cierzo y el rayo y el torrente.
  ¡Tú nada temes! De tu imperio yerto
Sólo Dios es señor, fuerza y medida: 20
¡Cómo el ancho Océano y el Desierto,
Tú vives sólo de tu propia vida!
  La tierra acaba en tu glacial palacio;
Tuya es la azul inmensidad aérea:
Tú ves más luz, más astros, más espacio . . .; 25
¡Parte eres ya de la mansión etérea!
  ¡Adiós! Retorno al mundo . . . Acaso un día
Ya de la tierra el corazón no lata,
Y sobre su haz inanimada y fría

Tiendas tu manto de luciente plata . . .
  Será entonces tu reino silencioso
Cuanto hoy circunda y cubre el Oceano . . .
  ¡Adiós! . . . Impera en tanto desdeñoso
5 Sobre la insania del orgullo humano.

EL SECRETO

«¡Yo no quiero morirme!»
    — Dice la niña,
  Tendiendo hacia su madre
      Dos manecitas
10   Calenturientas,
  Cual dos blancos jazmines
      Que el viento seca . . .
  Un silencio de muerte
      La madre guarda . . .
15 ¡Ay! ¡si hablara, vertiera
      Mares de lágrimas!
      Besa á la niña,
  ¡Y aun le fingen sus labios
      Una sonrisa!
20 Del cuello de la madre
      La hija se cuelga
  Y, pegada á su oído,
      Pálida y trémula,
      Con sordo acento,
25 Dícele horrorizada:
      — *«Oye un secreto:*

¿Sabes por qué á morirme
Le temo tanto?
Porque luego me llevan,
Toda de blanco,
Al cementerio . . .,   5
¡Y de verme allí sola
Va á darme miedo!"
— *"Hija de mis entrañas!*
(Grita la madre)
Dios querrá que me vivas . . .;   10
Y, aunque te mate,
Descuida, hermosa;
Que tú en el cementerio
No estarás sola."

DON GUSTAVO ADOLFO BÉCQUER

RIMAS

II

Saeta que voladora   15
Cruza, arrojada al azar,
Sin adivinarse dónde
Temblando se clavará;
  Hoja que del árbol seca
Arrebata el vendaval,   20
Sin que nadie acierte el surco
Donde á caer volverá;
  Gigante ola que el viento

Riza y empuja en el mar,
Y rueda y pasa, y no sabe
Qué playa buscando va;
    Luz que en cercos temblorosos
5   Brilla, próxima á expirar,
Ignorándose cuál de ellos
El último brillará;
    Eso soy yo, que al acaso
Cruzo el mundo, sin pensar
10 De dónde vengo, ni adónde
Mis pasos me llevarán.

VII

    Del salón en el ángulo obscuro,
De su dueño tal vez olvidada,
Silenciosa y cubierta de polvo
15   Veíase el arpa.
    ¡Cuánta nota dormía en sus cuerdas
Como el pájaro duerme en las ramas,
Esperando la mano de nieve
        Que sabe arrancarlas!
20   ¡Ay! pensé; ¡cuántas veces el genio
Así duerme en el fondo del alma,
Y una voz, como Lázaro, espera
Que le diga: «Levántate y anda!»

LIII

Volverán las obscuras golondrinas
25 En tu balcón sus nidos á colgar,

Y, otra vez, con el ala á sus cristales
    Jugando llamarán;

Pero aquellas que el vuelo refrenaban
Tu hermosura y mi dicha á contemplar,
Aquellas que aprendieron nuestros nombres . . .   5
    Ésas . . . ¡no volverán!

Volverán las tupidas madreselvas
De tu jardín las tapias á escalar,
Y otra vez á la tarde, aun más hermosas,
    Sus flores se abrirán;   10

Pero aquellas, cuajadas de rocío,
Cuyas gotas mirábamos temblar
Y caer, como lágrimas del día . . .
    Ésas . . . ¡no volverán!

Volverán del amor en tus oídos   15
Las palabras ardientes á sonar;
Tu corazón de su profundo sueño
    Tal vez despertará;

Pero mudo y absorto y de rodillas,
Como se adora á Dios ante su altar,   20
Como yo te he querido . . . desengáñate,
    ¡Así no te querrán!

LXXIII

Cerraron sus ojos
Que aun tenía abiertos;
Taparon su cara
Con un blanco lienzo;
5   Y unos sollozando,
Otros en silencio,
De la triste alcoba
Todos se salieron.

La luz, que en un vaso
10   Ardía en el suelo,
Al muro arrojaba
La sombra del lecho;
Y entre aquella sombra
Veíase á intérvalos
15   Dibujarse rígida
La forma del cuerpo.

Despertaba el día
Y á su albor primero
Con sus mil rüidos
20   Despertaba el pueblo.
Ante aquel contraste
De vida y misterios,
De luz y tinieblas,
Medité un momento:
25   *«¡Dios mío, qué solos
Se quedan los muertos!»*

De la casa en hombros
Lleváronla al templo,
Y en una capilla
Dejaron el féretro.
Allí rodearon   5
Sus pálidos restos
De amarillas velas
Y de paños negros.

Al dar de las ánimas
El toque postrero,   10
Acabó una vieja
Sus últimos rezos;
Cruzó la ancha nave,
Las puertas gimieron,
Y el santo recinto   15
Quedóse desierto.

De un reloj se oía
Compasado el péndulo,
Y de algunos cirios
El chisporroteo.   20
Tan medroso y triste,
Tan obscuro y yerto
Todo se encontraba . . .
Que pensé un momento:
«¡Dios mío, qué solos   25
Se quedan los muertos!»

De la alta campana
La lengua de hierro,
Le dió, volteando,
Su adiós lastimero.
5 El luto en las ropas,
Amigos y deudos
Cruzaron en fila,
Formando el cortejo.

Del último asilo,
10 Obscuro y estrecho,
Abrió la piqueta
El nicho á un extremo.
Allí la acostaron,
Tápiáronle luego,
15 Y con un saludo
Despidióse el duelo.

La piqueta al hombro,
El sepulturero
Cantando entre dientes
20 Se perdió á lo lejos.
La noche se entraba,
Reinaba el silencio;
Perdido en las sombras,
Medité un momento:
25 *«¡Dios mío, qué solos*
Se quedan los muertos!»

En las largas noches
Del helado invierno,
Cuando las maderas
Crujir hace el viento
Y azota los vidrios   5
El fuerte aguacero,
De la pobre niña
Á solas me acuerdo.

Allí cae la lluvia
Con un son eterno;   10
Allí la combate
El soplo del cierzo.
¡Del húmedo muro
Tendida en el hueco,
Acaso de frío   15
Se hielan sus huesos! . . .

. . . .

¿Vuelve el polvo al polvo?
¿Vuela el alma al cielo?
¿Todo es vil materia,
Podredumbre y cieno?   20
¡No sé: pero hay algo
Que explicar no puedo,
Que al par nos infunde
Repugnancia y duelo,
Al dejar tan tristes,   25
Tan solos los muertos!

DON VICENTE W. QUEROL

EN NOCHE–BUENA

Á mis ancianos padres

I

Un año más en el hogar paterno
Celebramos la fiesta del Dios-Niño,
Símbolo augusto del amor eterno,
Cuando cubre los montes el invierno
5   Con su manto de armiño.

II

Como en el día de la fausta boda
Ó en el que el santo de los padres llega,
La turba alegre de los niños juega,
Y en la ancha sala la-familia toda
10   De noche se congrega..

III

La roja lumbre de los troncos brilla
Del pequeño dormido en la mejilla,
Que con tímido afán su madre besa;
Y se refleja alegre en la vajilla
15   De la dispuesta mesa.

IV

Á su sobrino, que lo escucha atento,
Mi hermana dice el pavoroso cuento,

Y mi otra hermana la canción modula
Que, ó·bien surge vibrante, ó bien ondula
   Prolongada en el viento.

V

Mi madre tiende las rugosas manos
Al nieto que huye por la blanda alfombra;   5
Hablan de pie mi padre y mis hermanos,
Mientras yo, recatándome en·la sombra,
   Pienso en hondos arcanos.

VI

Pienso que de los días de ventura
Las horas van apresurando el paso,   10
Y que empaña el oriente niebla obscura,
Cuando aun el rayo trémulo fulgura
   Último del ocaso.

VII

¡Padres míos, mi amor! ¡Cómo envenena
Las breves dichas el temor del daño!   15
Hoy presidís nuestra modesta cena,
Pero en el porvenir . . . yo sé que un año
   Vendrá sin Noche-Buena.

VIII

Vendrá, y las que hoy son risas y alborozo
Serán muda aflicción y hondo sollozo.   20
No cantará mi hermana, y mi sobrina
No escuchará la historia peregrina
   Que le da miedo y gozo.

IX

No dará nuestro hogar rojos destellos
Sobre el limpio cristal de la vajilla,
Y, si alguien osa hablar, será de aquellos
Que hoy honran nuestra fiesta tan sencilla
5   Con sus blancos cabellos.

X

Blancos cabellos cuya amada hebra
Es cual corona de laurel de plata,
Mejor que esas coronas que celebra
La vil lisonja, la ignorancia acata,
10   Y el infortunio quiebra.

XI

¡Padres míos, mi amor!   Cuando contemplo
La sublime bondad de vuestro rostro,
Mi alma á los trances de la vida templo,
Y ante esa imagen para orar me postro,
15   Cual me postro en el templo.

XII

Cada arruga que surca ese semblante
Es del trabajo la profunda huella,
Ó fué un dolor de vuestro pecho amante.
La historia fiel de una época distante
20   Puedo leer yo en ella.

XIII

La historia de los tiempos sin ventura
En que luchasteis con la adversa suerte,

Y en que, tras negras horas de amargura,
Mi madre se sintió más noble y pura
    Y mi padre más fuerte.

XIV

Cuando la noche toda en la cansada
Labor tuvisteis vuestros ojos fijos,   5
Y, al venceros el sueño á la alborada,
Fuerzas os dió posar vuestra mirada
    En los dormidos hijos.

XV

Las lágrimas correr una tras una
Con noble orgullo por mi faz yo siento,   10
Pensando que hayan sido por fortuna,
Esas honradas manos mi sustento
    Y esos brazos mi cuna.

XVI

¡Padres míos, mi amor! Mi alma quisiera
Pagaros hoy la que en mi edad primera   15
Sufristeis sin gemir lenta agonía,
Y que cada dolor de entonces fuera
    Germen de una alegría.

XVII

Entonces vuestro mal curaba el gozo
De ver al hijo convertirse en mozo,   20
Mientras que al verme yo en vuestra presencia
Siento mi dicha ahogada en el sollozo
    De una temida ausencia.

XVIII

Si el vigor juvenil volver de nuevo
Pudiese á vuestra edad, ¿por qué estas penas?
Yo os daría mi sangre de mancebo,
Tornando así con ella á vuestras venas
    Esta vida que os debo.

XIX

Que de tal modo la aflicción me embarga
Pensando en la posible despedida,
Que imagino ha de ser tarea amarga
Llevar la vida, como inútil carga,
    Después de vuestra vida.

XX

Ese plazo fatal, sordo, inflexible,
Miro acercarse con profundo espanto,
Y en dudas grita el corazón sensible:
— «Si aplacar al destino es imposible,
    ¿Para qué amarnos tanto?»

XXI

Para estar juntos en la vida eterna
Cuando acabe esta vida transitoria:
Si Dios, que el curso universal gobierna,
Nos devuelve en el cielo esta unión tierna,
    Yo no aspiro á más gloria.

XXII

Pero en tanto, buen Dios, mi mejor palma
Será que prolonguéis la dulce calma

Que hoy nuestro hogar en su recinto encierra:
Para marchar yo solo por la tierra
   No hay fuerzas en mi alma.

DON RAMÓN DE CAMPOAMOR

PROXIMIDAD DEL BIEN

En el tiempo en que el mundo informe estaba,
Creó el Señor, cuando por dicha extrema
El paraíso terrenal formaba,
Un fruto que del mal era el emblema
Y otro fruto que el bien simbolizaba.

Del miserable Adán al mismo lado
El Señor colocó del bien el fruto;
Pero Adán nunca el bien halló, ofuscado,
Porque es del hombre mísero atributo
Huir del bien, del mal siempre arrastrado.

El fruto que del mal el símbolo era
Puso Dios escondido y muy lejano;
Pero Adán lo encontraba donde quiera,
Abandonando en su falaz quimera,
Por el lejano mal, el bien cercano.

¡Ah! siempre el hombre en su ilusión maldita
Su misma dicha en despreciar se empeña,

Y al seguirla tenaz, tenaz la evita,
Y aunque en su mismo corazón palpita,
¡Lejos, muy lejos, con afán la sueña!

¡QUIÉN SUPIERA ESCRIBIR!

I

— Escribidme una carta, señor Cura.
     — Ya sé para quién es.
— ¿Sabéis quién es, porque una noche obscura
     Nos visteis juntos? — Pues.

— Perdonad; mas . . . — No extraño ese tropiezo.
     La noche . . . la ocasión . . .
Dadme pluma y papel. Gracias. Empiezo:
     Mi querido Ramón:

— ¿Querido? . . . Pero, en fin, ya lo habéis puesto . . .
     — Si no queréis . . . — ¡Sí, sí!
— *¡Qué triste estoy!* ¿No es eso? — Por supuesto.
     — *¡Qué triste estoy sin ti!*

Una congoja, al empezar, me viene . . .
     — ¿Cómo sabéis mi mal?
— Para un viejo, una niña siempre tiene
     El pecho de cristal.

¿Qué es sin ti el mundo? Un valle de amargura.
     ¿Y contigo? Un edén.
— Haced la letra clara, señor Cura;
     Que lo entienda eso bien.

—*El beso aquel que de marchar á punto*
　　Te di . . . — ¿ Cómo sabéis ? . . .
—Cuando se va y se viene y se está junto
　　Siempre . . . no os afrentéis.

Y si volver tu afecto no procura,　　　　　　5
　　Tanto me harás sufrir . .
—¿ Sufrir y nada más ?　No, señor Cura,
　　¡ Que me voy á morir !

—¿ Morir ? ¿ Sabéis que es ofender al cielo ? . . .
　　— Pues, sí, señor, ¡ morir !　　　　　　10
—Yo no pongo *morir.* — ¡ Qué hombre de hielo !
　　¡ Quién supiera escribir !

II

¡ Señor Rector, señor Rector ! en vano
　　Me queréis complacer,
Si no encarnan los signos de la mano　　　　15
　　Todo el ser de mi ser.

Escribidle, por Dios, que el alma mía
　　Ya en mí no quiere estar ;
Que la pena no me ahoga cada día . . .
　　Porque puedo llorar.　　　　　　20

Que mis labios, las rosas de su aliento,
　　No se saben abrir ;
Que olvidan de la risa el movimiento
　　Á fuerza de sentir.

Que mis ojos, que él tiene por tan bellos,
  Cargados con mi afán,
Como no tienen quien se mire en ellos,
  Cerrados siempre están.

5 Que es, de cuantos tormentos he sufrido,
  La ausencia el más atroz;
Que es un perpetuo sueño de mi oído
  El eco de su voz . . .

Que siendo por su causa, el alma mía
10 ¡Goza tanto en sufrir! . . .
Dios mío ¡cuántas cosas le diría
  Si supiera escribir! . . .

III

EPÍLOGO

— Pues señor, ¡bravo amor! Copio y concluyo:
  Á don Ramón . . . En fin,
15 Que es inútil saber para esto, arguyo,
  Ni el griego ni el latín.

EL MAYOR CASTIGO

  Cuando de Virgilio en pos
  Fué el Dante al infierno á dar,
  Su conciencia, hija de Dios,
20 Dejó á la puerta al entrar.
    Después que á salir volvió,
    Su conciencia el Dante hallando,

Con ella otra vez cargó,
Mas dijo así suspirando:
 Del infierno en lo profundo,
No vi tan atroz sentencia
Como es la de ir por el mundo 5
Cargado con la conciencia.

DON GASPAR NÚÑEZ DE ARCE

¡EXCELSIOR!

¿Por qué los corazones miserables,
 Por qué las almas viles,
En los fieros combates de la vida
 Ni luchan ni resisten? 10

El espíritu humano es más constante
 Cuanto más se levanta:
Dios puso el fango en la llanura, y puso
 La roca en la montaña.

La blanca nieve que en los hondos valles 15
 Derrítese ligera,
En las altivas cumbres permanece
 Inmutable y eterna.

TRISTEZAS

Cuando recuerdo la piedad sincera
 Con que en mi edad primera 20
Entraba en nuestras viejas catedrales,

Donde postrado ante la cruz de hinojos
  Alzaba á Dios mis ojos,
Soñando en las venturas celestiales;

  Hoy que mi frente atónito golpeo,
5   Y con febril deseo
Busco los restos de mi fe perdida,
Por hallarla otra vez, radiante y bella
   Como en la edad aquella,
¡Desgraciado de mí! diera la vida.

10   ¡Con qué profundo amor, niño inocente,
  Prosternaba mi frente
En las losas del templo sacrosanto!
Llenábase mi joven fantasía
   De luz, de poesía,
15 De mudo asombro, de terrible espanto.

  Aquellas altas bóvedas que al cielo
  Levantaban mi anhelo;
Aquella majestad solemne y grave;
Aquel pausado canto, parecido
20   Á un doliente gemido,
Que retumbaba en la espaciosa nave;

  Las marmóreas y austeras esculturas
  De antiguas sepulturas,
Aspiración del arte á lo infinito;

La luz que por los vidrios de colores
Sus tibios resplandores
Quebraba en los pilares de granito;

Haces de donde en curva fugitiva,
Para formar la ojiva, 5
Cada ramal subiendo se separa,
Cual del rumor de multitud que ruega,
Cuando á los cielos llega,
Surge cada oración distinta y clara;

En el gótico altar inmoble y fijo 10
El santo crucifijo,
Que extiende sin vigor sus brazos yertos,
Siempre en la sorda lucha de la vida,
Tan áspera y reñida,
Para el dolor y la humildad abiertos; 15

El místico clamor de la campana
Que sobre el alma humana
De las caladas torres se despeña,
Y anuncia y lleva en sus aladas notas
Mil promesas ignotas 20
Al triste corazón que sufre ó sueña;

Todo elevaba mi ánimo intranquilo
Á más sereno asilo:
Religión, arte, soledad, misterio . . .

Todo en el templo secular hacía
Vibrar el alma mía,
Como vibran las cuerdas de un salterio.

Y á esta voz interior que sólo entiende
5 Quien crédulo se enciende
En fervoroso y celestial cariño,
Envuelta en sus flotantes vestiduras
Volaba á las alturas,
Virgen sin mancha, mi oración de niño.

10 Su rauda, viva y luminosa huella
Como fugaz centella
Traspasaba el espacio, y ante el puro
Resplandor de sus alas de querube,
Rasgábase la nube
15 Que me ocultaba el inmortal seguro.

¡Oh anhelo de esta vida transitoria!
¡Oh perdurable gloria!
¡Oh sed inextinguible del deseo!
¡Oh cielo, que antes para mí tenías
20 Fulgores y armonías,
Y hoy tan obscuro y desolado veo!

Ya no templas mis íntimos pesares,
Ya al pie de tus altares
Como en mis años de candor no acudo.

Para llegar á ti perdí el camino,
   Y errante peregrino
Entre tinieblas desespero y dudo.

  Voy espantado sin saber por dónde;
   Grito, y nadie responde   5
Á mi angustiada voz; alzo los ojos
Y á penetrar la lobreguez no alcanzo;
   medrosamente avanzo,
Y me hieren el alma los abrojos.

  Hijo del siglo, en vano me resisto   10
   Á su impiedad, ¡oh Cristo!
Su grandeza satánica me oprime.
Siglo de maravillas y de asombros,
   Levanta sobre escombros
Un Dios sin esperanza, un Dios que gime.   15

  ¡Y ese Dios no eres tú! No tu serena
   Faz, de consuelos llena,
Alumbra y guía nuestro incierto paso.
Es otro Dios incógnito y sombrío:
   Su cielo es el vacío,   20
Sacerdote el error, ley el Acaso.

  ¡Ay! No recuerda el ánimo suspenso
   Un siglo más inmenso,
Más rebelde á tu voz, más atrevido;

Entre nubes de fuego alza su frente,
Como Luzbel, potente;
Pero también, como Luzbel, caído.

Á medida que marcha y que investiga
5   Es mayor su fatiga,
Es su noche más honda y más obscura,
Y pasma, al ver lo que padece y sabe,
Cómo en su seno cabe
Tanta grandeza y tanta desventura.

·10   Como la nave sin timón y rota
Que el ronco mar azota,
Incendia el rayo y la borrasca mece
En piélago ignorado y proceloso.
Nuestro siglo — coloso,
15 Con la luz que le abrasa, resplandece.

¡Y está la playa mística tan lejos! . . .
Á los tristes reflejos
Del sol poniente se colora y brilla.
El huracán arrecia, el bajel arde,
20   Y es tarde, es ¡ay! muy tarde
Para alcanzar la sosegada orilla.

¿Qué es la ciencia sin fe? Corcel sin freno,
Á todo yugo ajeno,
Que al impulso del vértigo se entrega,

Y á través de intrincadas espesuras,
Desbocado y á obscuras,
Avanza sin cesar y nunca llega.

¡Llegar! ¿Adónde?... El pensamiento humano
En vano lucha, en vano   5
Su ley oculta y misteriosa infringe.
En la lumbre del sol sus alas quema,
Y no aclara el problema,
No penetra el enigma de la Esfinge.

¡Sálvanos, Cristo, sálvanos, si es cierto   10
Que tu poder no ha muerto!
Salva á esta sociedad desventurada,
Que bajo el peso de su orgullo mismo
Rueda al profundo abismo
Acaso más enferma que culpada.   15

La ciencia audaz, cuando de ti se aleja,
En nuestras almas deja
El germen de recónditos dolores.
Como al tender el vuelo hacia la altura,
Deja su larva impura   20
El insecto en el cáliz de las flores.

Si en esta confusión honda y sombría
Es, Señor, todavía
Raudal de vida tu palabra santa,

Di á nuestra fe desalentada y yerta:
— ¡Anímate y despierta!
Como dijiste á Lázaro: — ¡Levanta! —

¡SURSUM CORDA!

INTRODUCCIÓN

Á mi buen amigo el ilustre poeta Manuel Reina

I. Á ESPAÑA

Nunca mi labio á la servil lisonja
Parias rindió.   Ni el éxito ruidoso,
5   Ni la soberbia afortunada, oyeron
Falaz encomio de mi humilde Musa.
Dióme su austeridad la honrada tierra
Donde nací, y el presuroso tiempo
10   Que arrastra y lleva en sus revueltas olas
Las grandezas humanas al olvido,
Á mi pesar me enseña que en el mundo
Tan sólo á dos excelsas majestades
Puedo, sin mengua, levantar mi canto:
15   La Verdad y el Dolor.
                  En estas horas
De febril inquietud, ¿quién, Patria mía,
Merece como tú la pobre ofrenda
De mi respeto y de mi amor?   Postrada
En los escombros de tu antigua gloria,
20   La negra adversidad, con férrea mano,
Comprime los latidos de tu pecho

Y el aire que respiras envenena.
Como tigre feroz clavó sus garras
La catástrofe en ti, y en tus heridas
Entrañas sacia su voraz instinto.
¿Quién, al mirar tus lástimas, no llora?   5
¿Puede haber hombre tan perverso y duro,
Ni aun concebido en crapulosa orgía
Por hembra impura, que impasible vea
Morir sin fe, desesperado y solo,
Al dulce bien que le llevó en su seno?   10
¡No existe, no!
                    Perdona si movido
Por la ciega pasión, allá en lejanos
Y borrascosos días, cuando airada
Mi voz como fatídico anatema
Tronó en la tempestad, quizás injusto   15
Contigo pude ser.   Pero hoy, que sufres,
Hoy que, Job de la Historia, te retuerces
En tu lecho de angustia, arrepentido
Y llena el alma de mortal congoja,
Acudo ansioso á consolar tus penas,   20
Á combatir con los inmundos buitres,
Ávidos del festín, que en torno giran
De tu ulcerado cuerpo, y si lo mandas,
¡Oh, noble mártir! á morir contigo.
    Pero ¿quién habla de morir? ¿Acaso   25
No eres, Patria, inmortal?   Tendrás eclipses
Como los tiene el sol. Sombras tenaces,
Cual hiperbórea noche larga y fría,

Sobre ti pesarán, mientras no llegue
Tu santa redención.   ¡Hora dichosa
En que verás con júbilo y ternura
Nacer el alba, el tenebroso espacio
Inundarse de luz, la tierra encinta
Estremecerse en éxtasis materno,
De armonías, aromas y colores
Poblarse el aire, y palpitar en todo
La plenitud eterna de la vida!
      ¡Ten esperanza y fe!   Descubridora
De mundos, madre de indomada prole,
Tú no puedes morir, ¡Dios no lo quiere!
Aun tienes que cumplir altos destinos.
Busca en el seno de la paz bendita
Reparador descanso, hasta que cobren
Tus músculos salud, y en cuanto sientas
El hervor de tu sangre renovada,
Ponte en pie, sacudiendo tu marasmo,
Que como losa del sepulcro, oprime
Tu enferma voluntad.   Surge del fondo
De tu aislamiento secular, y marcha
Con paso firme y corazón resuelto
Sin mirar hacia atrás, siempre adelante.
Sean la escuela y el taller y el surco
Los solos campos de batalla en donde
Tu razón y tus fuerzas ejercites.
Entra en las lides del trabajo y vence,
Que entonces de laureles coronada,
Más fecunda, más próspera y más grande,

Seguirás, fulgurando, tu camino
Por los arcos triunfales de la Historia.

II. Á AMÉRICA

¡Ésta es España! Atónita y maltrecha
Bajo el peso brutal de su infortunio,
Inerte yace la matrona augusta   5
Que en otros siglos fatigó á la fama.
La que surcó los mares procelosos
Buscándote atrevida en el misterio,
Hasta que un día, deslumbrando al mundo,
Surgiste, como Venus, de las ondas.   10
Cegada por tu espléndida hermosura,
Al engarzarte en su imperial diadema
España te oprimió; mas no la culpes,
Porque ¿cuándo la bárbara conquista
Justa y humana fué? También clemente   15
Te dió su sangre, su robusto idioma,
Sus leyes y su Dios. ¡Te lo dió todo,
Menos la libertad! Pues mal pudiera
Darte el único bien que no tenía.
    Contémplala vencida y humillada   20
Por la doblez y el oro, y si te mueven
Á generosa lástima sus males,
El trágico desplome de una gloria
Que es también tuya, acórrela en su duelo.
¡Es tu madre infeliz! No la abandone   25
Tu amor, en tan inmensa desventura.

DON MANUEL DEL PALACIO

AMOR OCULTO

Ya de mi amor la confesión sincera
Oyeron tus calladas celosías,
· Y fué testigo de las ansias mías
La luna, de los tristes compañera.
5   Tu nombre dice el ave placentera
Á quien visito yo todos los días,
Y alegran mis soñadas alegrías
El valle, el monte, la comarca entera.
Sólo tú mi secreto no conoces,
10   Por más que el alma con latido ardiente,
Sin yo quererlo, te lo diga á voces;
Y acaso has de ignorarlo eternamente,
Como las ondas de la mar veloces
La ofrenda ignoran que les da la fuente.

DON JOAQUÍN MARÍA BARTRINA

ARABESCOS Y COMPOSICIONES ÍNTIMAS

15   Oyendo hablar á un hombre, fácil es
Acertar dónde vió la luz del sol;
Si os alaba á Inglaterra, será inglés,
Si os habla mal de Prusia, es un francés,
Y si habla mal de España, es español.

Si cumplir con lealtad
Nuestra última voluntad
Es sagrada obligación,
Cuando mis ojos se cierren,
He de mandar que me entierren   5
Dentro de tu corazón.

Para matar la inocencia,
Para envenenar la dicha,
Es un gran puñal la pluma
Y un gran veneno la tinta.   10

Quien vive siempre entre pena
Y remordimiento y dudas,
No sabe ver más que á Judas
En el cuadro de la cena.

DON MANUEL REINA

LA POESÍA

Á Teodoro Llorente

Como el raudal que corre en la pradera   15
Copia en su espejo pájaros y flores,
La alada mariposa de colores,
El verde arbusto y la radiante esfera,
La sublime poesía reverbera
Combates, glorias, risas y dolores,   20
Odio y amor, tinieblas y esplendores,

El cielo, el campo, el mar . . . ¡la vida entera!
  ¡Así Homero es la lid; Virgilio, el día;
Esquilo, la tormenta bramadora;
Anacreonte, el vino y la alegría;
  Dante, la noche con su negro arcano;
Calderón, el honor; Milton, la aurora;
Shakespeare, el triste corazón humano!

ARGENTINA

DON ESTEBAN ECHEVERRÍA

CANCIÓN DE ELVIRA

Creció acaso arbusto tierno
Á orillas de un manso río,
Y su ramaje sombrío
Muy ufano se extendió;
Mas en el sañudo invierno   5
Subió el río cual torrente,
Y en su túmida corriente
El tierno arbusto llevó.

Reflejando nieve y grana,
Nació garrida y pomposa   10
En el desierto una rosa,
Gala del prado y amor;
Mas lanzó con furia insana
Su soplo inflamado el viento,
Y se llevó en un momento   15
Su vana pompa y frescor.
Así dura todo bien . . .
Así los dulces amores,

Como las lozanas flores,
Se marchitan en su albor;
Y en el incierto vaivén
De la fortuna inconstante,
5 Nace y muere en un instante
La esperanza del amor.

DON OLEGARIO V. ANDRADE

ATLÁNTIDA

Canto al porvenir de la raza latina en América

*   *   *   *   *   *   *   *   *

VII

¡Siglos pasaron sobre el mundo, y siglos
Guardaron el secreto!
Lo presintió Platón cuando sentado
10 En las rocas de Engina contemplaba
Las sombras que en silencio descendían
Á posarse en las cumbres del Himeto;
Y el misterioso diálogo entablaba
Con las olas inquietas
15 ¡Que á sus pies se arrastraban y gemían!
Adivinó su nombre, hija postrera
Del tiempo, destinada
Á celebrar las bodas del futuro
En sus campos de eterna primavera,
20 ¡Y la llamó la Atlántida soñada!

Pero Dios reservaba
La empresa ruda al genio renaciente
De la latina raza, ¡domadora
De pueblos, combatiente
De las grandes batallas de la historia!   5
Y cuando fué la hora,
Colón apareció sobre la nave
Del destino del mundo portadora —
Y la nave avanzó. Y el Océano,
Huraño y turbulento,   10
Lanzó al encuentro del bajel latino
Los negros aquilones,
¡Y á su frente rugiendo el torbellino,
Jinete en el relámpago sangriento!
Pero la nave fué, y el hondo arcano   15
Cayó roto en pedazos;
¡Y despertó la Atlántida soñada
De un pobre visionario entre los brazos!

Era lo que buscaba
El genio inquieto de la vieja raza,   20
Debelador de tronos y coronas,
¡Era lo que soñaba!
¡Ámbito y luz en apartadas zonas!
Helo armado otra vez, no ya arrastrando
El sangriento sudario del pasado   25
Ni de negros recuerdos bajo el peso,
Sino en pos de grandiosas ilusiones,
¡La libertad, la gloria y el progreso!

¡Nada le falta ya! lleva en el seno
El insondable afán del infinito,
¡Y el infinito por doquier lo llama
De las montañas con el hondo grito
5   Y de los mares con la voz de trueno!
Tiene el altar que Roma
Quiso en vano construir con los escombros
Del templo egipcio y la pagoda indiana,
¡Altar en que profese eternamente
10   Un culto solo la conciencia humana!
¡Y el Andes, con sus gradas ciclopeas,
Con sus rojas antorchas de volcanes,
Será el altar de fulgurantes velos
En que el himno inmortal de las ideas
15   La tierra entera elevará á los cielos!

VIII

¡Campo inmenso á su afán!   Allá dormidas
Bajo el arco triunfal de mil colores
Del trópico esplendente,
Las Antillas levantan la cabeza
20   De la naciente luz á los albores,
Como bandadas de aves fugitivas
Que arrullaron al mar con sus extrañas
Canciones plañideras,
Y que secan al sol las blancas alas
25   ¡Para emprender el vuelo á otras riberas!

¡Allá Méjico está! sobre dos mares
Alzada cual granítica atalaya,

¡Parece que aun espía
La castellana flota que se acerca
Del golfo azteca á la arenosa playa!
Y más allá Colombia adormecida
Del Tequendama al retemblar profundo,   5
¡Colombia la opulenta
Que parece llevar en las entrañas
La inagotable juventud del mundo!

   ¡Salve, zona feliz! región querida
Del almo sol que tus encantos cela,   10
Inmenso hogar de animación y vida,
¡Cuna del gran Bolívar!   ¡Venezuela!
Todo en tu suelo es grande,
Los astros que te alumbran desde arriba
Con eterno, sangriento centelleo,   15
El genio, el heroísmo,
¡Volcán que hizo erupción con ronco estruendo
En la cumbre inmortal de San Mateo!

   Tendida al pie del Ande,
Viuda infeliz sobre entreabierta huesa,   20
Yace la Roma de los Incas, rota
La vieja espada en la contienda grande,
La frente hundida en la tiniebla obscura,
¡Mas no ha muerto el Perú! que la derrota
Germen es en los pueblos varoniles   25
De redención futura —
Y entonces cuando llegue,

Para su suelo, la estación propicia
Del trabajo que cura y regenera,
Y brille al fin el sol de la justicia
Tras largos días de vergüenza y lloro,
5   ¡El rojo manto que á su espalda flota
Las mieses bordarán con flores de oro!

     ¡Bolivia! la heredera del gigante
Nacido al pie del Ávila, su genio
Inquieto y su valor constante
10   Tiene para las luchas de la vida;
Sueña en batallas hoy, pero no importa,
Sueña también en anchos horizontes
En que en vez de cureñas y cañones
¡Sienta rodar la audaz locomotora
15   Cortando valles y escalando montes!
Y Chile el vencedor, fuerte en la guerra,
Pero más fuerte en el trabajo, vuelve
Á colgar en el techo
Las vengadoras armas, convencido
20   De que es estéril siempre la victoria
De la fuerza brutal sobre el derecho.
El Uruguay que combatiendo entrega
Su seno á las caricias del progreso,
El Brasil que recibe
25   Del mar Atlante el estruendoso beso
Y á quien sólo le falta
El ser más libre, para ser más grande,
¡Y la región bendita,

Sublime desposada de la gloria,
Que baña el Plata y que limita el Ande!

  ¡De pie para cantarla! que es la patria,
La patria bendecida,
Siempre en pos de sublimes ideales,   5
¡El pueblo joven que arrulló en la cuna
El rumor de los himnos inmortales!
Y que hoy llama al festín de su opulencia
Á cuantos rinden culto
Á la sagrada libertad, hermana   10
Del arte, del progreso y de la ciencia —
¡La patria! que ensanchó sus horizontes
Rompiendo las barreras
Que en otrora su espíritu aterraron,
¡Y á cuyo paso en los nevados montes   15
Del Génesis los ecos despertaron!
¡La patria! que, olvidada
De la civil querella, arrojó lejos
El fratricida acero
Y que lleva orgullosa   20
La corona de espigas en la frente,
¡Menos pesada que el laurel guerrero!
¡La patria! en ella cabe
Cuanto de grande el pensamiento alcanza,
En ella el sol de redención se enciende,   25
Ella al encuentro del futuro avanza,
Y su mano, del Plata desbordante
¡La inmensa copa á las naciones tiende!

IX

¡Ámbito inmenso, abierto
De la latina raza al hondo anhelo!
¡El mar, el mar gigante, la montaña
En eterno coloquio con el cielo . . .
5　　Y más allá desierto!
Acá ríos que corren desbordados,
Allí valles que ondean
Como ríos eternos de verdura,
Los bosques á los bosques enlazados,
10　　¡Doquier la libertad, doquier la vida
Palpitando en el aire, en la pradera
Y en explosión magnífica encendida!

¡Atlántida encantada
Que Platón presintió! promesa de oro
15　　Del porvenir humano — Reservado
Á la raza fecunda,
Cuyo seno engendró para la historia
Los Césares del genio y de la espada —
Aquí va á realizar lo que no pudo
20　　Del mundo antiguo en los escombros yertos —
¡La más bella visión de sus visiones!
¡Al himno colosal de los desiertos
La eterna comunión de las naciones!

PROMETEO

VII

¡Arriba, pensadores! que en la lucha
Se templa y fortalece
Vuestra raza inmortal, nunca domada,
Que lleva por celeste distintivo
La chispa de la audacia en la mirada   5
Y anhelos infinitos en el alma;
¡En cuya frente altiva
Se confunden y enlazan
El laurel rumoroso de la gloria
Y del dolor la mustia siempre-viva!.   10

¡Arriba, pensadores!
¡Que el espíritu humano sale ileso
Del cadalso y la hoguera!
Vuestro heraldo triunfal es el progreso
Y la verdad la suspirada meta   15
De vuestro afán gigante.
¡Arriba! ¡que ya asoma el claro día
En que el error y el fanatismo expiren
Con doliente y confuso clamoreo!
¡Ave de esa alborada es el poeta,   20
Hermano de las águilas del Cáucaso,
Que secaron piadosas con sus alas
La ensangrentada faz de Prometeo!

DON RAFAEL OBLIGADO

EN LA RIBERA

Ven, sigue de la mano
Al que te amó de niño;
Ven, y juntos lleguemos hasta el bosque
Que está en la margen del paterno río.

5   ¡Oh, cuánto eres hermosa,
Mi amada, en este sitio!
Sólo por ti, y á reflejar tu frente,
Corriendo baja el Paraná tranquilo.

Para besar tu huella
10   Fué siempre tan sumiso,
Que, en viéndote llegar, hasta la playa
Manda sus olas sin hacer rüido.

Por eso, porque te ama,
Somos grandes amigos;
15   Luego, sabe decirte aquellas cosas
Que nunca brotan de los labios míos.

El año que tú faltas,
La flor de sus seíbos,
Como cansada de esperar tus sienes,
20   Cuelga sus ramos de carmín marchitos.

Por la tersa corriente,
Risueños y furtivos,
Como sueltas guirnaldas, no navegan
Los verdes camalotes florecidos.

Sólo inclinan los sauces   5
Su ramaje sombrío,
Y las aves más tristes, en sus copas
Gimiendo tejen sus ocultos nidos.

Pero llegas . . ., y el agua,
El bosque, el cielo mismo,   10
Es como una explosión de mil colores,
Y el aire rompe en sonorosos himnos.

Así la primavera,
Del trópico vecino
Desciende, y canta, repartiendo flores,   15
Y colgando en las vides los racimos.

¡Cuál suenan gratamente,
Acordes, en un ritmo,
Del agua el melancólico murmullo
Y el leve susurrar de tu vestido!   20

¡Oh, si me fuera dado
Guardar en mis oídos,
Para siempre, esta música del alma,
Esta unión de tu ser y de mis ríos!

COLOMBIA

DON JOSÉ JOAQUÍN ORTIZ

COLOMBIA Y ESPAÑA

.   .   .   .

¡Oh! ¡reposad en vuestras quietas tumbas,
Augustos padres de la patria mía,
Pues bien lo merecéis! La grande obra
De redención al fin está cumplida;
5   Y no llegue á turbar vuestro reposo
El tumulto de lucha fratricida.

Hoy á vuestros sepulcros hace sombra
La bandera del iris, enlazada
Á la de los castillos y leones;
10   Que el odio no es eterno
En los pobres humanos corazones;
Y llegó el día en que la madre España
Estrechase á Colombia entre sus brazos,
Depuesta ya la saña;
15   No sierva, no señora;
Libres las dos como las hizo el cielo.
¡Ah! ¿ni cómo podría

Hallarse la hija siempre separada
Del dulce hogar paterno,
Ni consentir la cariñosa madre
Que tal apartamiento fuera eterno?

En esos años de la ausencia fiera,   5
El recuerdo de España
Seguíanos doquiera.
Todo nos es común: su Dios, el nuestro;
La sangre que circula por sus venas
Y el hermoso lenguaje;   10
Sus artes, nuestras artes; la armonía
De sus cantos, la nuestra; sus reveses
Nuestros también, y nuestras
Las glorias de Bailén y de Pavía.

Si á veces distraídos   15
Fijábamos los ojos
Á contemplar las hijas de Colombia,
En el porte elegante,
En el puro perfil de su semblante,
En su mirada ardiente y en el dejo   20
Meloso de la voz, eran retrato
De sus nobles abuelas;
Copia feliz de gracia soberana,
En que agradablemente se veía
El decoro y nobleza castellana   25
Y el donaire y la sal de Andalucía;
Y entonces exclamábamos: Un nombre

Terrible, España, tienes; ¡pero suena
Qué dulcemente al corazón del hombre!

　¡Oh! ¡que esta santa alianza eterna sea,
Y el pendón de Castilla y de Colombia
5　　Unidos siempre el universo vea!
Y que al ¡viva Colombia! que repiten
El áureo Tajo, y Ebro y Manzanares,
¡Responda el eco que rodando vaya
Por los tranquilos mares
10　　Á la ibérica playa
De ¡viva España! con que el Ande atruena
El Cauca, el Orinoco, el Magdalena!

DON JOSÉ EUSEBIO CARO

EL CIPRÉS

　¡Árbol sagrado, que la obscura frente,
Inmóvil, majestuoso,
15　　Sobre el sepulcro humilde y silencioso
Despliegas hacia el cielo tristemente!
Tú, sí, tú solamente
Al tiempo en que se duerme el rey del mundo
Tras las altas montañas de occidente,
20　　Me ves triste vagando
Entre las negras tumbas,
Con los ojos en llanto humedecidos,
Mi orfandad y miseria lamentando.

Y cuando ya de la apacible luna
La luz de perla en tu verdor se acoge,
Sólo tu tronco escucha mis gemidos,
Sólo tu pie mis lágrimas recoge.

¡Ay! hubo un tiempo en que feliz y ufano   5
Al seno paternal me abandonaba;
En que con blanda mano
Una madre amorosa
De mi niñez las lágrimas secaba . . .
¡Y hoy, huérfano, del mundo desechado,   10
Aquí en mi patria misma
Solitario viajero,
Desde lejos contemplo acongojado
Sobre los techos de mi hogar primero
El humo blanquear del extranjero!   15
Entre el bullicio de los pueblos busco
Mis tiernos padres para mí perdidos;
¡Vanamente! . . . Los rostros de los hombres
Me son desconocidos.
Y sus manes, empero, noche y día   20
Presentes á mis ojos afligidos
Contino están; contino sus acentos
Vienen á resonar en mis oídos.

¡Sí, funeral ciprés! Cuando la noche
Con su callada sombra te rodea,   25
Cuando escondido el solitario buho
En tus obscuros ramos aletea;

La sombra de mi padre por tus hojas
Vagando me parece,
Que á velar por los días de su hijo
Del reino de los muertos se aparece.
5   Y si el viento sacude impetüoso
Tu elevada cabeza,
Y á su furor con susurrar medroso
Respondes pavoroso;
En los tristes silbidos
10   Que en torno de ti giran,
Á los paternos manes
Escucho, que dulcísimos suspiran.

¡Árbol augusto de la muerte!   ¡Nunca
Tus verdores abata el bóreas ronco!
15   ¡Nunca enemiga, venenosa sierpe
Se enrosque en torno de tu pardo tronco!
¡Jamás el rayo ardiente
Abrase tu alta frente!
¡Siempre inmoble y sereno
20   Por las cóncavas nubes
Oigas rodar el impotente trueno!
Vive, sí, vive; y cuando ya mis ojos
Cerrar el dedo de la muerte quiera;
Cuando esconderse mire en occidente
25   Al sol por vez postrera,
Moriré sosegado
Á tu tronco abrazado.
Tú mi sepulcro ampararás piadoso

De las roncas tormentas;
Y mi ceniza entonce agradecida,
En restaurantes jugos convertida,
Por tus delgadas venas penetrando,
Te hará reverdecer, te dará vida.   5

    Quizá sabiendo el infeliz destino
Que oprimió mi existencia desdichada,
Sobre mi pobre tumba abandonada
Una lágrima vierta el peregrino.

DON JOSÉ MANUEL MARROQUÍN

LOS CAZADORES Y LA PERRILLA

    Es flaca sobremanera   10
Toda humana previsión,
Pues en más de una ocasión
Sale lo que no se espera.

    Salió al campo una mañana
Un experto cazador,   15
El más hábil y el mejor
Alumno que tuvo Diana.

    Seguíale gran cuadrilla
De ejercitados monteros,
De ojeadores, ballesteros   20
Y de mozos de traílla;

Van todos apercibidos
De las armas necesarias,
Y llevan de castas varias
Perros diestros y atrevidos,

5

    Caballos de noble raza,
Cornetas de monte: en fin,
Cuanto exige Moratín
En su poema *La Caza*.

    Levantan pronto una pieza,

10

Un jabalí corpulento,
Que huye veloz, rabo á viento,
Y rompiendo la maleza.

    Todos siguen con gran bulla
Tras la cerdosa alimaña,

15

Pero ella se da tal maña
Que á todos los aturrulla;

    Y aunque gastan todo el día
En paradas, idas, vueltas,
Y carreras y revueltas,

20

Es vana tanta porfía.

    Ahora que los lectores
Han visto de qué manera
Pudo burlarse la fiera
De los tales cazadores,

Oigan lo que aconteció,
Y aunque es suceso que admira,
No piensen, no, que es mentira,
Que lo cuenta quien lo vió:

Al pie de uno de los cerros   5
Que batieron aquel día,
Una viejilla vivía,
Que oyó ladrar á los perros;

Y con gana de saber
En qué paraL· la fiesta,   10
Iba subiendo la cuesta
Á eso del anoche·r:

Con ella iba una perrilla . . .
Mas sin pasar adelante,
Es preciso que un instante   15
Gastemos en describilla:

Perra de canes decana
Y entre perras protoperra,
Era tenida en su tierra
Por perra antediluviana;   20

Flaco era el animalejo,
El más flaco de los canes,
Era el rastro, eran los manes
De un cuasi-semi-ex-gozquejo;

Sarnosa era . . . digo mal;
No era una perra sarnosa,
Era una sarna perrosa
Y en figura de animal;

5

Era, otrosí, derrengada;
La derribaba un resuello;
Puede decirse que aquello
No era perra ni era nada.

À ver, pues, la batahola
10
La vieja al cerro subía,
De la perra en compañía,
Que era lo mismo que ir sola.

Por donde iba, hizo la suerte
Que se hubiese el jabalí
15
Escondido, por si así
Se libraba de la muerte;

Empero, sintiendo luego
Que por ahí andaba gente,
Tuvo por cosa prudente
20
Tomar las de Villadiego;

La vieja entonces al ver
Que escapaba por la loma,
¡Sus! dijo por pura broma,
Y la perra echó á correr.

Y aquella perra extenuada,
Sombra de perra que fué,
De la cual se dijo que
No era perra ni era nada;

Aquella perrilla, sí,   5
¡Cosa es de volverse loco!
No pudo coger tampoco
Al maldito jabalí.

DON MIGUEL ANTONIO CARO

LA VUELTA Á LA PATRIA

Mirad al peregrino
¡Cuán doliente y trocado!   10
Apoyándose lento en su cayado
¡Qué solitario va por su camino!

En su primer mañana,
Alma alegre y cantora
Abandonó el hogar, como á la aurora   15
Deja su nido la avecilla ufana.

Aire y luz, vida y flores,
Buscó en la vasta y fría
Región que la inocente fantasía
Adornaba con mágicos fulgores.   20

Ve el mundo, oye el rüido
De las grandes ciudades,
Y sólo vanidad de vanidades
Halla doquier su espíritu afligido

5   Materia da á su llanto
Cuanto el hombre le ofrece;
Ya la risa en sus labios no florece,
Y olvidó la nativa voz del canto.

Hízose pensativo;
10   Las nubes y las olas
Sus confidentes son, y trata á solas
El sitio más repuesto y más esquivo.

Á su penar responde
En la noche callada,
15   La estrella que declina fatigada
Y en el materno piélago se esconde.

¡Vuelve, vuelve á tu centro!
Natura al infelice
Clama; *¡vuelve!* una voz también le dice
20   Que habla siempre con él, amiga, adentro.

¡Ay triste! En lontananza
Ve los pasados días,
Y en gozar otra vez sus alegrías
Concentra reanimado la esperanza.

¡Imposible! ¡Locura!...
  ¿Cuándo pudo á su fuente
Retroceder el mísero torrente
Que probó de los mares la amargura?

  Ya sube la colina   5
    Con mal seguro paso;
Del sol poniente al resplandor escaso
El valle de la infancia se domina.

   ¡Ay! Ese valle umbrío
    Que la paterna casa   10
Guarece; ese rumor con que acompasa
Sus blandos tumbos el sagrado río;

  Esa aura embalsamada
   Que sus sienes orea,
¿Á un corazón enfermo que desea   15
Su antigua soledad, no dicen nada?

  El pobre peregrino
    Ni oye, ni ve, ni siente;
De la Patria la imagen en su mente
No existe ya, sino ideal divino.   20

  Invisible le toca
    Y sus párpados cierra
Ángel piadoso, y la ilusión destierra,
Y el dulce sonreir vuelve á su boca.

¡Qué muda despedida!
¿Quién muerto le creyera?
¡Mirando está la Patria verdadera!
¡Está durmiendo el sueño de la vida!

DON DIÓGENES A. ARRIETA

EN LA TUMBA DE MI HIJO

. . . .

5 ¡Espejismos del alma dolorida! . . .
¡Hermosas esperanzas de la vida
Que disipa la muerte con crueldad!
Para engañar las penas nos forjamos
Imágenes de dicha, y luego damos
10 Á la Ilusión el nombre de Verdad.

Aquí te llamo y nadie me responde:
Sorda y cruel, la tierra que te esconde
Ni el eco de mi voz devolverá.
Así la Eternidad: sombría y muda,
15 El odio ni el amor, la fe y la duda
En sus abismos nada alcanzarán.

Otros alienten la creencia vana
De que es posible á la esperanza humana
De la muerte sacar vida y amor.
20 Si es cruel la verdad, yo la prefiero . . .
¡Me duele el corazón, pero no quiero
Consolar con mentiras mi dolor!

¡Hijo querido, la esperanza mía!
Animaste mi hogar tan sólo un día,
No volvemos á vernos ya los dos . . .
    Pues que la ley se cumpla del destino:
Tomo mi cruz y sigo mi camino . . .   5
¡Luz de mi hogar y mi esperanza, adiós!

DON IGNACIO GUTIÉRREZ PONCE

DOLORA

El ángel de mi cielo, mi María,
Que á la primera vuelta de las flores
Tres años cumplirá, medrosa un día
Buscó refugio en mis abiertos brazos,   10
Y cuando entre caricias y entre abrazos,
Que prodigué, con paternal empeño,
Hubo al fin disipado sus temores,
Trocando así en sonrisas sus clamores,
Cerró los ojos en tranquilo sueño.   15

En silencio quedó la estancia mía;
Y sintiéndome ansioso
De no turbar el infantil reposo
De mi bien, en mi pecho reclinado,
Inmóviles mis miembros mantenía,   20
Y mi amoroso corazón latía
Al ritmo de su aliento sosegado.

Sobre su faz serena,
Regadas como límpido rocío
En el cáliz de pálida azucena,
Brillaban gotas del reciente lloro,
5 Y las guedejas de oro
Del undoso cabello
Caían arropando su albo cuello.

Así nos sorprendió mi tierna esposa,
Que á la par temerosa
10 De interrumpir mi sueño de ventura,
Con paso leve recorrió el estrado
Y sin sentirla yo, vino á mi lado.

Aquella dulce calma
Que reinaba entre mí y en torno mío,
15 Llenóme al fin de arrobamiento el alma,
Y se quedó mi mente
Enajenada en éxtasis creciente.

Absorto siempre en ella,
Con íntimo lenguaje la decía:
20 «Eres botón de flor embalsamado
Con aromas del cielo todavía.»
Y al verla así, tan bella,
Con plácido embeleso
Á su rosada frente
25 Fuíme inclinando para darla un beso;

Pero escuché, de súbito, á mi lado,
Algo como un sollozo;
Y mirando con ojos sorprendidos,
Hallé los de mi esposa humedecidos
Por inefable gozo . . .   5
«No la despiertes,» díjome sencilla,
Y me acercó su cándida mejilla.

DON JOSÉ MARÍA GARAVITO A.

VOLVERÉ MAÑANA

I

—¡Adiós! ¡adiós! Lucero de mis noches,
— Dijo un soldado al pie de una ventana, —
¡Me voy! . . . pero no llores, alma mía,   10
        Que volveré mañana.
Ya se asoma la estrella de la aurora,
Ya se divisa en el oriente el alba,
Y en mi cuartel tambores y cornetas
        Están tocando *diana*.   15

II

Horas después, cuando la negra noche
Cubrió de luto el campo de batalla,
Á la luz del vivac pálida y triste,
        Un joven expiraba.
Alguna cosa de *ella* el centinela   20
Al mirarlo morir, dijo en voz baja . . .

Alzó luego el fusil, bajó los ojos
    Y se enjugó dos lágrimas.

III

Hoy cuentan por doquier gentes medrosas,
Que cuando asoma en el oriente el alba,
Y en el cuartel tambores y cornetas
    Están tocando *diana* . . .
Se ve vagar la misteriosa sombra,
Que se detiene al pie de una ventana
Y murmura: no llores, alma mía,
    Que volveré mañana.

CUBA

DON JOSÉ MARÍA HEREDIA

EN EL TEOCALLI DE CHOLULA

¡Cuánto es'bella la tierra que habitaban
Los aztecas valientes! En su seno
En una estrecha zona concentrados
Con asombro se ven todos los climas
Que hay desde el polo al ecuador. Sus llanos   5
Cubren á par de las doradas mieses
Las cañas deliciosas. El naranjo
Y la piña y el plátano sonante,
Hijos del suelo equinoccial, se mezclan
Á la frondosa vid, al pino agreste,   10
Y de Minerva al árbol majestuoso.
Nieve eternal corona las cabezas
De Iztaccíhual purísimo, Orizaba
Y Popocatepec; sin que el invierno
Toque jamás con destructora mano   15
Los campos fertilísimos, do ledo
Los mira el indio en púrpura ligera
Y oro teñirse, reflejando el brillo
Del Sol en occidente, que sereno
En hielo eterno y perennal verdura   20

Á torrentes vertió su luz dorada,
Y vió á naturaleza conmovida
Con su dulce calor hervir en vida.

Era la tarde: su ligera brisa
5 Las alas en silencio ya plegaba
Y entre la hierba y árboles dormía,
Mientras el ancho sol su disco hundía
Detrás de Iztaccíhual.   La nieve eterna
Cual disuelta en mar de oró, semejaba
10 Temblar en torno de él: un arco inmenso
Que del empíreo en el cenit finaba
Como espléndido pórtico del cielo
De luz vestido y centellante gloria,
De sus últimos rayos recibía
15 Los colores riquísimos.   Su brillo
Desfalleciendo fué: la blanca luna
Y de Venus la estrella solitaria
En el cielo desierto se veían.
¡Crepúsculo feliz!   Hora más bella
20 Que la alma noche ó el brillante día.
¡Cuánto es dulce tu paz al alma mía!

Hallábame sentado en la famosa
Choluteca pirámide.   Tendido
El llano inmenso que ante mí yacía,
25 Los ojos á espaciarse convidaba.
¡Qué silencio! ¡qué paz! ¡Oh! ¿quién diría
Que en estos bellos campos reina alzada
La bárbara opresión, y que esta tierra

Brota mieses tan ricas, abonada
Con sangre de hombres, en que fué inundada
Por la superstición y por la guerra? . . .

   Bajó la noche en tanto.   De la esfera
El leve azul, obscuro y más obscuro   5
Se fué tornando: la movible sombra
De las nubes serenas, que volaban
Por el espacio en alas de la brisa,
Era visible en el tendido llano.
Iztaccíhual purísimo volvía   10
Del argentado rayo de la luna
El plácido fulgor, y en el oriente
Bien como puntos de oro centellaban
Mil estrellas y mil . . . ¡Oh! yo os saludo,
Fuentes de luz, que de la noche umbría   15
Ilumináis el velo,
Y sois del firmamento poesía.

   Al paso que la luna declinaba,
Y al ocaso fulgente descendía
Con lentitud, la sombra se extendía   20
Del Popocatepec, y semejaba
Fantasma colosal.   El arco obscuro
Á mí llegó, cubrióme, y su grandeza
Fué mayor y mayor, hasta que al cabo
En sombra universal veló la tierra.   25

   Volví los ojos al volcán sublime,
Que velado en vapores transparentes,

Sus inmensos contornos dibujaba
De occidente en el cielo.
¡Gigante del Anáhuac! ¿cómo el vuelo
De las edades rápidas no imprime
5   Alguna huella en tu nevada frente?
Corre el tiempo veloz, arrebatando
Años y siglos como el norte fiero
Precipita ante sí la muchedumbre
De las olas del mar.   Pueblos y reyes
10   Viste hervir á tus pies, que combatían
Cual hora combatimos, y llamaban
Eternas sus ciudades, y creían
Fatigar á la tierra con su gloria.
Fueron: de ellos no resta ni memoria.
15   ¿Y tú eterno serás?   Tal vez un día
De tus profundas bases desquiciado
Caerás; abrumará tu gran ruina
Al yermo Anáhuac; alzaránse en ella
Nuevas generaciones y orgullosas,
20   Que fuiste negarán . . .
                    Todo perece
Por ley universal.   Aun este mundo
Tan bello y tan brillante que habitamos,
Es el cadáver pálido y deforme
De otro mundo que fué . . .

25   En tal contemplación embebecido
Sorprendióme el sopor.   Un largo sueño,
De glorias engolfadas y perdidas

En la profunda noche de los tiempos,
Descendió sobre mí. La agreste pompa
De los reyes aztecas desplegóse
Á mis ojos atónitos. Veía
Entre la muchedumbre silenciosa   5
De emplumados caudillos levantarse
El déspota salvaje en rico trono,
De oro, perlas y plumas recamado;
Y al son de caracoles belicosos
Ir lentamente caminando al templo   10
La vasta procesión, do la aguardaban
Sacerdotes horribles, salpicados
Con sangre humana rostros y vestidos.
Con profundo estupor el pueblo esclavo
Las bajas frentes en el polvo hundía,   15
Y ni mirar á su señor osaba,
De cuyos ojos férvidos brotaba
·La saña del poder.
                              Tales ya fueron
·Tus monarcas, Anáhuac, y su orgullo:
Su vil superstición y tiranía   20
En el abismo del no ser se hundieron.
Sí, que la muerte, universal señora,
Hiriendo á par al déspota y esclavo,
Escribe la igualdad sobre la tumba.
Con su manto benéfico el olvido   25
Tu insensatez oculta y tus furores
Á la raza presente y la futura.
Esta inmensa estructura

Vió á la superstición más inhumana
En ella entronizarse.   Oyó los gritos
De agonizantes víctimas, en tanto
Que el sacerdote, sin piedad ni espanto,
5   Les arrancaba el corazón sangriento;
Miró el vapor espeso de la sangre
Subir caliente al ofendido cielo
Y tender en el sol fúnebre velo,
Y escuchó los horrendos alaridos
10   Con que los sacerdotes sofocaban
El grito del dolor.
                    Muda y desierta
Ahora te ves, Pirámide.   ¡Más vale
Que semanas de siglos yazgas yerma,
Y la superstición á quien serviste
15   En el abismo del infierno duerma!
Á nuestros nietos últimos, empero,
Sé lección saludable; y hoy al hombre
Que ciego en su saber fútil y vano
Al cielo, cual Titán, truena orgulloso,
20   Sé ejemplo ignominioso
De la demencia y del furor humano.

EL NIÁGARA

Templad mi lira, dádmela, que siento
En mi alma estremecida y agitada
Arder la inspiración.   ¡Oh! ¡cuánto tiempo
25   En tinieblas pasó, sin que mi frente

Brillase con su luz! . . . Niágara undoso,
Tu sublime terror sólo podría
Tornarme el don divino, que ensañada
Me robó del dolor la mano impía.

Torrente prodigioso, calma, calla   5
Tu trueno aterrador: disipa un tanto
Las tinieblas que en torno te circundan;
Déjame contemplar tu faz serena,
Y de entusiasmo ardiente mi alma llena.
Yo digno soy de contemplarte: siempre   10
Lo común y mezquino desdeñando,
Ansié por lo terrífico y sublime.
Al despeñarse el huracán furioso,
Al retumbar sobre mi frente el rayo,
Palpitando gocé: vi al Océano,   15
Azotado por austro proceloso,
Combatir mi bajel, y ante mis plantas
Vórtice hirviendo abrir, y amé el peligro.
Mas del mar la fiereza
En mi alma no produjo   20
La profunda impresión que tu grandeza.

Sereno corres, majestuoso; y luego
En ásperos peñascos quebrantado,
Te abalanzas violento, arrebatado,
Como el destino irresistible y ciego.   25
¿Qué voz humana describir podría
De la sirte rugiente

La aterradora faz?   El alma mía
En vago pensamiento se confunde
Al mirar esa férvida corriente,
Que en vano quiere la turbada vista
5   En su vuelo seguir al borde obscuro
Del precipicio altísimo: mil olas,
Cual pensamiento rápidas pasando,
Chocan, y se enfurecen,
Y otras mil y otras mil ya las alcanzan,
10   Y entre espuma y fragor desaparecen.

      ¡Ved! ¡llegan, saltan!   El abismo horrendo
Devora los torrentes despeñados:
Crúzanse en él mil iris, y asordados
Vuelven los bosques el fragor tremendo.
15   En las rígidas peñas
Rómpese el agua: vaporosa nube
Con elástica fuerza
Llena el abismo en torbellino, sube,
Gira en torno, y al éter
20   Luminosa pirámide levanta,
Y por sobre los montes que le cercan
Al solitario cazador espanta.

      Mas ¿qué en ti busca mi anhelante vista
Con inútil afán?   ¿Por qué no miro
25   Al rededor de tu caverna inmensa
Las palmas ¡ay! las palmas deliciosas,
Que en las llanuras de mi ardiente patria

Nacen del sol á la sonrisa, y crecen,
Y al soplo de las brisas del Océano
Bajo un cielo purísimo se mecen?

Este recuerdo á mi pesar me viene . . .
Nada ¡oh Niágara! falta á tu destino,   5
Ni otra corona que el agreste pino
Á tu terrible majestad conviene.
La palma y mirto y delicada rosa
Muelle placer inspiren y ocio blando
En frívolo jardín: á ti la suerte   10
Guardó más digno objeto, más sublime.
El alma libre, generosa, fuerte,
Viene, te ve, se asombra,
El mezquino deleite menosprecia
Y aun se siente elevar cuando te nombra.   15

¡Omnipotente Dios! En otros climas
Vi monstruos execrables,
Blasfemando tu nombre sacrosanto,
Sembrar error y fanatismo impío,
Los campos inundar con sangre y llanto,   20
De hermanos atizar la infanda guerra,
Y desolar frenéticos la tierra.
Vilos, y el pecho se inflamó á su vista
En grave indignación. Por otra parte
Vi mentidos filósofos, que osaban   25
Escrutar tus misterios, ultrajarte,
Y de impiedad al lamentable abismo

Á los míseros hombres arrastraban.
Por eso te buscó mi débil mente
En la sublime soledad: ahora
Entera se abre á ti; tu mano siente
En esta inmensidad que me circunda,
Y tu profunda voz hiere mi seno
De este raudal en el eterno trueno.

¡Asombroso torrente!
¡Cómo tu vista el ánimo enajena
Y de terror y admiración me llena!
¿Dó tu origen está?   ¿Quién fertiliza
Por tantos siglos tu inexhausta fuente?
¿Qué poderosa mano
Hace que al recibirte
No rebose en la tierra el Oceano?

Abrió el Señor su mano omnipotente;
Cubrió tu faz de nubes agitadas,
Dió su voz á tus aguas despeñadas,
Y ornó con su arco tu terrible frente.
¡Ciego, profundo, infatigable corres,
Como el torrente obscuro de los siglos
En insondable eternidad!...¡Al hombre
Huyen así las ilusiones gratas,
Los florecientes días,
Y despierta al dolor!...¡Ay! agostada
Yace mi juventud; mi faz, marchita;

Y la profunda pena que me agita
Ruga mi frente de dolor nublada.

Nunca tanto sentí como este día
Mi soledad y mísero abandono
Y lamentable desamor ... ¿Podría   5
En edad borrascosa
Sin amor ser feliz? ¡Oh¡ si una hermosa
Mi cariño fijase,
Y de este abismo al borde turbulento
Mi vago pensamiento   10
Y ardiente admiración acompañase!
¡Cómo gozara, viéndola cubrirse
De leve palidez, y ser más bella
En su dulce terror, y sonreirse
Al sostenerla mis amantes brazos ...   15
Delirios de virtud ... ¡Ay! ¡Desterrado,
Sin patria, sin amores,
Sólo miro ante mí llanto y dolores!

¡Niágara poderoso!
¡Adiós! ¡adiós! Dentro de pocos años   20
Ya devorado habrá la tumba fría
Á tu débil cantor. ¡Duren mis versos
Cual tu gloria inmortal! ¡Pueda piadoso,
Viéndote algún viajero,
Dar un suspiro á la memoria mía!   25
Y al abismarse Febo en occidente,
Feliz yo vuele do el Señor me llama,

Y al escuchar los ecos de mi fama,
Alce en las nubes la radiosa frente.

«PLÁCIDO» (DON GABRIEL DE LA CONCEPCIÓN VALDÉS)

PLEGARIA Á DIOS

¡Ser de inmensa bondad! ¡Dios poderoso!
Á vos acudo en mi dolor vehemente . . .
5   Extended vuestro brazo omnipotente;
Rasgad de la calumnia el velo odioso;
Y arrancad este sello ignominioso
Con que el mundo manchar quiere mi frente.

¡Rey de los Reyes! ¡Dios de mis abuelos!
10   ¡Vos solo sois mi defensor! ¡Dios mío! . . .
Todo lo puede quien al mar sombrío
Olas y peces dió, luz á los cielos,
Fuego al sol, giro al aire, al norte hielos,
Vida á las plantas, movimiento al río.

15   Todo lo podéis vos; todo fenece,
Ó se reanima á vuestra voz sagrada;
Fuera de vos, Señor, el todo es nada
Que en la insondable eternidad perece;
Y aun esa misma nada os obedece,
20   Pues de ella fué la humanidad creada.

Yo no os puedo engañar, Dios de clemencia;
Y pues vuestra eternal sabiduría
Ve al través de mi cuerpo el alma mía
Cual del aire á la clara transparencia,
Estorbad que humillada la inocencia   5
Bata sus palmas la calumnia impía.

Estorbadlo, Señor, por la preciosa
Sangre vertida, que la culpa sella
Del pecado de Adán, ó por aquella
Madre cándida, dulce y amorosa,   10
Cuando envuelta en pesar, mustia y llorosa,
Siguió tu muerte como helíaca estrella.

Mas si cuadra á tu suma omnipotencia
Que yo perezca cual malvado impío,
Y que los hombres mi cadáver frío   15
Ultrajen con maligna complacencia . . .
¡Suene tu voz, y acabe mi existencia! . . .
¡Cúmplase en mí tu voluntad, Dios mío!

DOÑA GERTRUDIS GÓMEZ DE AVELLANEDA

Á WÁSHINGTON

No en lo pasado á tu virtud modelo,
Ni copia al porvenir dará la historia,
Ni otra igual en grandeza á tu memoria   20
Difundirán los siglos en su vuelo.

CUBA

Miró la Europa ensangrentar su suelo
Al genio de la guerra y la victoria,
Pero le cupo á América la gloria
De que al genio del bien le diera el cielo.

5   Que audaz conquistador goce en su ciencia
Mientras al mundo en páramo convierte,
Y se envanezca cuando á siervos mande;

    ¡Mas los pueblos sabrán en su conciencia
Que el que los rige libres sólo es fuerte;
10   Que el que los hace grandes sólo es grande!

AL PARTIR

¡Perla del mar!   ¡Estrella de Occidente!
¡Hermosa Cuba!   Tu brillante cielo
La noche cubre con su opaco velo,
Como cubre el dolor mi triste frente.

15   ¡Voy á partir! . . . La chusma diligente
Para arrancarme del nativo suelo
Las velas iza, y pronta á su desvelo
La brisa acude de tu zona ardiente.

    ¡Adiós, patria feliz, Edén querido!
20   Doquier que el hado en su furor me impela,
Tu dulce nombre halagará mi oído.

    ¡Adiós! . . . ¡ya cruje la turgente vela . . .
El ancla se alza . . . el buque estremecido
Las olas corta y silencioso vuela!

ECUADOR

DON JOSÉ JOAQUÍN OLMEDO

LA VICTORIA DE JUNÍN

Canto á Bolívar

El trueno horrendo, que en fragor revienta
Y sordo retumbando se dilata
Por la inflamada esfera,
Al Dios anuncia que en el cielo impera.

Y el rayo que en Junín rompe y ahuyenta   5
La hispana muchedumbre,
Que más feroz que nunca amenazaba
Á sangre y fuego eterna servidumbre,
Y el canto de victoria
Que en ecos mil discurre, ensordeciendo   10
El hondo valle y enriscada cumbre,
Proclaman á Bolívar en la tierra
Árbitro de la paz y de la guerra.

Las soberbias pirámides que al cielo
El arte humano osado levantaba   15
Para hablar á los siglos y naciones,

Templos, do esclavas manos
Deificaban en pompa á sus tiranos,
Ludibrio son del tiempo, que con su ala
Débil las toca, y las derriba al suelo,
5   Después que en fácil juego el fugaz viento
Borró sus mentirosas inscripciones;
Y bajo los escombros confundido
Entre las sombras del eterno olvido
¡Oh de ambición y de miseria ejemplo!
10   El sacerdote yace, el dios y el templo.

Mas los sublimes montes, cuya frente
Á la región etérea se levanta,
Que ven las tempestades á su planta
Brillar, rugir, romperse, disiparse;
15   Los Andes . . . las enormes, estupendas
Moles sentadas sobre bases de oro,
La tierra con su peso equilibrando,
Jamás se moverán.   Ellos, burlando
De ajena envidia y del protervo tiempo
20   La furia y el poder, serán eternos
De Libertad y de Victoria heraldos,
Que con eco profundo
Á la postrera edad dirán del mundo:
«Nosotros vimos de Junín el campo;
25   Vimos que al desplegarse
Del Perú y de Colombia las banderas,
Se turban las legiones altaneras,
Huye el fiero español despavorido,

Ó pide paz rendido.
Venció Bolívar: el Perú fué libre;
Y en triunfal pompa Libertad sagrada
En el templo del Sol fué colocada. »

.   .   .   .

    ¿Quién es aquel que el paso lento mueve   5
Sobre el collado que á Junín domina?
¿Que el campo desde allí mide, y el sitio
Del combatir y del vencer desina?
¿Que la hueste contraria observa, cuenta,
Y en su mente la rompe y desordena,   10
Y á los más bravos á morir condena,
Cual águila caudal que se complace
Del alto cielo en divisar su presa
Que entre el rebaño mal segura pace?
¿Quién el que ya desciende   15
Pronto y apercibido á la pelea?
Preñada en tempestades le rodea
Nube tremenda: el brillo de su espada
Es el vivo reflejo de la gloria;
Su voz un trueno; su mirada un rayo.   20
¿Quién aquel que, al trabarse la batalla,
Ufano como nuncio de victoria,
Un corcel impetuoso fatigando,
Discurre sin cesar por toda parte? . . .
¿Quién, sino el hijo de Colombia y Marte?   25

    Sonó su voz: «Peruanos,
Mirad allí los duros opresores

De vuestra patria.   Bravos colombianos,
En cien crudas batallas vencedores,
Mirad allí los enemigos fieros
Que buscando venís desde Orinoco:
5   Suya es la fuerza, y el valor es vuestro,
Vuestra será la gloria;
Pues lidiar con valor y por la patria
Es el mejor presagio de victoria.
Acometed: que siempre
10   De quien se atreve más el triunfo ha sido:
Quien no espera vencer, ya está vencido. ʼ

   Dice; y al punto, cual fugaces carros
Que, dada la señal, parten, y en densos
De arena y polvo torbellinos ruedan,
15   Arden los ejes, se estremece el suelo,
Estrépito confuso asorda el cielo,
Y en medio del afán cada cual teme
Que los demás adelantarse puedan;
Así los ordenados escuadrones,
20   Que del iris reflejan los colores
Ó la imagen del sol en sus pendones,
Se avanzan á la lid.   ¡Oh! ¡quién temiera,
Quién, que su ímpetu mismo los perdiera!

   ·   ·   ·   ·   ·   ·   ·

   Tal el héroe brillaba
25   Por las primeras filas discurriendo.
Se oye su voz, su acero resplandece
Do más la pugna y el peligro crece;

Nada le puede resistir . . . Y es fama,
¡Oh portento inaudito!
Que el bello nombre de Colombia escrito
Sobre su frente en tórno despedía
Rayos de luz tan viva y refulgente,   5
Que deslumbrado el español desmaya,
Tiembla, pierde la voz, el movimiento:
Sólo para la fuga tiene aliento.

    Así, cuando en la noche algún malvado
Va á descargar el brazo levantado,   10
Si de improviso lanza un rayo el cielo,
Se pasma, y el puñal trémulo suelta;
Hielo mortal á su furor sucede;
Tiembla y horrorizado retrocede.
Ya no hay más combatir.   El enemigo   15
El campo todo y la victoria cede.
Huye cual ciervo herido; y á donde huye
Allí encuentra la muerte.   Los caballos
Que fueron su esperanza en la pelea,
Heridos, espantados, por el campo   20
Ó entre las filas vagan, salpicando
El suelo en sangre que su crin gotea;
Derriban al jinete, lo atropellan,
Y las catervas van despavoridas,
Ó unas en otras con terror se estrellan.   25

    Crece la confusión, crece el espanto,
Y al impulso del aire, que vibrando

Sube en clamores y alaridos lleno,
Tremen las cumbres que respeta el trueno.
Y discurriendo el vencedor en tanto
Por cimas de cadáveres y heridos,
5   Postra al que huye, perdona á los rendidos.

¡Padre del universo, sol radioso,
Dios del Perú, modera omnipotente
El ardor de tu carro impetüoso,
Y no escondas tu luz indeficiente!...
10   ¡Una hora más de luz!... Pero esta hora
No fué la del Destino. El dios oía
El voto de su pueblo, y de la frente
El cerco de diamantes desceñía.
En fugaz rayo el horizonte dora,
15   En mayor disco menos luz ofrece,
Y veloz tras los Andes se obscurece.

Tendió su manto lóbrego la noche,
Y las reliquias del perdido bando,
Con sus tristes y atónitos caudillos,
20   Corren sin saber dónde espavoridas,
Y de su sombra misma se estremecen;
Y al fin en las tinieblas ocultando
Su afrenta y su pavor, desaparecen.

¡Victoria por la patria! ¡oh Dios! ¡Victoria!
25   ¡Triunfo á Colombia y á Bolívar gloria!

MÉXICO

DON JOSÉ JOAQUÍN DE PESADO

LA SERENATA

¡Oh, tú, que duermes en casto lecho,
De sinsabores ajeno el pecho,
Y á los encantos de la hermosura
Unes las gracias del corazón,
Deja el descanso, doncella pura,   5
Y oye los ecos de mi canción!
   ¿Quién en la tierra la dicha alcanza?.
Iba mi vida sin esperanza,
Cual nave errante sin ver su estrella,
Cuando me inundas en claridad;   10
Y desde entonces, gentil doncella,
Me revelaste felicidad.
   ¡Oh, si las ansias decir pudiera
Que siente el alma, desde que viera
Ese semblante que amor inspira   15
Y los hechizos de tu candor!
Mas, rudo el labio, torpe la lira,
Decir no puede lo que es amor.
   Del Iris puede pintarse el velo;

Del sol los rayos, la luz del cielo;
La negra noche, la blanca aurora;
Mas no tus gracias ni tu poder,
Ni menos puede de quien te adora
Decirse el llanto y el padecer.

Amor encuentra doquier que vuelva
La vista en torno; la verde selva,
Florido el prado y el bosque umbrío,
La tierna hierba, la hermosa flor,
Y la cascada, y el claro río,
Todos me dicen: amor, amor.
Cuando te ausentas, el campo triste
De luto y sombras luego se viste;
Mas si regresas, la primavera
Hace sus galas todas lucir:
¡Oh, nunca, nunca de esta ribera,
Doncella hermosa, quieras partir!

.   .   .   .

DON FERNANDO CALDERÓN

LA ROSA MARCHITA

¿Eres tú, triste rosa,
La que ayer difundía
Balsámica ambrosía,
Y tu altiva cabeza levantando
Eras la reina de la selva umbría?

¿Por qué tan pronto, dime,
Hoy triste y desolada
Te encuentras de tus galas despojada?

Ayer viento süave
Te halagó cariñoso;   5
Ayer alegre el ave
Su cántico armonioso
Ejercitaba, sobre ti posando;
Tú, rosa, le inspirabas,
Y á cantar sus amores le excitabas.   10

Tal vez el fatigado peregrino,
Al pasar junto á ti, quiso cortarte:
Tal vez quiso llevarte
Algún amante á su ardoroso seno;
Pero al ver tu hermosura,   15
La compasión sintieron,
Y su atrevida mano detuvieron.

Hoy nadie te respeta:
El furioso aquilón te ha deshojado.
Ya nada te ha quedado   20
¡Oh reina de las flores!
De tu brillo y tus colores.

La fiel imagen eres
De mi triste fortuna:
¡Ay! todos mis placeres,   25
Todas mis esperanzas una á una
Arrancándome ha ido

Un destino funesto, cual tus hojas
Arrancó el huracán embravecido!

¿Y qué, ya triste y sola,
No habrá quien te dirija una mirada?
¿Estarás condenada
Á eterna soledad y amargo lloro?
No, que existe un mortal sobre la tierra,
Un joven infeliz, desesperado,
Á quien horrible suerte ha condenado
Á perpetuo gemir: ven, pues, ¡oh rosa!
Ven á mi amante seno, en él reposa
Y ojalá de mis besos la pureza
Resucitar pudiera tu belleza.

Ven, ven, ¡oh triste rosa!
Si es mi suerte á la tuya semejante,
Burlemos su porfía;
Ven, todas mis caricias serán tuyas,
Y tu última fragancia será mía.

DON MANUEL ACUÑA

NOCTURNO
Á Rosario

I

¡Pues bien! yo necesito
Decirte que te adoro,
Decirte que te quiero

Con todo el corazón;
Que es mucho lo que sufro,
Que es mucho lo que lloro,
Que ya no puedo tanto,
Y al grito en que te imploro   5
Te imploro y te hablo en nombre
De mi última ilusión.

II

Yo quiero que tú sepas
Que ya hace muchos días
Estoy enfermo y pálido   10
De tanto no dormir;
Que ya se han muerto todas
Las esperanzas mías;
Que están mis noches negras,
Tan negras y sombrías,   15
Que ya no sé ni dónde
Se alzaba el porvenir.

III

De noche, cuando pongo
Mis sienes en la almohada
Y hacia otro mundo quiero   20
Mi espíritu volver,
Camino mucho, mucho,
Y al fin de la jornada
Las formas de mi madre
Se pierden en la nada,   25

Y tú de nuevo vuelves
En mi alma á aparecer.

IV

Comprendo que tus besos
Jamás han de ser míos;
Comprendo que en tus ojos
No me he de ver jamás;
Y te amo, y en mis locos
Y ardientes desvaríos
Bendigo tus desdenes,
Adoro tus desvíos,
Y en vez de amarte menos,
Te quiero mucho más.

V

Á veces pienso en darte
Mi eterna despedida,
Borrarte en mis recuerdos
Y hundirte en mi pasión;
Mas si es en vano todo
Y el alma no te olvida,
¡Qué quieres tú que yo haga,
Pedazo de mi vida;
Qué quieres tú que yo haga
Con este corazón!

VI

Y luego que ya estaba
Concluido tu santuario,

Tu lámpara encendida,
Tu velo en el altar,
El sol de la mañana
Detrás del campanario,
Chispeando las antorchas,   5
Humeando el incensario,
Y abierta allá á lo lejos
La puerta del hogar . . .

VII

¡Qué hermoso hubiera sido
Vivir bajo aquel techo,   10
Los dos unidos siempre
Y amándonos los dos;
Tu siempre enamorada,
Yo siempre satisfecho,
Los dos una sola alma,   15
Los dos un solo pecho,
Y en medio de nosotros
Mi madre como un Dios!

VIII

¡Figúrate qué hermosas
Las horas de esa vida!   20
¡Qué dulce y bello el viaje
Por una tierra así!
Y yo soñaba en eso,
Mi santa prometida.
Y al delirar en eso   25

Con la alma estremecida,
Pensaba yo en ser bueno
Por ti, no más por ti.

IX

Bien sabe Dios que ése era
Mi más hermoso sueño,
Mi afán y mi esperanza,
Mi dicha y mi placer;
¡Bien sabe Dios que en nada
Cifraba yo mi empeño,
Sino en amarte mucho
Bajo el hogar risueño
Que me envolvió en sus besos
Cuando me vió nacer!

X

Ésa era mi esperanza . . .
Mas ya que á sus fulgores
Se opone el hondo abismo
Que existe entre los dos,
¡Adiós por la vez última,
Amor de mis amores;
La luz de mis tinieblas,
La esencia de mis flores;
Mi lira de poeta,
Mi juventud, adiós!

DON JUAN DE DIOS PEZA

REIR LLORANDO

. . . .

¡Cuántos hay que, cansados de la vida,
Enfermos de pesar, muertos de tedio,
Hacen reir como el actor suicida,
Sin encontrar, para su mal, remedio!

¡Ay! ¡Cuántas veces al reir se llora!   5
¡Nadie en lo alegre de la risa fíc,
Porque en los seres que el dolor devora
El alma llora cuando el rostro ríe!

Si se muere la fe, si huye la calma,
Si sólo abrojos nuestra planta pisa,   10
Lanza á la faz la tempestad del alma
Un relámpago triste: la sonrisa.

El carnaval del mundo engaña tanto,
Que las vidas son breves mascaradas;
Aquí aprendemos á reïr con llanto,   15
Y también á llorar con carcajadas.

FUSILES Y MUÑECAS

Juan y Margot, dos ángeles hermanos,
Que embellecen mi hogar con sus cariños,
Se entretienen con juegos tan humanos
Que parecen personas desde niños.   20

Mientras Juan, de tres años, es soldado
Y monta en una caña endeble y hueca,
Besa Margot con labios de granado
Los labios de cartón de su muñeca.

5   Lucen los dos sus inocentes galas,
Y alegres sueñan en tan dulces lazos:
Él, que cruza sereno entre las balas;
Ella, que arrulla un niño entre sus brazos.

Puesto al hombro el fusil de hoja de lata,
10   El kepis de papel sobre la frente,
Alienta al niño en su inocencia grata
El orgullo viril de ser valiente.

Quizá piensa, en sus juegos infantiles,
Que en este mundo que su afán recrea,
15   Son como el suyo todos los fusiles
Con que la torpe humanidad pelea.

Que pesan poco, que sin odios lucen,
Que es igual el más débil al más fuerte,
Y que, si se disparan, no producen
20   Humo, fragor, consternación y muerte.

¡Oh misteriosa condición humana!
Siempre lo opuesto buscas en la tierra:
Ya delira Margot por ser anciana,
Y Juan que vive en paz ama la guerra.

Mirándolos jugar, me aflijo y callo;
¡Cuál será sobre el mundo su fortuna?
Sueña el niño con armas y caballo,
La niña con velar junto á la cuna.

El uno corre de entusiasmo ciego,   5
La niña arrulla á su muñeca inerme,
Y mientras grita el uno: Fuego, Fuego,
La otra murmura triste: Duerme, Duerme.

Á mi lado ante juegos tan extraños
Concha, la primogénita, me mira: 10
¡Es toda una persona de seis años
Que charla, que comenta y que suspira!

¿Por qué inclina su lánguida cabeza
Mientras deshoja inquieta algunas flores?
¿Será la que ha heredado mi tristeza?   15
¿Será la que comprende mis dolores?

Cuando me rindo del dolor al peso,
Cuando la negra duda me avasalla,
Se me cuelga del cuello, me da un beso,
Se le saltan las lágrimas, y calla.   20

Sueltas sus trenzas claras y sedosas,
Y oprimiendo mi mano entre sus manos,
Parece que medita en muchas cosas
Al mirar como juegan sus hermanos . . .

. . . .

¡Inocencia! ¡Niñez! ¡Dichosos nombres!
Amo tus goces, busco tus cariños;
¡Cómo han de ser los sueños de los hombres
Más dulces que los sueños de los niños!

. . . .

NICARAGUA

DON RUBÉN DARÍO

Á ROOSEVELT

Es con voz de la Biblia ó verso de Walt Whitman
Que habría que llegar hasta ti, ¡cazador!
Primitivo y moderno, sencillo y complicado,
Con un algo de Wáshington y mucho de Nemrod.
Eres los Estados Unidos,   5
Eres el futuro invasor
De la América ingenua que tiene sangre indígena,
Que aun reza á Jesucristo y aun habla en español.

Eres soberbio y fuerte ejemplar de tu raza;
Eres culto, eres hábil; te opones á Tolstoy.   10
Y domando caballos ó asesinando tigres,
Eres un Alejandro Nabucodonosor.
(Eres un profesor de Energía
Como dicen los locos de hoy.)

Crees que la vida es incendio,   15
Que el progreso es erupción,
Que en donde pones la bala
El porvenir pones.

No.

Los Estados Unidos son potentes y grandes.
Cuando ellos se estremecen hay un hondo temblor
Que pasa por las vértebras enormes de los Andes.
5　Si clamáis, se oye como el rugir de un león.
Ya Hugo á Grant lo dijo: «Las estrellas son vuestras.»
(Apenas brilla alzándose el argentino sol
Y la estrella chilena se levanta . . .) Sois ricos;
Juntáis al culto de Hércules el culto de Mamnón;
10　Y alumbrando el camino de la fácil conquista,
La Libertad levanta su antorcha en Nueva York.

Mas la América nuestra que tenía poetas
Desde los viejos tiempos de Netzhualcoyolt,
Que ha guardado las huellas de los pies del gran Baco,
15　Que el alfabeto pánico en un tiempo aprendió,
Que consultó los astros, que conoció la atlántida
Cuyo nombre nos llega resonando en Platón,
Que desde los remotos momentos de su vida
Vive de luz, de fuego, de perfume y de amor,
20　La América del grande Moctezuma, del Inca,
La América fragante de Cristóbal Colón,
La América católica, la América española,
La América en que dijo el noble Guatemoc:
«Yo no estoy en un lecho de rosas»; esa América
25　Que tiembla de huracanes y que vive de amor,
Hombres de ojos sajones y alma bárbara, vive
Y sueña. Y ama y vibra; y es la hija del Sol.
Tened cuidado. ¡Vive la América española!

Hay mil cachorros sueltos del león español.
Se necesitaría, Roosevelt, ser Dios mismo,
El Riflero terrible y el fuerte cazador,
Para poder tenernos en vuestras férreas garras.

Y, pues contáis con todo, falta una cosa: ¡Dios!   5

VENEZUELA

DON ANDRÉS BELLO

Á LA VICTORIA DE BAILÉN

Rompe el León soberbio la cadena
Con que atarle pensó la felonía,
Y sacude con noble bizarría
Sobre el robusto cuello la melena.

5   La espuma del furor sus labios llena
Y á los rugidos que indignado envía
El tigre tiembla en la caverna umbría,
Y todo el bosque atónito resuena.

El León despertó; ¡temblad, traidores!
10   Lo que vejez creísteis, fué descanso;
Las juveniles fuerzas guarda enteras

Perseguid, alevosos cazadores,
Á la tímida liebre, al cièrvo manso;
No insultéis al monarca de las fieras

LA AGRICULTURA DE LA ZONA TÓRRIDA

15   ¡Salve, fecunda zona,
Que al sol enamorado circunscribes

El vago curso, y cuanto ser se anima
En cada vario clima,
Acariciada de su luz, concibes!
Tú tejes al verano su guirnalda
De granadas espigas; tú la uva   5
Das á la hirviente cuba:
No de purpúrea flor, ó roja, ó gualda,
Á tus florestas bellas
Falta matiz alguno; y bebe en ellas
Aromas mil el viento;   10
Y greyes van sin cuento
Paciendo tu verdura, desde el llano
Que tiene por lindero el horizonte,
Hasta el erguido monte,
De inaccesible nieve siempre cano.   15
Tú das la caña hermosa,
De do la miel se acendra,
Por quien desdeña el mundo los panales:
Tú en urnas de coral cuajas la almendra
Que en la espumante jícara rebosa: 20
Bulle carmín viviente en tus nopales,
Que afrenta fuera al múrice de Tiro;
Y de tu añil la tinta generosa
Émula es de la lumbre del zafiro;
El vino es tuyo, que la herida agave   25
Para los hijos vierte
Del Anáhuac feliz; y la hoja es tuya
Que, cuando de süave
Humo en espiras vagorosas huya,

Solazará el fastidio al ocio inerte.
Tú vistes de jazmines
El arbusto sabeo,
Y el perfume le das que en los festines
5   La fiebre insana templará á Lieo.
Para tus hijos la procera palma
Su vario feudo cría,
Y el ananás sazona su ambrosía:
Su blanco pan la yuca,
10   Sus rubias pomas la patata educa,
Y el algodón despliega al aura leve
Las rosas de oro y el vellón de nieve.
Tendida para ti la fresca parcha
En enramadas de verdor lozano,
15   Cuelga de sus sarmientos trepadores
Nectáreos globos y franjadas flores;
Y para ti el maíz, jefe altanero
De la espigada tribu, hinche su grano;
Y para ti el banano
20   Desmaya al peso de su dulce carga;
El banano, primero
De cuantos concedió bellos presentes
Providencia á las gentes
Del ecuador feliz con mano larga.
25   No ya de humanas artes obligado
El premio rinde opimo:
No es á la podadera, no al arado
Deudor de su racimo;
Escasa industria bástale, cual puede

Hurtar á sus fatigas mano esclava:
Crece veloz, y cuando exhausto acaba,
Adulta prole en torno le sucede.

. . . .

   ¡Oh! ¡Los que afortunados poseedores
Habéis nacido de la tierra hermosa   5
 En que reseña hacer de sus favores,
Como para ganaros y atraeros,
Quiso naturaleza bondadosa!
Romped el duro encanto
Que os tiene entre murallas prisioneros.   10
El vulgo de las artes laborioso,
El mercader que, necesario al lujo,
Al lujo necesita,
Los que anhelando van tras el señuelo
Del alto cargo y del honor ruidoso,   15
La grey de aduladores parasita,
Gustosos pueblen ese infecto caos;
El campo es vuestra herencia: en él gozaos.
¿Amáis la libertad? El campo habita:
No allá donde el magnate   20
Entre armados satélites se mueve,
Y de la moda, universal señora,
Va la razón al triunfal carro atada,
Y á la fortuna la insensata plebe,
Y el noble al aura popular adora.   25
¿Ó la virtud amáis? ¡Ah! ¡Que el retiro,
La solitaria calma

En que, juez de sí misma, pasa el alma
Á las acciones muestra,
Es de la vida la mejor maestra!
¿Buscáis durables goces,
5   Felicidad, cuanta es al hombre dada
Y á su terreno asiento, en que vecina
Está la risa al llanto, y siempre ¡ah! siempre,
Donde halaga la flor, punza la espina?
Id á gozar la suerte campesina;
10 La regalada paz, que ni rencores,
Al labrador, ni envidias acibaran;
La cama que mullida le preparan
El contento, el trabajo, el aire puro;
Y el sabor de los fáciles manjares,
15 Que dispendiosa gula no le aceda;
Y el asilo seguro
De sus patrios hogares
Que á la salud y al regocijo hospeda.
El aura respirad de la montaña,
20 Que vuelve al cuerpo laso
El perdido vigor, que á la enojosa
Vejez retarda el paso,
Y el rostro á la beldad tiñe de rosa.
¿Es allí menos blanda por ventura
25 De amor la llama, que templó el recato?
¿Ó menos aficiona la hermosura
Que de extranjero ornato
Y afeites impostores no se cura?
¿Ó el corazón escucha indiferente

El lenguaje inocente
Que los afectos sin disfraz expresa
Y á la intención ajusta la promesa?
No del espejo al importuno ensayo
La risa se compone, el paso, el gesto;   5
No falta allí carmín al rostro honesto
Que la modestia y la salud colora,
Ni la mirada que lanzó al soslayo
Tímido amor, la senda al alma ignora.
¿Esperaréis que forme   10
Más venturosos lazos himeneo,
Do el interés barata,
Tirano del deseo,
Ajena mano y fe por nombre ó plata,
Que do conforme gusto, edad conforme,   15
Y elección libre, y mutuo ardor los ata?

                          .   .   .   .

      ¡Oh jóvenes naciones, que ceñida
Alzáis sobre el atónito Occidente
De tempranos laureles la cabeza!
Honrad al campo, honrad la simple vida   20
Del labrador y su frugal llaneza.
Así tendrán en vos perpetuamente
La libertad morada,
Y freno la ambición, y la ley templo.
Las gentes á la senda   25
De la inmortalidad, ardua y fragosa,
Se animarán, citando vuestro ejemplo.
Lo emulará celosa

Vuestra posteridad, y nuevos **nombres**
Añadiendo la fama
Á los que ahora aclama,
«Hijos son éstos, hijos
5 (Pregonará á los hombres)
De los que vencedores superaron
De los Andes la cima:
De los que en Boyacá, los que en la arena
De Maipo y en Junín, y en la campaña
10 Gloriosa de Apurima,
Postrar supieron al león de España.».

DON JUAN A. PÉREZ BONALDE

VUELTA Á LA PATRIA

Á mi hermana Elodia

¡Tierra! grita en la prora el navegante,
Y confusa y distante,
Una línea indecisa
15 Entre brumas y ondas se divisa.
Poco á poco del seno
Destacándose va, del horizonte,
Sobre el éter sereno
La cumbre azul de un monte;
20 Y así como el bajel se va acercando,
Va extendiéndose el cerro.
Y unas formas extrañas va tomando;

Formas que he visto cuando
Soñaba con la dicha en mi destierro.

 Ya la vista columbra
Las riberas bordadas de palmares,
Y una brisa cargada con la esencia   5
De silvestres violetas y azahares
En mi memoria alumbra
El recuerdo feliz de mi inocencia,
Cuando pobre de años y pesares
Y rico de ilusiones y alegría,   10
Bajo las palmas retozar solía
Oyendo el arrullar de las palomas,
Bebiendo luz y respirando aromas.

 Hay algo en esos rayos brilladores
Que juegan por la atmósfera azulada,   15
Que me habla de ternuras y de amores
De una dicha pasada;
Y el viento al suspirar entre las cuerdas
Parece que me dice: — ¿No te acuerdas? . . .
 Ese cielo, ese mar, esos cocales,   20
Ese monte que dora
El sol de las regiones tropicales . . .
¡Luz! ¡luz al fin! los reconozco ahora;
Son ellos, son los mismos de mi infancia,
Y esas playas que al sol del mediodía   25
Brillan á la distancia,
¡Oh inefable alegría!
Son las riberas de la patria mía.

Ya muerde el fondo de la mar hirviente
Del ancla el férreo diente;
Ya se acercan los botes desplegando
Al aire puro y blando
5   La enseña tricolor del pueblo mío.
¡Á tierra! ¡á tierra! ¡Ó la emoción me ahoga,
Ó se adueña de mi alma el desvarío!

Llevado en alas de mi ardiente anhelo,
Me lanzo presuroso al barquichuelo
10   Que á las riberas del hogar me invita.
Todo es grata armonía: los suspiros
De la onda de zafir que el remo agita,
De las marinas aves
Los caprichosos giros,
15   Y las notas süaves
Y el timbre lisonjero,
Y la magia que toma,
Hasta en labios del tosco marinero,
El dulce son de mi nativo idioma.

20   ¡Volad, volad veloces,
Ondas, aves y voces!
Id á la tierra en donde el alma tengo,
Y decidle que vengo
Á reposar, cansado caminante,
25   Del hogar á la sombra un solo instante.
Decidle que en mi anhelo, en mi delirio
Por llegar á la orilla, el pecho siente

De Tántalo el martirio;
Decidle, en fin, que mientra estuve ausente
Ni un día, ni un instante la he olvidado,
Y llevadle este beso que os confío,
Tributo adelantado   5
Que desde el fondo de mi ser le envío.
   ¡Boga, boga remero! ¡Así! ¡Llegamos!
¡Oh, emoción hasta ahora no sentida!
Ya piso el santo suelo en que probamos
El almíbar primero de la vida.   10
   Tras ese monte azul, cuya alta cumbre
Lanza reto de orgullo
Al zafir de los cielos,
Está el pueblo gentil donde al arrullo
Del maternal amor rasgué los velos   15
Que me ocultaban la primera lumbre.
¡En marcha, en marcha, postillón; agita
El látigo inclemente!
Y á más andar el coche diligente
Por la orilla del mar se precipita.   20

   No hay peña ni ensenada que en mi mente
No venga á despertar una memoria;
Ni hay ola que en la arena humedecida
No escriba con espuma alguna historia
De los felices tiempos de mi vida.   25
Todo me habla de sueños y cantares,
De paz, de amor y de tranquilos bienes;
Y el aura fugitiva de los mares

Que viene, leda, á acariciar mis sienes,
Me susurra al oído
Con misterioso acento: ¡Bienvenido!

. . . .

DON HERACLIO MARTÍN DE LA GUARDIA

ÚLTIMA ILUSIÓN

Cayó empuñando el invencible acero
5   Que coronó de lauros la victoria,
Terror de extraños, de su patria gloria,
En traidora asechanza el caballero.
   «— Llevad mi espada al pueblo por quien muero,
Y airado el pueblo vengue mi memoria . . .
10   Este anillo á . . . mi amor . . . La negra historia
Á mi madre callad. » — Dijo el guerrero.

Sucumbió el héroe . . . ¡Sacrificio vano!
Que al suspiro final de su agonía
Besaba el pueblo la traidora mano:
15   ¡Á otro amador la amada sonreía!
Sólo la madre en su dolor tirano
Al guerrero lloraba noche y día.

CANCIONES

La Carcelera

Car-ce-le-ra, Car-ce-le-ra, . . . Car-ce-le-ra de mi

vi - da, . . . des - á - ta-me las ca-de-nas y é - cha-

me la des-pe-di-da   de-

Riverana

Ya se mu-rió el bu-rro que a-ca-rrea-ba la vi - na - gre;
Él e - ra va - lien - te, . él e - ra mo - hi - no;

Ya lo lle-vó Dios de es-ta vi-da'mi-se-ra-ble. Que tu ru ru ru
El e-ra el a - li - vio de to-do Vi-lla-ri - no. Que

ru Que tu ru ru ru ru ru. Que ru. . .

La Cachucha

Yo ten-go u - na ca-chu-chi-ta   que me la

dió un ca-chu-che - ro,   el que quie-ra ca-chu-

chi - ta   que se gas-te su di - ne - ro.

Vá - mo-nos, chi - na del al - ma,   vá - mo-nos

á Gi - bral - tar . . . .   pa - ra ver

á los mo - ri - - tos   que se quie -

ren em - bar - car! . . . . .

La Valenciana.

Ca - mi - no de Va-len-cia,

ca - mi - no de Va-len - cia,   ca - mi - no lar - go,

con las tu - nas yo me i-ré, con las bue - nas vol - ve - ré,

ca - mi - no lar - go; á la som-bra de un pi-no,

á la som-bra de un pi - no, ni - ña, te a-

guar - do, con las fe - as yo me i-ré,

con las lin-das vol-ve-ré, ¡ni - ña, te a - guar - do!

Canción Devota

Á la

puer-ta del Cie-lo ven-den za-pa-tos pa-ra los an-ge-

li - tos que van des - cal - zos. Ma - rí - a, a - do -

ra - ros que - rí - a y os quie - ro, a - do -

rar el cor - de - ro, ¡cla - ve - les, co - lo - ra-dos y ver-des, mo-

ra - dos, ver - des y co - lo - ra - dos!

La Jota Gallega

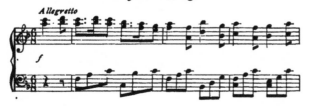

Tan-to bai-lé la jo-ta ga-lle-ga, ¡o - le, o - le, o-le, o-

le! tan - to bai - lé que me en-a-mo - ré de e-lla,

¡o - le, o - le, o - le! tan-to bai-lé que me en-a-mo-ré, ¡o - le,

o - le, o - le, o - le! tan-to bai - lé que me en-a-mo-ré, ¡o - le,

o - le, o - le, o - le! tan-to bai-lé la jo - ta ga-lle - ga, ¡o - le,

o - le, o - le, o - le! tan - to bai- lé que me en-a -

mo-ré de e-lla, ¡o - le, o - le, o - le!

El Trágala
CANCIÓN
Á LOS PANCISTAS

Tú que no quie-res lo que que - re - mos,

la ley pre - cio - sa do es-tá el bien nues-tro,

Coro.

trá - ga - la, trá - ga - la, trá - ga - la, pe - rro,

trá - ga - la, trá - ga - la, trá - ga - la, pe - rro.

Fine.

Tú de la pan - za mí-se-ro   sier - vo   que la ley

o - dias de tus a - bue-los,

que la ley o - dias de tus a -

bue-los por que en a - cí - bar y llo - ro han vuel - to

tus go-lle - rí - as y re - go - de - os.

Al Señal

Himno De Riego.

Sol - da - dos, la Pa - tria nos lla - ma á la

lid,   ju - re - mos por e - lla ven - cer   ó mo-

ff

rir.

Se -
re - nos, a - le - gres, va - lien - tes, o -
sa - dos, can - te - mos, sol - da - dos, el

him - no á la lid, y á nues - tros a -

cen - tos el or - be se ad - mi - re y en

no - so - tros mi - re los hi - jos del

Cid,   y á nues - tros a - cen - tos el

or - be se ad - mi - re   y en no - so - tros

mi - re los hi - jos del Cid.   Sol-etc.
Al Señal.

Himno Nacional De México

JAIME NUÑO

Me - xi - ca - nos al gri - to de gue - rra El a-

ce-ro a-pres-tad y el bri - dón, y re-tiem-ble en sus cen-tros la

tie - rra al so - no - ro ru-gir del ca-

ñón.   Y re-tiem-ble en sus cen-tros la tie - rra al so-

meno mosso

FINE   SOLO

no -ro ru-gir del ca-ñón.   Ci-ña¡ oh pa-tria! tus sie-nes de o-

li - va De la paz el arc - án - gel di -

vi - no, Que en el cie - lo tu e -ter - no des-

ti - no por el de - do - de Dios se es -cri - bió. .

ff

Mas si o-sa - re un ex-tra - ño e-ne - mi - go   pro - fa -

Con 8va...................

nar con su plan-ta tu sue - lo pien-sa¡ oh

pa-tria que-ri-da! que el cie - lo un sol-da-do en ca-da hi-jo te

dió, un sol - da-do en ca-da hi - jo te dió.

Himno Nacional De Cuba

(HIMNO DE BAYAMO)

PEDRO FIGUEREDO

1. ¡Al com-ba - te co-rred Ba-ya-me - ses! Que la
2. No te-máis al go-bier-no ex-tran-je - ro Que es co-
3. No se nu - ble ja - más e-sa es-tre - lla Que las

pa - tria os con - tem - pla or-gu - llo - sa; No te-
bar - de cual to - do ti - ra - no, No re-
hi - jas de Cu - ba bor - da - ron Y que

máis u - na muer - te glo - rio - sa, Que mo-
sis - te el em-pu - je cu - ba - no, Pa - ra
no - bles cu - ba - nos al - za - ron En su

rir   por   la   pa-tria es   vi - vir.   En   ca -
siem - pre   su im-pe - rio   ca - yó.   Se a ben -
li - bre y fe - liz   pa - be - llón.   ¡Glo - ria y

de-nas vi-vir es vi - vir . . En o-pro-bio y a - fren - ta su -
di - ta la no-che se-re-na . . En que en a-le-gres cam-pos de
nom-bre á los hi-jos de Cu-ba! ¡Glo-ria y nom-bre al va-lien-te A-gui-

mi - do. Del cla - rín   es - cu - chad el   so -
Ya - ra   El   cla - rín   de la   gue - rra   so -
le - ra! ¡Vi - va! ¡Vi - va! la a - le - gre   ban -

ni - do; Á las ar - mas, va-lien - tes, co - rred!
na - ra   Y el cu - ba - no ser li - bre ju - ró.
de - ra   Que en los cam-pos de Ya-ra se al - zó.

NOTES

The heavy figures refer to pages of the text; the light figures to lines.

ROMANCES. The Spanish *romances viejos*, which correspond in form and spirit to the early English and Scotch ballads, exist in great number and variety. Anonymous and widely known among the people, they represent as well as any literary product can the spirit of the Spanish nation of the period, in the main stern and martial, but sometimes tender and plaintive. Most of them were written in the fifteenth and sixteenth centuries; the earliest to which a date can be assigned is *Cercada tiene á Baeza,* which must have been composed soon after 1368. Others may have their roots in older events, but have undergone constant modification since that time. The *romance popular* is still alive in Spain and many have recently been collected from oral tradition (cf. Menéndez y Pelayo, *Antología,* vol. X).

The *romances* were once thought to be relics of very old lyrico-epic songs which, gathering material in the course of time, became the long epics that are known to have existed in Spain in the twelfth to fourteenth centuries (such as the *Poema del Cid,* and the lost *cantares* of *Bernardo del Carpio,* the *Infantes de Lara* and *Fernán González).* But modern investigation has shown conclusively that no such age can be ascribed to the *romances* in their present form, and that in so far as they have any relation with the epic cycles just cited they are rather descendants of them than ancestors, — striking passages remembered by the people and handed down by them in constantly changing form. Many are obviously later in origin; such are the *romances fronterizos,* springing from episodes of the Moorish wars, and the *romances novelescos,* which deal with romantic incidents of daily life. The *romances juglarescos* are longer poems, mostly concerned with

253

Charlemagne and his peers, veritable degenerate epics, composed by itinerant minstrels to be sung in streets and taverns to throngs of apprentices and rustics. They have not the spontaneity and vigor which characterize the better *romances viejos*.

A few of the *romances* were printed in the *Cancionero general* of 1511, and more in loose sheets (*pliegos sueltos*) not much later in date; but the great collections which contain nearly all the best we know were the *Cancionero de romances* "*sin año*," (shortly before 1550), the *Cancionero de romances* of 1550 and the *Silva de varios romances* (3 parts, 1550). The most comprehensive modern collection is that of A. Durán, *Romancero general*, 2 vols., Madrid, 1849–1851 (vols. 10 and 16 of the *Biblioteca de Autores españoles*). The best selected is the *Primavera y flor de romances* of Wolf and Hofmann (Berlin, 1856), reprinted in vols. VIII and IX of Menéndez y Pelayo's *Antología de poetas líricos castellanos*. This contains nearly all the oldest and best *romances*, and includes poems from *pliegos sueltos* and the second part of the *Silva*, which were not known to Durán. Menéndez y Pelayo, in his *Apéndices á la Primavera y flor* (*Antol.* vol. IX) has given still more texts, notably from the third part of the *Silva*, one of the rarest books in the world. The fundamental critical works on the *romances* are: F. Wolf, *Ueber die Romanzenpoesie der Spanier* (in *Studien*, Berlin, 1859); Milá y Fontanals, *De la poesía heroico-popular castellana* (1874); and Menéndez y Pelayo, *Tratado de los romances viejos* (vols. XI and XII of the *Antología*, Madrid, 1903–1906).

The *romances*, as usually printed, are in octosyllabic lines, with a fixed accent on the seventh syllable of each and assonance in alternate lines.

Many English translators have tried their hand at Spanish ballads, as Thomas Rodd (1812), J. G. Lockhart (1823), John Bowring (1824), J. Y. Gibson (1887) and others. Lockhart's versions are the best known and the least literal.

In the six *romances* included in this collection the lyrical quality predominates above the narrative (cf. the many rimes in -*or* in *Fonte-frida* and *El prisionero*). *Abenámar* is properly a frontier ballad, and *La constancia*, perhaps, belongs with the Carolingian cycle; but the rest are detached poems of a romantic nature. (See S. G. Morley's *Spanish Ballads*, New York, 1911.)

1. — **Abenámar** is one of a very few *romances* which are supposed to have their origin in Moorish popular poetry. The Christian king referred to is Juan II, who defeated the Moors at La Higueruela, near Granada, in 1431. It is said that on the morning of the battle he questioned one of his Moorish allies, Yusuf Ibn Alahmar, concerning the conspicuous objects of Granada. The poem was utilized by Chateaubriand for two passages of *Les aventures du dernier Abencérage*.

1. **Abenámar** = *Ibn Alahmar:* see above.

9. The verbal forms in *-ara* and *-iera* were used then as now as the equivalent of the pluperfect or the preterit indicative.

11. **la**: *la verdad* is probably understood. Cf. p. 2, l. 1.

2. — 1. **diría** = *diré.* In the *romances* the conditional often replaces the future, usually to fit the assonance.

5. **relucían**: in the old ballads the imperfect indicative is often used to express loosely past time or even present time.

6. **El Alhambra**: in the language of the old ballads *el*, not *la*, is used before a feminine noun with initial *a-* or *e-*, whether the accent be on the first syllable or not.

25. **viuda** in old Spanish was pronounced *viuda* and assonated in *í-a*. This expletive **que** is common in Spanish: do not translate.

27. **grande** merely strengthens **bien.**

3. — **Fonte-frida** is a poem of erotic character, much admired for its suave melancholy. Probably it is merely an allegorical fragment of a longer poem now lost. It is one of those printed in the *Cancionero general* of 1511. It was well translated by Bowring. There is also a metrical version in Ticknor, I, 111. This theme is found in the *Physiologus*, a

medieval bestiary. One of these animal stories relates that
the turtle-dove has but one mate and if this mate dies the
dove remains faithful to its memory. Cf. *Mod. Lang. Notes*,
June, 1904 (*Turtel-Taube*), and February, 1906.

3. In **avecicas** and **tortolica** the diminutive ending *–ica*
seems to be quite equivalent to *–ito*. Cf. Knapp's *Span.
Gram.*, 760a.

4. **van tomar** = *van á tomar*.

7. **fuera**: note that *fué* (or **fuera**) **á pasar** = *pasó*. This usage
is now archaic, although it is still sometimes used by modern
poets: see p. 136, l. 18.

18. **bebía**: see note, p. 2, l. 5.

19. **haber**, in the ballads, often = *tener*. See also **haya** in
the following line.

4. — El Conde Arnaldos. Lockhart says of "Count Arnaldos," "I should be inclined to suppose that

> 'More is meant than meets the ear,'

— that some religious allegory is intended to be shadowed
forth." Others have thought the same, and the strong mystic
strain in Spanish character may bear out the opinion. In order
that the reader may judge for himself he should have before
him the mysterious song itself, which, omitted in the earliest
version, is thus given in the *Cancionero de romances* of 1550,
to follow line 18 of the poem:

> — Galera, la mi galera,
> Dios te me guarde de mal,
> de los peligros del mundo
> sobre aguas de la mar,
> de los llanos de Almería,
> del estrecho de Gibraltar,
> y del golfo de Venecia,
> y de los bancos de Flandes,
> y del golfo de León,
> donde suelen peligrar.

Popular poems which merely extol the power of music over animals are not uncommon.

1. ¡Quién hubiese! *would that one might have!* or *would that I might have!* Note ¡quién me diese! (p. 7, l. 25), *would that some one would give me!*: this is the older meaning of *quién* in these expressions. Note also ¡Quién supiera escribir! (p. 134), *would that I could write!* where the modern usage occurs.

22. dígasme = *dime.* This use of the pres. subj. with the force of an imperative is not uncommon in older Spanish.

24. le fué á dar: see note, p. 3, l. 7.

5. — La constancia. These few lines, translated by Lockhart as " The Wandering Knight's Song," are only part of a lost ballad which began:

> Á las armas, Moriscote,
> si las has en voluntad.

Six lines of it have recently been recovered (Menéndez y Pelayo, *Antología,* IX, 211). It seems to have dealt with an incursion of the French into Spain, and the lines here given are spoken by the hero Moriscote, when called upon to defend his country. Don Quijote quotes the first two lines of this ballad, Part I, Cap. II.

8. de me dañar = *de dañarme.*

13. vos was formerly used in Spanish as *usted* is now used, — in formal address.

El amante desdichado. Named by Lockhart "Valladolid." It is one of the few old *romances* which have kept alive in oral tradition till the present day, and are still repeated by the Spanish peasantry (cf. *Antología,* X, 132, 192).

7. — El prisionero. Twelve lines of this poem were printed in 1511. It seems to be rather troubadouresque than popular in origin, but it became very well known later. Lockhart's version is called " The Captive Knight and the Blackbird."

16. This line is too short by one syllable, or has archaic hiatus. See *Versification*, (4) a.

19. **las mis manos**: in old Spanish the article was often used before a possessive adjective that preceded its noun. This usage is now archaic or dialectic.

21. **hacía** is here exactly equivalent to **hace** in l. 23: see note, p. 2, l. 5.

25. **quien . . . me diese**: see note, p. 4, l. 1.

8. — 12. **Oídolo había** = *lo había oído*.

13. This line is too long by one syllable.

14. Gil Vicente (1470?-1540?), a Portuguese poet who wrote dramas in both Portuguese and Castilian. A strong creative artist and thinker, Vicente is the greatest dramatist of Portugal and one of the great literary figures of the Peninsula. This **Canción** to the Madonna occurs in *El auto de la Sibila Casandra*, a religious pastoral drama. Vicente himself wrote music for the song, which was intended to accompany a dance. John Bowring made a very good metrical translation of the song (*Ancient Poetry and Romances of Spain*, 1824, p. 315). Another may be found in Ticknor's *History of Spanish Literature*, I, 259.

16. **digas tú**: see note, p. 4, l. 22. **el marinero**: omit el in translation. In the Spanish of the ballads the article is regularly used with a noun in the vocative.

24. **pastorcico**: see note, p. 3, l. 3.

9. — Santa Teresa de Jesús (1515-1582), born at Ávila; became a Carmelite nun and devoted her life to reforming her Order and founding convents and monasteries. Saint Theresa believed herself inspired of God, and her devotional and mystic writings have a tone of authority. Her chief works in prose are the *Castillo interior* and the *Camino de perfección*. She is one of the greatest of Spanish mystics, and her influence is still potent (cf. Juan Valera, *Pepita Jiménez*; Huysmans, *En route; et al.*). Cf. *Bibl. de Aut. Esp.*, vols. 53

and 55, for her works. This *Letrilla* has been translated by
Longfellow ("Santa Teresa's Book-Mark," Riverside ed., 1886,
VI., 216.)

9. — Fray Luis Ponce de León (1527–1591), born at Belmonte; educated at the University of Salamanca; became an
Augustinian monk. While a professor at the same university
he was accused by the Inquisition and imprisoned from 1572
to 1576, while his trial proceeded. He was acquitted, and he
taught till his death, which occurred just after he had been
chosen Vicar-General of his Order. The greatest of the mystic
poets, he wrote as well religious works in prose (*Los nombres
de Cristo, La perfecta casada*), and in verse translated Virgil,
Horace and other classical authors and parts of the Old
Testament. In gentleness of character and in the purity in
which he wrote his native tongue, he resembles the Frenchman
Pascal. His poems are in vol. 37 of the *Bibl. de Aut. Esp.*
Cf. Ticknor, Period II, Cap. IX, and *Introduction*, p. xxii.
La vida retirada is written in imitation of Horace's *Beatus ille.*

9. — 17 to **10.** — 3. In these lines there is much poetic inversion
of word-order. The logical order would be: *Que* ('for') *el estado
de los soberbios grandes no le enturbia el pecho, ni se admira del
dorado techo, en jaspes sustentado, fabricado del sabio moro.*

5. **pregonera**, as its gender indicates, modifies **voz.**

12. — 10. In the sixteenth century great fortunes were made
by Spaniards who exploited the mines of their American colonies across the seas.

11. Note this unusual *enjambement;* but the *mente* of adverbs
still has largely the force of a separate word.

Soneto: Á Cristo Crucificado. This famous sonnet has
been ascribed to Saint Theresa and to various other writers,
but without sufficient proof. Cf. Fouché-Delbosc in *Revue
Hispanique*, II, 120–145; and *ibid.*, VI, 56–57. The poem
was translated by J. Y. Gibson (*The Cid Ballads*, etc., 1887,
II, 144), and there is also a version attributed to Dryden.

13. — Lope Félix de Vega Carpio (1562–1635) was the most fertile playwright ever known to the world. Alone he created the Spanish drama almost out of nothing. Born at Madrid, where he spent most of his life, Lope was an infant prodigy who fulfilled the promise of his youth. His first play was written at the age of thirteen. He fought against the Portuguese in the expedition of 1583 and took part in the disastrous Armada of 1588. His life was marked by unending literary success, numerous love-affairs and occasional punishments therefor. In 1614 he was ordained priest. For the last twenty years of his life he was the acknowledged dictator of Spanish letters.

Lope's writings include some 2000 plays, of which perhaps 500 are extant, epics, pastorals, parodies, short stories and minor poems beyond telling. He undertook to write in every genre attempted by another and seldom scored a complete failure. His *Obras completas* are being published by the Spanish Academy (1890–   ); vol. 1 contains his life by Barrera. Most of his non-dramatic poems are in vol. 38 of the *Bibl. de Aut. Esp.*; others are in vols. 16 and 35. There is a *Life* in English by H. A. Rennert (1904). Cf. also *Introduction*, p. xxiv.

Canción de la Virgen is a lullaby sung by the Madonna to her sleeping child in a palm grove. The song occurs in Lope's pastoral, *Los pastores de Belén* (1612). In Ticknor (II, 177), there is a metrical translation of the *Canción*.

The palm has great significance in the Roman Catholic Church. On Palm Sunday, — the last Sunday of Lent, — branches of the palm-tree are blessed and are carried in a solemn procession, in commemoration of the triumphal entry of Jesus into Jerusalem (cf. John, xii).

14. Ticknor translates these lines as follows:

> Holy angels and blest,
> Through these palms as you sweep,
> Hold their branches at rest,
> For my babe is asleep.

The literal meaning is: *Since you are moving among the palms, holy angels, hold the branches, for my child sleeps.* When the wind blows through the palm-trees their leaves rustle loudly.

14. — **Mañana:** translated by Longfellow (Riverside ed., 1886, VI, 204).

15. — Francisco Gómez de Quevedo y Villegas (1580–1645), the greatest satirist in Spanish literature, was one of the very few men of his time who dared criticize the powers that were. He was born in the province of Santander and was a precocious student at Alcalá. His brilliant mind and his honesty led him to Sicily and Naples, as a high official under the viceroy, and to Venice and elsewhere on private missions; his plain-speaking tongue and ready sword procured him numerous enemies and therefore banishments. He was confined in a dungeon from 1639 to 1643 at the instance of Olivares, at whom some of his sharpest verses were directed.

Quevedo was a statesman and lover of his country driven into pessimism by the ineptitude which he saw about him. He wrote hastily on many subjects and lavished a bitter, biting wit on all. His best-known works in prose are the picaresque novel popularly called *El gran tacaño* (1626) and the *Sueños* (1627). His *Obras completas* are in course of publication at Seville (1898–); his poems are in vol. 69 of the *Bibl. de Aut. Esp.* Cf. E. Mérimée, *Essai sur la vie et les œuvres de Francisco de Quevedo* (Paris, 1886), and *Introduction*, p. xxv. For a modern portrayal of one side of Quevedo's character, see Bréton de los Herreros, *¿Quién es ella?*

Epístola satírica: this epistle was addressed to Don Gaspar de Guzmán, Conde-Duque de Olivares (d. 1645), the favorite and prime minister of Philip IV. It is a remarkably bold protest, for it was published in 1639 when Olivares was at the height of his power. His disgrace did not occur till 1643.

8. Note the double meaning of **sentir,** — 'to feel' and 'to regret.'

9. **libre** modifies **ingenio**. Translate: *its freedom.*

16. **Que es lengua la verdad de Dios severo** = *que la verdad es lengua de Dios severo.*

16. — **Letrilla Satírica** was published in 1640.

14. Genoa was then, as now, an important seaport and commercial center. As the Spaniards bought many manufactured articles from Genoa, much of their money was "buried" there.

17. — Esteban Manuel de Villegas (d. 1669) was a lawyer who wrote poetry only in his extreme youth. His *Eróticas ó Amatorias* were published in 1617, and he says himself that they were written at fourteen and polished at twenty. Later the cares of life prevented him from increasing the poetical fame that he gained thus early. He had a reputation for excessive vanity, due partly to the picture of the rising sun which he placed upon the title-page of his poems with the motto *Me surgente, quid istae? Istae* referred to Lope, Quevedo and others. Villegas' poems may be found in vol. 42 of the *Bibl. de Aut. Esp.* Cf. Menéndez y Pelayo, *Hist. de los heterodoxos españoles*, III, 859–875.

There is a parody of this well-known **cantilena** by Iglesias in the *Bibl. de Aut. Esp.*, vol. 61; p. 477.

18. — Pedro Calderón de la Barca Henao de la Barreda y Riaño (1600–1681) was the greatest representative of the second generation of playwrights in the *Siglo de oro.* He took some part in the nation's foreign wars, but his life was spent mostly without event at court as the favorite dramatist of the aristocracy. He became a priest in 1651 and was made chaplain of honor to Philip IV in 1663. There are extant over two hundred of his dramatic works, *comedias, autos, entremeses*, etc. Calderón constructed his plots more carefully than Lope and was stronger in exalted lyric and religious passages; but he was more mannered, more tainted with Gongorism and less skilled in creating characters.

His *Comedias* are contained in vols. 7, 9, 12 and 14 of the *Bibl. de Aut. Esp.*; a few of his *autos* are in vol. 58, and some of his poems are in vols. 14 and 35. Cf. also *Poesías inéditas*, Madrid, 1881; Menéndez y Pelayo, *Calderón y su teatro*, Madrid, 1884; R. C. Trench, *Calderon*, London, 1880.

The sonnet, *Estas que fueron* . . ., is found in *El príncipe constante*, II.

20. — Diego Tadeo González (1733–1794) was born at Ciudad-Rodrigo. He entered the order of Augustinians at eighteen, and filled various important offices within the Order during his life. His duties took him to Seville, Salamanca and Madrid. From youth he showed a particular bent for poetry, and Horace and Luis de León were his admiration. He was an intimate friend of Jovellanos, who induced him to forsake light subjects and attempt a didactic poem, *Las edades*, which was left unfinished. Fray Diego's modest and lovable character and his friendly relations with other men of letters made him an attractive figure. His poems are in vol. 61 of the *Bibl. de Aut. Esp.* Cf. *Introduction*, p. xxx.

11. **Mirta** was a lady with whom the author long corresponded and to whom he addressed many poems. **Delio** (l. 15) was the name by which Fray Diego González was known among his literary intimates: Jovellanos was called "Jovino"; Meléndez Valdés, "Batilo"; etc.

21. — 4. **recogellos** = *recogerlos*.

12. **á la ave:** a more usual construction would be *al ave*, although the sound would be approximately the same in either case. See also below in line 24, **á la alba**.

22. — 4. **reluciente**, modified by an adverb, ·here = *reluciendo*.

6. **recio:** a predicate adjective with the force of an adverb.

26. — Nicolás Fernández de Moratín (1737–1780) was born in Madrid of a noble Asturian family. He studied for the law and practised it in Madrid, but irregularly, devoting most of his time to literary work. Besides his poems in the national style (see *Introduction*, p. xxix) he wrote an epic on the burning of the ships of Cortés and several plays in the French manner, of which only one, *Hormesinda* (1770), ever had a stage production. His works, with his *Life* written by his son Leandro, are printed in vol. 2 of the *Bibl. de Aut. Esp.*

Fiesta de toros en Madrid. Baedeker's guide-book to Spain and Portugal says: "Bull-fights were instituted for the encouragement of proficiency in the use of martial weapons and for the celebration of festal occasions, and were a prerogative of the aristocracy down to the sixteenth century. As the mounted *caballero* encountered the bull, armed only with a lance, accidents were very frequent. No less than ten knights lost their lives at a single *Fiesta de Toros* in 1512. The present form of the sport, so much less dangerous for the man and so much more cruel for the beast, was adopted about the beginning of the seventeenth century. The construction, in 1749, of the first great *Plaza de Toros* in Madrid definitely converted the once chivalrous sport into a public spectacle, in which none took part but professional *Toreros*." The padded *picador* of to-day, astride a blinded, worn-out old hack, is the degenerate successor of the knight of old. In the seventeenth century bull-fights in Madrid were sometimes given in the *Plaza Mayor* (or *Plaza de la Constitución*).

6. **Aliatar**: this, like most of the names of persons in this poem, is fictitious; but in form these words are of Arabic origin, and it is probable that Moratín borrowed most of them from the *romances moriscos*. The names of places, it should be noticed, are also Arabic, but the places still retain these names. See **Alimenón**, and all names of places, in the *Vocab*.

28. — 19. **Hecho un lazo por airón,** *tied in a knot [to look] like a crest of plumes*. This was doubtless the forerunner of the modern *banderilla* (barbed dart ornamented with streamers of colored paper).

30. — 26–28. **Cual . . . nube** = *cual la ardiente madeja del sol deja mirarse tal vez entre cenicienta nube.*

31. — 12. **blasones de Castilla:** as at this time (in the reign of Alfonso VI) León and Castile were united, the **blasones** were probably two towers (for Castile) and two lions (for León), each one occupying a corner of the shield.

14. **Nunca mi espada venciera** apparently means: *Never did he conquer my sword.* This may refer to any adversary, or to some definite adversary in a previous combat.

26. The best bulls raised for bull-fights come from the valley of the Guadalquivir.

32. — 22–26. **Así . . . acerquen á . . ., Como,** *may . . . bring to . . ., just as surely as.*

33. — 8. Fernando I: see in *Vocab.*

35. — 28. The stanzas of pages 34 and 35 are probably known to every Spaniard: schoolboys commit them to memory for public recitation.

36. — 15. **dignáredes** = *dignareis.* In modern Spanish the *d* (from Lat. *t*) of the 2d pers. plur. verb endings has fallen.

38. — 4. **Y . . . despedir** = *y [si no vieran] á Zaida que le despedía.*

13. **cruz:** the cross of a sword is the guard which, crossing the hilt at right angles, gives the sword the shape of a cross. The cross swords were held in especial veneration by the mediéval Christians.

Gaspar Melchor de Jovellanos (*or* Jove-Llanos) (1744–1811) was one of the loftiest characters and most unselfish statesmen ever produced by Spain. Educated for the law, he filled with distinction important judicial offices in Seville and Madrid. In 1780 he was made a member of the Council of Orders. He attached himself to the fortunes of Count Cabarrús, and when that statesman fell from power in 1790, Jovellanos was exiled to his home in Gijón (Asturias). There he devoted himself to the betterment of his native province. In 1797 the favorite, Godoy, made him *ministro de gracia y justicia;* but he could not be other than an enemy of the corrupt " Prince of the Peace," and in 1798 he was again sent home. In 1801 he was seized and imprisoned in Majorca and was not released till the invasion of Spain by the French in 1808. He refused flattering offers of office under the French, and was the most active member of the *Junta Central* which organized the Spanish cortes. Unjustly criticized for his labors he retired home, whence he was driven by a sudden incursion of the French. He died a few days after in an inn at Vega (Asturias).

Jovellanos' best literary work is really his political prose, such as the *Informe sobre un proyecto de ley agraria* (1787) and *Defensa de la junta central* (1810). His *Delincuente honrado* (1773), a *comédie larmoyante* after the manner of Diderot's *Fils naturel,* had wide success on the stage. His works are in vols. 46 and 50 of the *Bibl. de Aut. Esp.* Cf. E. Mérimée, *Jovellanos,* in the *Revue hispanique,* I, pp. 34–68.

¿Quis tam patiens ut teneat se? *who is so long-suffering as to control himself?* ·

21. **prisión**: see mention above of Jovellanos' imprisonment in Majorca.

39. — 2. It is scarcely accurate to call Juvenal a **bufón**, since he was rather a scornful, austere satirist of indignation.

40. — 26. **cuánto de** is an unusual expression; but if the line read: *¡Ay, cuánta amargura y cuánto lloro,* it would lack one syllable.

41. — 4–6. **cuesta . . . infanta.** Evidently the world has changed little in a hundred years!

42. — Juan Meléndez Valdés (1754–1817) was born in the district of Badajoz (Estremadura). He studied law at Salamanca, where he was guided in letters by Cadalso. In 1780 he won a prize offered by the Academy for the best eclogue. He then accepted a professorship at Salamanca offered him by Jovellanos. Literary success led him to petition a position under the government which, involving as it did loss of independence, proved fatal to his character. He filled honorably important judicial posts in Saragossa and Valladolid, but court intrigue and the caprices of Godoy brought him many trials and undeserved punishments. In 1808 he accepted a position under the French, and nearly lost his life from popular indignation. Later his vacillations were pitiful: he wrote spirited poems now for the French and now against them. When they were finally expelled in 1813, he left the country with them and died in poverty and sorrow in Montpellier.

Most of his poems are in vol. 63 of the *Bibl. de Aut. Esp.*; others have been published in the *Revue hispanique*, vols. I. and IV. Cf. his Life by Quintana in *Bibl. de Aut. Esp.*, vol. 19; E. Mérimée, *Meléndez Valdés*, in *Revue hispanique*, I, 166–195; *Introduction*, p. xxx.

44. — 5. **Muy más:** this use of *muy* is not uncommon in the older classics, but the usual expression now is *mucho más*.

28. **benigna:** see note, p. 22, l. 6.

46. — Manuel José Quintana (1772–1857) was born in Madrid. He went to school in Cordova and later studied law at Salamanca. He fled from Madrid upon the coming of the French. In the reign of Ferdinand VII he was for a time confined in the Bastile of Pamplona on account of his liberal ideas. After the liberal triumph of 1834 he held various public offices, including that of Director General of Public Instruction. In 1855 he was publicly crowned in the Palace of the Senate.

See *Introduction*, p. xxxii; Ticknor, III, 332–334; Blanco García, *La literatura española en el siglo XIX*, 2d ed., Madrid, 1899, I, 1–13; Menéndez y Pelayo, *D. Manuel José Quintana,*

La poesía lírica al principiar el siglo XIX, Madrid, 1887; E. Piñeyro, *M.-J. Quintana*, Chartres, 1892; Juan Valera, *Florilegio de poesías castellanas*, Madrid, 1903, V, 32–38. His works are in vols. 19 and 67 of *Bibl. de Aut. Esp.*

The Spanish people, goaded by the subservience of Charles IV and his prime minister and favorite, Godoy, to the French, rose in March, 1808, swept away Godoy, forced the king to abdicate and placed his son Ferdinand upon the throne. It was believed that this change of rulers would check French influence in the Peninsula, but Ferdinand was forced by Napoleon into a position more servile than that occupied formerly by Charles.

2. Note the free word-order in Spanish which permits, as in this line, the subject to follow the verb, the object to precede.

14. **Oceano:** note the omission of the accent on *e*, that the word may rime with **soberano** and **vano;** but here **oceano** still has four syllables.

47. — 28. **tirano del mundo** = Napoleon Bonaparte.

48. — 24. By **los colosos de oprobio y de vergüenza** are probably meant Charles IV and Godoy.

49. — 29. **hijo de Jimena:** see *Jimena* and *Bernardo del Carpio*, in *Vocab.*

50. — 2. **En . . . y,** *with a . . . and in.*

51. — Dionisio Solís y Villanueva (1774–1834) was born in Cordova: he never rose higher in life than to be prompter in a theater. He fought against the French, and he was exiled for a time by Ferdinand VII. Solís wrote some plays and translated many from other languages into Spanish. The best that can be said of Solís as a poet is that his work is spontaneous and in parts pleasing. Cf. Blanco García, I, 50 and 61–63; Valera, *Florilegio*, V, 44–46.

53. — 18–19. **Esta . . . enfermedad** = *esta dulce deliciosa enfermedad que yo siento.*

25. **si puede** (here meaning *if it is possible*) is understood
before **que trate.**

54. — Juan Nicasio Gallego (1777–1853) was born at Za-
mora. He was ordained a priest: later he went to court, and
was appointed Director of His Majesty's Pages. He frequented the salon of his friend Quintana, and was elected
deputy from Cádiz. In 1814, during the reign of Ferdinand VII, Gallego was imprisoned for his liberal ideas and
later was banished from Spain. He spent some years in
France and returned to Spain in 1828. Later he was appointed Perpetual Secretary of the Spanish Academy.

See *Introduction*, p. xxxii; Blanco García, I, 13 f.; Valera,
Florilegio, V, 38–44. His poems are in vol. 67 of the *Bibl. de
Aut. Esp*. There is also an edition of his poems by the Acade-
mia de la Lengua, Madrid, 1854.

El Dos de Mayo: on the second of May, 1808, the Spanish people, unarmed and without strong leaders, rose against
Napoleon's veteran troops. Aided by the English, they drove
out the French after a long and bloody war, thus proving
to the world that the old Spanish spirit of independence
was still alive. This war is known to the Spaniards as the
Guerra de la independencia and to the English as the Peninsular War. The popular uprising began with the seizure of
a powder magazine in Madrid by Velarde and Daoiz (see in
Vocab.). These men and their followers were killed and the
magazine was retaken by the French, but the incident roused
the Spanish people to action.

9. **al furor**, *in the glare.*

55. — 4. **Mantua:** a poetic appellation of Madrid. Cf.
article by Prof. Milton A. Buchanan in *Romanic Review*, 1910,
p. 211 f. See also p. xxxiii, *Introduction* to this volume.

11–12. **¿Quién habrá ... que cuente**, *who may there be to tell* ..

58. — 26 to **59.** — 3. Note how the poet refers to the various parts of the Spanish peninsula: **hijos de Pelayo** = the

Spaniards in general, or perhaps those of northernmost Spain;
Moncayo = Aragon, Navarre and Castile; **Turia** = Valencia;
Duero = Old Castile, Leon and Portugal; and **Guadalquivir** =
Andalusia. See **Pelayo** and **Moncayo** and these names of
rivers in *Vocab*.

5. **Patrón** = Santiago, or St. James, the patron saint of
Spain. According to the legend James "the Greater," son of
Zebedee, preached in Spain, and after his death his body was
taken there and buried at Santiago de Campostela. It was
believed that he often appeared in the battle-fields fighting
with the Spaniards against the Moslems.

14–15. **á . . . brindó felicidad**, *drank in fire and blood a
toast to her prosperity*.

60. — Francisco Martínez de la Rosa (1787–1862) was born
at Granada. During the War of Independence he was sent
to England to plead for the support of that country against
the French. Later he was exiled by Ferdinand VII, and was
for five years a prisoner of state in a Spanish prison on the
African coast. After his release he became prominent in politics, and was forced to flee to France. In 1834 he was called
into power by the queen regent, Maria Cristina. He represented his country at Paris, and later at Rome, and held several important posts as cabinet minister.

See *Introduction*, p. xxxvi; Menéndez y Pelayo, *Estudios de
crítica literaria*, Madrid, 1884, pp. 223, f.; Blanco García, I,
115–128; Juan Valera, *Florilegio*, V, 56–63. His *Obras completas*, 2 vols., ed. Baudry, were published at Paris in 1845.
Several of his articles of literary criticism are in vols. 5, 7, 20
and 61 of the *Bibl. de Aut. Esp*.

3. **riyendo** = *riendo*.

61. — Angel de Saavedra, Duque de Rivas (1791–1865) was
born at Cordova. He prepared for a military career. By reason of his liberal ideas he was compelled to leave Spain and
went to England, France and the Island of Malta. He re-

turned to Spain in 1834 and became a cabinet minister, but was again forced to flee the country. Later he was welcomed back and represented Spain at Naples. He retired from politics and was appointed Director of the Spanish Academy.

See *Introduction*, p. xxxvi; Blanco García, I, 129–153; Juan Valera, *Florilegio*, V, 184–195. His *Obras completas*, in 5 vols., were published by the Spanish Academy, Madrid, 1854–1855, with introductory essays by Pastor Díaz and Cañete. His works were also published in the *Colección de Escritores castellanos*, 1894- .

4. **De . . . pro** = *en pro de mi sangre y casa.*

62. — 3. **á la que**: translate, *before which.*

10. **duque de Borbón** is the subject of **estaba**, l. 3.

18. **Emperador** = Charles V.

64. — 8. **Condestable** = Velasco, Constable of Spain, who in 1521 defeated the *comuneros* who had rebelled against the rule of Charles V.

65. — 22. **Y con los que,** *with whom.*

23. **estrecho** stands in antithesis to **ancho**: *for his glory the broad world will be narrow.*

66. — 18–19. **Y . . . leonesa** = *y un coleto á la leonesa de recamado ante.*

68. — 20–21. **Que . . . resuelta** = *que es voluntad suya resuelta (el) que aloje á Borbón.*

69. — 22. **de un su pariente** is archaic. The regular expression to-day would be *de un pariente suyo.*

71. — Juan Arolas (1805–1849) was born in Barcelona, but spent most of his life in Valencia. In 1821, when sixteen years old, Arolas, much against the wishes of his parents, joined a monastic order. Arolas wrote in all the literary genres of his time, but he distinguished himself most as a poet by his romantic "oriental" and love poems.

Cf. *El P. Arolas, su vida y sus versos*, Madrid, 1898, by José R. Lomba y Pedraja; Blanco García, I, 186–189; Juan Valera,

Florilegio, V, 121–130. A new edition of Arolas' verses was published at Valencia in 1883.

73. — José de Espronceda (1808–1842), Spain's greatest romantic poet, was born in Almendralejo (Badajoz). At the Colegio de San Mateo Espronceda was considered a precocious but wayward pupil. His poetic gifts won for him the lasting friendship of his teacher, Alberto Lista. At an early age he became a member of a radical secret society, Los Numantinos. Sent into exile to a monastery in Guadalajara, he there composed the fragmentary heroic poem *Pelayo*. After his release he went to Lisbon and then to London. Enamored of Teresa, though another's wife, he fled with her to Paris, where he took an active part in the revolution of 1830. Espronceda returned to Spain in 1833, and engaged in journalism and politics. Worn out by his tempestuous life, he died at the early age of thirty-four years.

See *Introduction*, p. xxxvii; E. Rodríguez Solís, *Espronceda, su tiempo, su vida y sus obras*, Madrid, 1883; Blanco García, I, 154–171; Juan Valera, *Florilegio*, V, 197–207; Antonio Cortón, *Espronceda*, Madrid, 1906; Philip H. Churchman, *Espronceda's Blanca de Borbón, Revue hisp.*, 1907; and *Byron and Espronceda, ibid.*, 1909. For his poems, see *Obras poéticas*, in the *Biblioteca amena é instructiva*, Barcelona, 1882; *Obras poéticas y escritos en prosa, colección ordenada por D. Patricio de la Escosura*, Madrid, 1884.

79. — José de Zorrilla (1817–1893) was born in Valladolid. After receiving his secondary education in the Jesuit Semanario de Nobles he began the study of law; but he soon turned to the more congenial pursuit of belles-lettres. In 1855 he went to Mexico where he resided eleven years. Though a most productive writer, Zorrilla spent most of his life in penury until, in his old age, he received from the government an annual pension of 30,000 reales. He became a member of the Spanish Academy in 1885, and four years later he was "crowned" in Granada. Zorrilla died in Madrid in his seventy-sixth year.

See *Introduction*, p. xxxvii; an autobiography, *Recuerdos del tiempo viejo*, 3 vols.; Fernández Flórez, *D. José Zorrilla*, in *Autores dramáticos contemporáneos*, 1881, vol. I; Blanco García, I, 197–216; Juan Valera, *Florilegio*, V, 258–270. For his works, see *Poesías*, 8 vols., Madrid, 1838–1840; *Obras*, edition Baudry, 3 vols., Paris, 1852; *Poesías escogidas*, published by the Academia de la lengua, Madrid, 1894; *Obras dramáticas y líricas*, Madrid, 1895.

85. — 10. **Fantasmas** = *como fantasmas*.

86. — Á Buen Juez Mejor Testigo, *A Good Judge, But a Better Witness*. In Berceo's *Milagros de Nuestra Señora* there is a similar legend of a crucifix summoned as witness.

91. — 4–5. **Como . . . bañe:** this passage is obscure, but the meaning seems to be, *as a pledge that the river should so zealously bathe it*.

18. **la hermosa**, according to tradition, was Florinda, daughter of Count Julian. Roderick (Roderico or Rodrigo), the last king of the Goths in Spain, saw Florinda bathing in the Tagus, conceived a passion for her and dishonored her. In revenge Julian is said to have brought the Saracens into Spain.

27. **puerta:** this may refer to the Puerta Visagra Antigua, an ancient Arabic gate of the ninth century, now closed.

92. — 12. **Las . . . horadarle** = *al horadarle las palmas (al rey)*. According to tradition Alfonso, who became afterward King Alfonso VI of Leon and Castile, when a refugee at the court of Alimenón, the Moorish king of Toledo, overheard the Moorish sovereign and his advisers talking about the defences of the city. The Moors said that the Christians, by a siege, could probably starve Toledo into submission. Upon perceiving Alfonso near at hand apparently asleep, the Moors, to prove whether he was really asleep or not, poured molten lead into his hand, and he had sufficient will power to remain motionless while the lead burned a hole through it.

Mariana (*Historia de España, Libro IX, Cap. VIII*) relates this story, but rejects it and says that the real cause of Alfonso's nickname ("*el rey de la mano horadada*") was his extreme generosity.

13. **circo romano**: to the east of the *Hospital de San Juan Bautista* of Toledo lies the suburb of Covachuelas, the houses of which conceal the ruins of a Roman amphitheater.

15. **Basílica**: in the lower *Vega*, to the northwest of Toledo, is the hermitage of *El Cristo de la Vega*, formerly known as the *Basílica de Santa Leocadia*, which dated from the fourth century. This edifice was the meeting-place of several Church councils. The ancient building was destroyed by the Moors and has been repeatedly rebuilt.

95. — 21. **el templo**: the *Ermita del Cristo de la Vega*. See preceding note.

27. **Víase** = *vetase: vía*, for *veta*, is not uncommon in poetry.

105. — 3–5. **Gritan . . . valor** = *los que en el mercado venden, gritan en discorde son* lo **vendido y el valor** (= *what they have for sale and its price*).

107. — 13–14. **y . . . honor** = *y dispensad que (yo) dudara de vuestro honor acusado.*

108. — 10. See note, p. 92, l. 15.

112. — 16. **cada un año** = *cada año.*

Antonio de Trueba (1821–1889) was born at Monţellano (Viscaya). At the age of fifteen or sixteen years he removed to Madrid and engaged in commerce. In 1862 he was appointed Archivist and Chronicler of the Señorío de Vizcaya, which post he held for ten years. Trueba, best known as a writer of short stories, published two volumes of mediocre verses which achieved considerable popularity during the author's lifetime, but are now nearly forgotten.

Cf. *Notas autobiográficas* in *La Ilustración Española y*

Americana, Enero 30, 1889; Blanco García, II, 26–28 and 301–308; Juan Valera, *Florilegio*, V, 307–311. For his verses, see *El libro de los cantares* (1851) and *El libro de las montañas* (1867).

113. — 14. **Cantos:** note the double meaning of *canto*.

114. — José Selgas y Carrasco (1821–1882) was born in Murcia. A writer on the staff of the satirical and humorous journal, *El Padre Cobos*, Selgas won the attention of the public by his ironical and reactionary articles and was elevated to an important political office by Martínez Campos. He is the author of two volumes of verses, *La Primavera* (1850) and *El estío*.

See *Introduction*, p. xxxix; and Blanco García, II, 19–23 and 244–250. For Selgas' verses, see his *Poesías*, Madrid, 1882–1883.

117. — Pedro Antonio de Alarcón (1833–1891) was born in Guadix. He studied law, served as a volunteer in an African war and became a writer on the staff of several revolutionary journals. His writings, which at first were sentimental or radical, became more subdued in tone and more conservative with his advancing years. In 1877 he was elected to membership in the Spanish Academy. Primarily a journalist and novelist, Alarcón published a volume of humorous and descriptive verses, some of which have merit.

Cf. Blanco García, II, 62–63 and 452–467; and articles in the *Nuevo Teatro Crítico* (Sept., Oct. and Nov., 1891). For his verses, see *Poesías serias y humorísticas*, 3d ed., Madrid, 1885.

121. — Gustavo Adolfo Bécquer (1836–1870) was born in Seville, and became an orphan in his tenth year. When eighteen years of age he went penniless to Madrid, where he earned a precarious living by writing for journals and by doing literary hack-work.

See *Introduction*, p. xxxix; Blanco García, II, 79–86 and 274–

277. For his works, see his *Obras*, 5th ed., Madrid, 1898 (with a *Prólogo* by Correa: the *Rimas* are in vol. III).

122. — 12–13. **Del salón** ... olvidada = *en el ángulo obscuro del salón, tal vez olvidada de su dueño.* Bécquer, in his striving after complicated metrical arrangements, often inverts the word-order in his verse. See also *Introduction, Versification*, p. lxxii.

19. **arrancarlas: las** refers to **Cuánta nota**, which seems to have here the force of a plural.

24. See *Introduction, Versification*, p. lxv.

124. — 14. **intérvalo**: the standard form is *intervalo*.

126. — 12. **El nicho á un extremo**: the meaning is, *one end of the recess*, in which the coffin will be placed. The graveyards of Spain and Spanish America have lofty walls with niches or recesses large enough to contain coffins. After receiving the coffin, the niche is sealed with a slab that bears the epitaph of the deceased.

128. — The Valencian Vicente W. Querol (1836–1889) gave most of his time to commerce, but he occasionally wrote verses that had the merit of correctness of language and strong feeling.

Cf. Blanco García, II, 376–378. For his verses, see *Rimas* (*Prólogo* by Pedro A. de Alarcón), 1877; *La fiesta de Venus*, in the *Almanaque de la Ilustración*, 1878.

7. **Ó en el que** = *ó en el día en que:* the reference is to the anniversaries of the wedding day and the saints' days of the parents.

129. — 19. **las que** ... **son**, *what is* ...

131. — 15–16. **la que** ... **agonía** = *la lenta agonía que sufristeis* ...

133. — Ramón de Campoamor y Campoosorio (1817–1901) was born in Navia (Asturias). He studied medicine but soon turned to poetry and politics. A pronounced conservative, he won favor with the government and received appointment to several important offices including that of governor of Alicante and Valencia.

Cf. *Introduction*, p. xli; Juan Valera, *Obras poéticas de Campoamor*, in *Estudios críticos sobre literatura*, Seville, 1884; Peseux-Richard, in the *Revue hispanique*, I, 236 f.; Blanco García, II, Cap. V. For his works, see *Doloras y cantares*, 16th ed., Madrid, 1882; *Los pequeños poemas*, Madrid, 1882–1883; *Poética*, 1883; *El drama universal*, 3d ed., Madrid, 1873; *El licenciado Torralba*, Madrid, 1888; *Obras escogidas*, Leipzig, 1885–1886; *Obras completas*, 8 vols., Madrid, 1901–03.

135. — 3. **se va y se viene y se está:** note the use of *se* in the sense of *people*, or an indefinite *we*.

5. **Y . . . procura** = *y si tu afecto no procura volver.*

136. — 18. See note, p. 3, l. 7.

137. — Valladolid was the birthplace of Gaspar Núñez de Arce (1834–1903). When a child, he removed with his family to Toledo. At the age of nineteen years he entered upon a journalistic career in Madrid. As a member of the Progresista party, Núñez de Arce was appointed Civil Governor of Barcelona, and afterward he became a cabinet minister.

Cf. *Introduction*, p. xlii; Menéndez y Pelayo's essay in *Estudios de crítica literaria*, 1884; Juan Valera's essay on the *Gritos del combate*, *Revista europea*, 1875, no. 60; Blanco García, Cap. XVIII; José del Castillo, *Núñez de Arce, Apuntes para su biografía*, Madrid, 1904. For his works, see *Gritos del combate*, 8th ed., 1891; *Obras dramáticas*, Madrid, 1879. Most of his longer poems are in separate pamphlets, published by M. Murillo and Fernando Fe, Madrid, 1895–1904.

137. — *Tristezas* shows unmistakably the influence of the French poet Alfred de Musset, and especially perhaps of his *Rolla* and *Confession d'un enfant du siècle.*

138. — 16 f. Compare with the author's *La duda* and *Miserere*, and Bécquer's *La ajorca de oro.*

142. — 1-3. The poet seems to compare the nineteenth century, amidst the flames of furnaces and engines, to the fallen archangel in hell.

16. **mística**, that is, of communion with God, heavenly.

144. — ¡Sursum Corda!: the lines given are merely the introduction to the poem, and form about one fourth of the entire work. They were written soon after the Spanish-American War. See *Sursum Corda!*, Madrid, 1904; and also Juan Valera's *Florilegio*, IV, 413 f.

8. The plains of Old Castile may well be called "austere."

145. — 10-16. Cf. *Á España* (1866) and *Á Castelar* (1873).

147. — 11-19. There are few stronger lines than these in all Spanish poetry.

148. — Manuel del Palacio (1832-1895) was born in Lérida. His parents removed to Granada, and there he joined a club of young men known as La Cuerda. Going to Madrid, he devoted himself to journalism and politics, first as a radical and later as a conservative.

Cf. Blanco García, II, 40. For his works, see his *Obras*, Madrid, 1884; *Veladas de otoño*, 1884; *Huelgas diplomáticas*, 1887.

5. **el ave placentera**: a well-known Spanish-American poet calls this a mere *ripio* (stop-gap), and says it may mean one bird as well as another.

The Catalan Joaquín María Bartrina (born at Reus in 1850) published in 1876 a volume of pessimistic and iconoclastic verses, entitled *Algo*. After his death (1880) his works were published under the title of *Obras en prosa y verso, escogidas y coleccionadas por J. Sardá*, Barcelona, 1881. Cf. Blanco García, II, 349-350.

148. — 15-19. These lines give expression to the pessimism that has obtained in Spain for two centuries past.

149. — 14. The reference is, of course, to the paintings, of which there are many, of "The Last Supper" of Jesus.

Manuel Reina (1860-   ) was born in Puente Genil. Like

Bartrina, Reina is an imitator of Núñez de Arce, in that he sings of the degeneracy of mankind. He undertook, with but little success, to revive the eleven-syllable *romance* of the neo-classic Spanish tragedy of the eighteenth century.

Cf. Blanco García, II, 354–355. For his verses, see *Andantes y allegros* and *Cromos y acuarelas, cantos de nuestra época, con un prólogo de D. José Fernández Bremón*.

The Valencian Teodoro Llorente (b. 1836) is best known for his translations of the works of modern poets. He is also the author of verses (*Amorosas, Versos de la juventud, et al.*).

151. — Argentina. The development of letters was slower in Argentina than in Mexico, Peru and Colombia, since Argentina was colonized and settled later than the others. During the colonial period there was little literary production in the territory now known as Argentina. Only one work of this period deserves mention. This is *Argentina y conquista del río de la Plata*, etc. (Lisbon, 1602), by Martín del Barco Centenera, a long work in poor verses and of little historical value. During the first decade of the nineteenth century there was an outpouring of lyric verses in celebration of the defeat of the English by the Spaniards at Buenos Aires, but to all of these Gallego's ode *Á la defensa de Buenos Aires* is infinitely superior.

During the revolutionary period the best-known writers, all of whom may be roughly classified as neo-classicists, were: Vicente López Planes (1784–1856), author of the Argentine national hymn; Esteban Luca (1786–1824); Juan C. Lafinur (1797–1824); Juan Antonio Miralla (d. 1825); and, lastly, the most eminent poet of this period, Juan Cruz Varela (1794–1839), author of the dramas *Dido* and *Argia*, and of the ode *Triunfo de Ituzaingó* (*Poesías*, Buenos Aires, 1879).

The first Argentine poet of marked ability, and one of the greatest that his country has produced, was the romanticist (who introduced romanticism into Argentina directly from

France), Esteban Echeverría (1805–1851), author of *Los Consuelos* (1834), *Rimas* (1837) and *La cautiva*. The latter poem is distinctively "American," as it is full of local color. Juan Valera, in his letter to Rafael Obligado (*Cartas americanas, 1ª serie*), says truly that Echeverría "marks the point of departure of the Argentine national literature." (*Obras completas*, 5 vols., Buenos Aires, 1870–74).

Other poets of the early period of independence are: the literary critic, Juan María Gutiérrez (1809–1878), one-time rector of the University of Buenos Aires and editor of an anthology, *América poética* (Valparaíso, 1846); Dr. Claudio Mamerto Cuenca (1812–1866; cf. *Obras poéticas escogidas*, Paris, 1889); and José Mármol (1818–1871), author of *El peregrino* and of the best of Argentine novels, *Amalia* (*Obras poéticas y dramáticas, coleccionadas por José Domingo Cortés*, 3d ed., Paris, 1905).

In parenthesis be it said that Argentina also claims as her own the poet Ventura de la Vega (1807–1865), who was born in Buenos Aires, as Mexico claims Juan Ruiz de Alarcón, and as Gertrudis Gómez de Avellaneda is claimed by Cuba.

As in Spain Ferdinand VII had driven into exile most of the prominent writers of his period, so the despotic president, Juan Manuel Rosas (1793–1877: fell from power in 1852), drove from Argentina many men of letters, including Varela, Echeverría and Mármol.

Down to the middle of the nineteenth century it may be said that the Spanish-American writers followed closely the literary movements of the mother country. Everywhere across the sea there were imitators of Meléndez Valdés and Cienfuegos, of Quintana, of Espronceda and Zorrilla. During the early years of romanticism some Spanish-American poets, — notably the Argentine Echeverría, — turned for inspiration directly to the French writers of the period; but, in the main, the Spanish influence was predominant. The Spanish-

American verses, for the most part, showed insufficient preparation and were marred by many inaccuracies of diction; but here and there a group of writers appeared, — as in Colombia, — who rivaled in artistic excellence the poets of Spain. In the second half of the nineteenth century the Spanish-American writers became more independent in thought and speech. It is true that many imitated the mysticism of Bécquer or the pessimism of Núñez de Arce, but many more turned for inspiration to native sujects or to the literary works of other lands than Spain, and particularly of France and Italy.

The extreme in local color was reached in the "*literatura gauchesca*," which consists of collections of popular or semi-popular ballads in the dialect of the *gauchos*, or cowboys and "ranchers," of the Pampas. The best of these collections, — *Martín Fierro* (1872), by José Fernández, — is more artistic than popular. This long poem, which in its language reminds the English reader of Lowell's *Biglow Papers*, is the best-known and the most widely read work by an Argentine author.

The greatest Argentine poets of the second half of the century have been Andrade and Obligado. Olegario Víctor Andrade (1838–1882), the author of *Prometeo* and *Atlántida*, is generally recognized as one of the foremost modern poets of Spanish America, and probably the greatest poet that Argentina has as yet given to the world. In art, Andrade was a disciple of Victor Hugo; in philosophy, he was a believer in modern progress and freedom of thought; but above all else was his loyal patriotism to Argentina. Andrade's verses have inspiration and enthusiasm, but they are too didactic and they are marred by occasional incorrectness of speech. *Atlántida*, a hymn to the future of the Latin race in America, is the poet's last and noblest work (*Obras*, Buenos Aires, 1887).

It is said of Rafael Obligado (1852–) that he is more

elegant and correct than Andrade, but his muse has less inspiration. He has, moreover, the distinction of showing almost no French influence, which is rare to-day among Spanish-American writers. Juan Valera regrets Obligado's excessive " Americanism," and laments the fact that the poet uses many words of local origin that he, Valera, does not understand. The poet's better works are, for the most part, descriptions of the beauties of nature or the legendary tales of his native land (*Poesías*, Buenos Aires, 1885).

Among recent poets, two have especially distinguished themselves. Leopoldo Díaz (1868–) began as a disciple of Heredia, and has become a pronounced Hellenist, now a rare phenomenon in Spanish America. Besides many sonnets imbued with classicism, he has written odes to the *conquistadores* and to *Atlántida conquistada*. Like Darío, Blanco-Fombona and many other Spanish-American poets of to-day, Díaz resides in Europe; but, unlike the others, he lives in Morges instead of Paris (*Sonetos*, Buenos Aires, 1888; *Bajo-relieves*, Buenos Aires, 1895; *et al.*). A complete "*modernista*" (he would probably scorn the title of "decadent") is Leopoldo Lugones (1875?–), whose earlier verses are steeped in an erotic sensualism rare in the works of Spanish-American poets. He seeks to be original and writes verses on every conceivable theme and in all kinds of metrical arrangements. Thus, in *Lunario sentimental* there are verses, essays and dramatic sketches, all addressed to the moon. For an example of his *versos libres*, see *Introduction* to this volume, p. xlvi (*Las montañas de oro, Los crepúsculos del jardín; Lunario sentimental*, Buenos Aires, 1909; *Odas seculares*, Buenos Aires, 1910).

For studies of Argentine literature, see Blanco García, *Hist. Lit. Esp.*, III, pp. 380 f.; Menéndez y Pelayo, *Ant. Poetas Hisp.-Am.*, IV, pp. lxxxix f.; Juan Valera, *Poesía argentina*, in *Cartas americanas*, 1ª serie, Madrid, 1889, pp. 51–

119; *Literatura argentina*, Buenos Aires, 1903; *Poetas argentinos*, Buenos Aires, 1904; *Antología argentina*, B. T. Martínez, Buenos Aires, 1890–91; *Compendio de literatura argentina*, E. Alonso Criado, Buenos Aires, 1908; *Miscelánea*, by Santiago Estrada; *La lira argentina*, Buenos Aires, 1824. Other important works, treating of Spanish-American literature, are: *Biblioteca hispano-americana* (1493–1810), José Toribio Medina, 6 vols., Santiago de Chile, 1898–1902; *Bibliography of Spanish-American Literature*, Alfred Coester, *Romanic Review*, III, 1; *Escritores hispano-americanos*, Manuel Cañete, Madrid, 1884; *Escritores y poetas sud-americanos*, Francisco Sosa, Mex., 1890; *Juicio crítico de poetas hispano-americanos*, M. L. Amunátegui, Santiago de Chile, 1861; *La joven literatura hispano-americana*, Manuel Ugarte, Paris, 1906.

Echeverría: see preceding note.

Canción de Elvira. This Gutiérrez calls the "song of the American Ophelia."

152. — Andrade: see note to p. 151.

18. **Á celebrar las bodas,** *to be the bride.*

153. — 3. The Argentines, especially, seem to take delight in calling themselves a Latin, rather than a Spanish, race. This may be due to the fact that fully one third of the population of Argentine is Italian. Both Juan Valera and Menéndez y Pelayo have chided the Argentines for speaking of themselves as a *raza latino-americana*, instead of *hispano-americana*.

15. **arcano,** *secret*, seems to have the force here of a *secret ark*, or *secret sanctuary*, which is broken open that its secrets may be disclosed.

154. — 6–10. These lines refer, of course, to the Christian religion, spoken of symbolically as an *altar*, which has replaced the heterogeneous pagan cults of ancient Rome, and which the Spaniards first brought to America.

11. **ciclopeas:** note the omission of the accent on *o* that the word may rime with **ideas.**

155. — 5. **Tequendama:** see in the *Vocab.* Several Colombian poets, including Don José Joaquín Ortiz and Doña Agripina Montes del Valle, have written odes to this famous waterfall. See Menéndez y Pelayo, *Ant. Poetas Hisp.-Am.,* II; and *Parnaso colombiano,* II, Bogotá, 1887.

17–18. A revolutionary hero, Antonio Ricaurte (b. 1786), blew up the Spanish powder magazine on the summit of a hill near San Mateo, and lost his life in the explosion. See **Mateo** in *Vocab.*

156. — 5. The colors of the Peruvian flag are red and white, mainly red. The red, — symbolical of bloodshed, — shall be largely replaced by the golden color of ripening grain, — symbolical of industry.

8. Caracas, where Bolivar was born, lies at the foot of Mount Ávila.

11. This line, and line 16, would indicate that **Atlántida** was written soon after the war, begun in 1876, between Chile and the allied forces of Bolivia and Peru, in which Chile was victorious.

12–15. When this was written there was little immediate prospect of other railways than the narrow-gage road from Oruro to the Chilean frontier, about five hundred miles in length; but now Bolivia has the promise of becoming the railway center of lines connecting both Argentina and Chile with Peru. These lines are now completed or building.

27. Andrade died in 1882, and seven years after his death, in 1889, the emperor Dom Pedro II was deposed, and a republican form of government was adopted by Brazil.

157. — 3. Andrade now sings of his own country, hence ¡De pie para cantarla!

8. There is a larger immigration of Europeans into Argentina than into any other South-American country. The

immigrants come mostly from northern Italy and from
Spain.

12–16. As the **Atlántida** was the last poetic work of Andrade,
these lines may refer to the treaty of 1881 between Argentina
and Chile, by which Argentina acquired all the territory east
of the Andes, including Patagonia and the eastern part of
Tierra del Fuego.

By the conquest and settlement of the broad plains (*pampas*) and the frozen region of the south, a new world was
created, much as in the United States of America a new world
was created by the acquirement and settlement of the western
plains, mountain lands and Pacific coast.

21. Vast areas in Argentina are given over to the cultivation of wheat, barley and oats.

159.—These are the last stanzas of **Prometeo**, a poem in
which the author addresses the human mind and urges it to
break its bonds and free itself from tyranny and prejudice:
see also in *Vocab*.

160. — Obligado: see note to p. 151.

162. — **Colombia.** Colombia was formerly known as Nueva
Granada, and its inhabitants are still sometimes called *Grana-
dinos*. An older and larger Colombia was organized in 1819,
toward the close of the revolutionary war; but this state was
later divided into three independent countries, viz., Venezuela,
Nueva Granada and Ecuador. In 1861 Nueva Granada assumed the name of Estados Unidos de Colombia, and only
recently the Colombian part of the Isthmus of Panama
established itself as an independent republic. The present
Colombia has, therefore, only about one third the area of the
older state of the same name. In treating of literature, the
terms Colombia and Colombian are restricted to the present-
day Colombia and the older Nueva Granada. The capital
of the Republic is Santa Fe de Bogotá, to-day generally
known simply as Bogotá. It is at an elevation of 8700 feet

above the level of the sea, and has a cool and equable climate.

It is generally conceded that the literary production of Colombia has excelled that of any other Spanish-American country. Menéndez y Pelayo (*Ant. Poetas Hisp.-Am.*, III, *Introd.*) speaks of Bogotá as the "Athens of South America," and says further: "the Colombian Parnassus to-day excels in quality, if not in quantity, that of any other region of the New World." And Juan Valera in his *Cartas americanas* (1ª serie, p. 121 f.) says: "Of all the people of South America the Bogotanos are the most devoted to letters, sciences and arts"; and again: "In spite of the extraordinary ease with which verses are made in Colombia, and although Colombia is a democratic republic, her poetry is aristocratic, cultivated and ornate." Blanco García characterizes Colombia as one of the most Spanish of American countries.

During the colonial period, however, Nueva Granada produced few literary works. Gonzalo Jiménez de Quesada, the *conquistador* of New Granada, wrote memoirs, entitled *Ratos de Suesca* (1573?), of little historical value. The most important work of the period is the chronicles in verse of Juan de Castellanos (b. 1522? in the Spanish province of Seville). This work is largely epic in character; and, with its 150,000 lines, it is the longest poem in the Spanish language. Though for the most part prosaic and inexact, yet it has some passages of high poetic worth, and it throws much light on the lives of the early colonists. The first three parts of the poem, under the title of *Elegías de varones ilustres de Indias* (the first part only was published in 1589), occupies all of vol. IV of the *Bibl. de Aut. Esp.* The fourth part is contained in two volumes of the *Colección de Escritores Castellanos*, under the title of *Historia del Nuevo Reino de Granada*.

In the seventeenth century the colonists were still too busy with the conquest and settlement of the country to spare time for the cultivation of letters. A long epic poem, the *Poema heroico de San Ignacio de Loyola*, with much Gongorism and little merit, was published at Madrid in 1696, after the death of the author, the Colombian Hernando Domínguez Camargo. A few short lyrics by the same author also appeared in the *Ramillete de varias flores poéticas* (Madrid, 1676) of Jacinto Evia of Ecuador.

Early in the eighteenth century Sor Francisca Josefa de la Concepción, "Madre Castillo" (d. 1742), wrote an account of her life and her *Sentimientos espirituales*, in which there is much of the mysticism of Saint Theresa.

About 1738 the printing-press was brought to Bogotá by the Jesuits, and after this date there was an important intellectual awakening. Many colleges and universities had already been founded, — the first in 1554. The distinguished Spanish botanist José Celestino Mutis, in 1762, took the chair of mathematics and astronomy in the Colegio del Rosario, and under him were trained many scientists, including Francisco José de Caldas. An astronomical observatory was established, the first in America. In 1777 a public library was organized, and a theater in 1794. And of great influence was the visit of Humboldt in 1801. Among the works published in the second half of the eighteenth century mention should be made of the *Lamentaciones de Pubén* by the canon José María Grueso (1779–1835) and *El placer público de Santa Fe* (Bogotá, 1804) by José María Salazar (1785–1828).

During the revolutionary period two poets stand preeminent. Dr. José Fernández Madrid (d. 1830) was a physician and statesman, and for a short time president of the Republic. His lyrics are largely the expression of admiration for Bolivar and of hatred toward Spain: his verses are usually sonorous and correct (*Poesías*, Havana, 1822; London, 1828). The "Chénier" of Colombia was Luis Vargas Tejada (1802–1829), the author of patriotic verses, some of which were directed

against Bolivar, and of neo-classic tragedies. He died by
drowning at the age of twenty-seven (*Poesías*, Bogotá, 1855).

The four most noted poets of Colombia are J. E. Caro,
Arboleda, Ortiz and Gutiérrez González. A forceful lyric
poet was José Eusebio Caro (1817–1853), a philosopher and
statesman, a man of moral greatness and a devout Christian.
In the bloody political struggles of his day he sacrificed his
estate and his life to his conception of right. He sang of God,
love, liberty and nature with exaltation; but all his writings
evince long meditation. Like many Spanish-American poets of
his day Caro was influenced by Byron. In his earlier verses
he had imitated the style of Quintana (cf. *El ciprés*); but later,
under the influence of romantic poets, he attempted to introduce into Spanish prosody new metrical forms. Probably as
a result of reading English poetry, he wrote verses of 8 and
11 syllables with regular alternation of stressed and unstressed
syllables, which is rare in Spanish. So fond did he become of
lines with regular binary movement throughout that he re-
cast several of his earlier verses (*Obras escogidas*, Bogotá, 1873;
Poesías, Madrid, 1885).

Julio Arboleda (1817–1861), "Don Julio," was one of the
most polished and inspired poets of Colombia. He was an
intimate friend of Caro and like him a journalist and politician. He was a good representative of the chivalrous and
aristocratic type of Colombian writers of the first half of the
nineteenth century. His best work is the narrative poem
Gonzalo de Oyón which, though incomplete, is the noblest epic
poem that a native Spanish-American poet has yet given to
the world. After studying in Europe he engaged in journalism and politics. He took part in several civil wars. A can-
didate for the presidency of the Republic, he was assassinated
before election (*Poesías, colección formada sobre los manuscritos
originales, con prólogo por M. A. Caro*, New York, 1883).

The educator and journalist José Joaquín Ortiz (1814–

1892) imitated Quintana in form but not in ideas. Though
a defender of neo-classicism, he did not entirely reject romanticism. Ortiz was an ultra-catholic, sincere and ascetic.
His verses are impetuous and grandiloquent, but often lacking depth of thought (*Poesías*, Bogotá, 1880).

The poet Gregorio Gutiérrez González, "Antioco" (1820–
1872), was a jurist and politician. He began as an imitator of
Espronceda and Zorrilla and is the author of several sentimental poems (*Á Julia, ¿Por qué no canto? Una lágrima, et
al.*) that are the delight of Colombian young ladies. His fame
will doubtless depend on the rustic Georgic poem, *Memoria
sobre el cultivo del maíz en Antioquia*. This work is an interesting and remarkably poetic description of the homely life
and labors of the Antioquian country folk (*Poesías*, Bogotá,
1881; Paris, 1908).

The minor poets of this generation are legion. Among
these are: Manuel María Madiedo (b. 1815), a sociologist;
Germán Gutiérrez de Piñeres (1816–1872), author of melancholy verses; José María Rojas Garrido (1824–1883), a noted
orator, one-time president of Colombia; Joaquín Pablo Posada
(1825–1880), perhaps the most clever versifier of Spanish
America, but whose *décimas* were mostly written in quest of
money; Ricardo Carrasquilla (b. 1827), an educator and
author of genial verses; José Manuel Marroquín (b. 1827), a
poet and author of articles on customs and a foremost humorist of South America (he was president when Colombia lost
Panama); José María Samper (b. 1828), a most voluminous
writer; Rafael Núñez (1825–1897), a philosopher and skeptic,
and one-time president of the Republic; Santiago Pérez (1830–
1900), educator, journalist and one-time president; José María
Vergara y Vergara (1831–1872), a Catholic poet and author of
a volume of sentimental verses (*Libro de los cantares*); Rafael
Pombo (1833–1912), an eminent classical scholar and literary
critic, and "perpetual secretary" of the Colombian Academy;

Diego Fallón (b. 1834), son of an English father, and author of several highly finished and beautiful poems; Pinzón Rico (b. 1834), author of popular, romantic songs; César Conto (b. 1836), a jurist and educator; Jorge Isaacs (1837–1895), better known as author of the novel *María;* and Felipe Pérez (b. 1834).

In the second half of the nineteenth century, the most eminent man of letters in Colombia has been Miguel Antonio Caro (1843–1909), a son of J. E. Caro. A neo-Catholic and "traditionalist," a learned literary critic and a poet, the younger Caro, like Bello before him and like his distinguished contemporary Rufino José Cuervo, has worked for purity of diction and classical ideals in literature. Caro is also the translator of several classic works, including one of Virgil which is recognized as the best in Spanish.

Other poets of the closing years of the century are: Diógenes Arrieta (b. 1848), a journalist and educator; Ignacio Gutiérrez Ponce (1850), a physician; Antonio Gómez Restrepo (b. 1856), a lawyer and politician; José María Garavito A. (b. 1860); José Rivas Groot (b. 1864), an educator and literary critic, and editor of *La lira nueva;* Joaquín González Camargo (b. 1865), a physician; Agripina Montes del Valle (b. about the middle of the nineteenth century) noted for her ode to the Tequendama waterfall, and Justo Pastor Ríos (1870–   ), a philosophic poet and liberal journalist.

The "modernista" poet José Asunción Silva (1860–1896) was a sweet singer, but he brought no message. He was fond of odd forms, such as lines of 8+8, 8+8+8 and 8+8+4 syllables (*Poesías, con Prólogo de Miguel de Unamuno*, Barcelona, 1908).

References: Cf.: Menéndez y Pelayo, *Ant. Poetas Hisp.-Amer.*, III, p. 1 f.; Blanco García, III, 332 f.; Juan Valera, *Cartas Am.*, 1ª serie, p. 121 f.; *Historia de la literatura* (1538–1820) *en Nueva Granada*, José María Vergara y Vergara, Bogotá, 1867; *Apuntes sobre bibliografía colom-*

biana, con muestras escogidas en prosa y verso, Isidoro Laverde Amaya, Bogotá, 1882; *Parnaso colombiano,* J. M. Vergara y Vergara, 3 vols.; *La lira granadina,* J. M. Vergara y Vergara, Bogotá, 1865; *Parnaso colombiano,* Julio Áñez, *con Prólogo de José Rivas Groot,* 2 vols., Bogotá, 1886–87; *La lira nueva,* J. M. Rivas Groot, Bogotá, 1886; *Antología colombiana,* Emiliano Isaza, Paris, 1895.

Ortiz: see preceding note.

Colombia y España: In this poem, dated July 20, 1882, the poet begins by recalling the war of independence that he witnessed as a boy and the heroic figure of Bolivar; then he laments the fratricidal struggles that rent the older and larger Colombia; and, finally, in the verses that are here given, he rejoices over the friendly treaty just made by the mother country, Spain, and Colombia, her daughter.

8. The colors of the Colombian flag are yellow, blue and red.

9. The colors of the Spanish flag are red and yellow. On the Spanish arms two castles (for *Castilla*) and two lions (for *León*) are pictured.

164. — J. E. Caro: see note to p. 162.

167. — Marroquín: see note to p. 162.

Los cazadores y la perrilla: compare with Goldsmith's "Elegy on the Death of a Mad Dog."

168. — 7. **Moratín:** see note to p. 26. *La caza* is in *Bibl. de Aut. Esp.,* II, 49 f.

169. — 16. **describilla,** archaic or poetic for *describirla.*

171. — M. A. Caro: see note to p. 162.

174. — 14–16. **sombría . . . alcanzarán** = (*siendo la Eternidad) sombría y eterna, ni el odio ni el amor, ni la fe ni la duda, alcanzarán nada en sus abismos.*

179. — **Cuba.** Although the literary output of Cuba is greater than that of some other Spanish-American countries, yet during the colonial period there was in Cuba a dearth of both prose and verse. The Colegio Semanario de San Carlos

y San Ambrosio was founded in 1689 as a theological seminary
and was reorganized with lay instruction in 1769. The University of Havana was established by a papal bull in 1721
and received royal sanction in 1728; but for many years it
gave instruction only in theological subjects. The first book
printed in Cuba dates from 1720. Not till the second half of
the eighteenth century did poets of merit appear in the island.
Manuel de Zequeira y Arango (1760–1846) wrote chiefly
heroic odes (*Poesías*, N. Y., 1829; Havana, 1852). Inferior to
Zequeira was Manuel Justo de Rubalcava (1769–1805), the
author of bucolic poems and sonnets (*Poesías*, Santiago de
Cuba, 1848).

The Cuban poet Don José María Heredia (1803–1839) is
better known in Europe and in the United States than Bello
and Olmedo, since his poems are universal in their appeal.
He is especially well known in the United States, where he
lived in exile for over two years (1823–1825), at first in Boston
and later in New York, and wrote his famous ode to Niagara. Born in Cuba, he studied in Santo Domingo and in
Caracas (1812–1817), as well as in his native island. Accused
of conspiracy against the Spanish government, he fled to the
United States in 1823, and there eked out a precarious existence by giving private lessons. In 1825 he went to Mexico,
where he was well received and where he held several important posts, including those of member of Congress and
judge of the superior court. In Heredia's biography two facts
should be stressed: that he studied for five years in Caracas,
the city that produced Bolivar and Bello, respectively the
greatest general and the greatest scholar of Spanish America;
and that he spent only twelve years, all told, in Cuba. As
he lived for fourteen years in Mexico, that country also claims
him as her own, while Caracas points to him with pride as
another child of her older educational system.

Heredia was most unhappy in the United States. He ad-

mired the political institutions of this country; but he disliked
the climate of New York, and he despaired of learning English.
Unlike Bello and Olmedo he was not a classical scholar. His
acquaintance with the Latin poets was limited, and seldom
does a Virgilian or Horatian expression occur in his verses.
Rather did he stand for the manner of Chateaubriand in
France and Cienfuegos in Spain. Though strictly speaking
not a romantic poet, he was a close precursor of that movement. His language is not seldom incorrect or lacking in
sobriety and restraint; but his numbers are musical and his
thought springs directly from imaginative exaltation.

Heredia's poorest verses are doubtless his early love-songs:
his best are those in which the contemplation of nature leads
the poet to meditation on human existence, as in *Niágara, El
Teocalli de Cholula, En una tempestad* and *Al sol.* In these
poems the predominant note is that of gentle melancholy. In
Cuba his best known verses are the two patriotic hymns:
Á Emilia and *El himno del desterrado.* These were written
before the poet was disillusioned by his later experiences in
the turbulent Mexico of the second and third decades of the
nineteenth century, and they are so virulent in their expression of hatred of Spain that Menéndez y Pelayo refused to
include them in his *Anthology.* Heredia undertook to write
several plays, but without success. Some translations of
dramatic works, however, were well received, and especially
those of Ducis' *Abufar,* Chénier's *Tibère,* Jouy's *Sila,* Vol-
taire's *Mahomet* and Alfieri's *Saul.* The Garnier edition
(Paris, 1893) of Heredia's *Poesías* contains an interesting
introduction by the critic Elías Zerolo (*Poesías,* N. Y., 1825;
Toluca, 1832; N. Y., 1875; Paris, 1893).

The mulatto poet Gabriel de la Concepción Valdés, better known by his pen-name "Plácido" (1809–1844), an
uncultivated comb-maker, wrote verses which were mostly
commonplace and often incorrect; but some evince remark-

àble sublimity and dignity (cf. *Plegaria á Dios*). Cf. *Poesías*, Matanzas, 1838; Matanzas, 1842; Veracruz, 1845; Paris, 1857; Havana, 1886. The greatest Cuban poetess, and perhaps the most eminent poetess who has written in the Castilian language, is Gertrudis Gómez de Avellaneda y Arteaga (1814–1873). Since Avellaneda spent most of her life in Spain, an account of her life and work is given in the *Introduction* to this volume, p. xxxviii. Next only to Heredia, the most popular Cuban poet is José Jacinto Milanés y Fuentes (1814–1863), who gave in simple verse vivid descriptions of local landscapes and customs. A resigned and touching sadness characterizes his best verse (*Obras*, 4 vols., Havana, 1846; N. Y., 1865).

A lawyer, educator and patriot, Rafael María Mendive y Daumy (1821–1886) wrote musical verse in which there is spontaneity and true poetic feeling (*Pasionarias*, Havana, 1847; *Poesías*, Madrid, 1860; Havana, 1883). Joaquín Lorenzo Luaces (1826–1867) was more learned than most Cuban poets and fond of philosophizing. Some of his verse has force and gives evidence of careful study; but much is too pedantic to be popular (*Poesías*, Havana, 1857). A poet of sorrow, Juan Clemente Zenea, — "Adolfo de la Azucena" (1832–1871), — wrote verses that are marked by tender melancholy (*Poesías*, Havana, 1855; N. Y., 1872, 1874).

Heredia was not the only Cuban poet to suffer persecution. Of the seven leading Cuban poets, often spoken of as "the Cuban Pleiad," Avellaneda removed to Spain, where she married and spent her life in tranquillity; and Joaquín Luaces avoided trouble by living in retirement and veiling his patriotic songs with mythological names. On the other hand José Jacinto Milanés lost his reason at the early age of thirty years, José María Heredia and Rafael Mendive fled the country and lived in exile; while Gabriel Valdés and Juan Clemente Zenea were shot by order of the governor-general.

Since the disappearance of the "Pleiad," the most popular

Cuban poets have been Julián del Casal, a skeptic and a Parnassian poet who wrote pleasing but empty verses (*Hojas al viento, Nieve, Bustos y Rimas*); and Francisco Sellén, whose philosophy is to conceal suffering and to put one's hand to the plow again (*Libro íntimo*, Havana, 1865; *Poesías*, N. Y., 1890). José Martí (1853–1895) spent most of his life in exile; but he returned to Cuba and died in battle against the Spanish forces. He wrote excellent prose, but few verses (*Flor y lava*, Paris, 1910(?)).

References: Menéndez y Pelayo, *Ant. Poetas Hisp.-Am.*, II, p. 1 f.; Blanco García, III, p. 290 f.; E. C. Hills, *Bardos cubanos* (contains a bibliography), Boston, 1901; Aurelio Mitjans, *Estudio sobre el movimiento científico y literario en Cuba*, Havana, 1890; Bachiller y Morales, *Apuntes para la historia de las letras y de la instrucción pública de la Isla de Cuba*, Havana, 1859; *La poesía lírica en Cuba*, M. González del Valle, Barcelona, 1900; *Cuba poética*, Havana, 1858; *Parnaso cubano*, Havana, 1881.

Heredia: see preceding note.

5. This is quite true. On the coast of central and southern Mexico the climate is tropical; on the central plateau it is temperate; and on the mountain slopes, as at the foot of Popocatepetl, it is frigid.

13–14. **Iztaccíhual** and **Popocatepec** are the popular names of these mountains, but their official names are *Iztaccíhuatel* and *Popocatépetel*. These words are of Nahuatlan origin: see in *Vocab.*

16–18. do . . . **teñirse** = *donde el indio ledo los mira teñirse en púrpura ligera y oro.*

181. — 3. This poem was written in the fourth decade of the nineteenth century, when Mexico was torn by civil war. There was peace only when some military leader assumed despotic power.

21. Note that the moon set behind **Popocatepec**, a little to the south of west from Cholula, while the sun sank behind

Iztaccíhual, a little to the north of west from the city. This might well occur in summer.

182. — 14. **Fueron** (lit. *they were*), *they are no more.* In this Latinism the preterit denotes that a thing or condition that once existed no longer exists. Cf. *fuit Ilium* (*Æneid*, II, 325), "Troy is no more."

186. — 4-5. **Que . . . seguir** = *que, en su vuelo, la turbada vista quiere en vano seguir.*

190. — "Plácido": see note to p. 179.

Plegaria á Dios: this beautiful prayer was written a few days before the poet's death. It is said that "Plácido" recited aloud the last stanza on his way to the place of execution, and that he slipped to a friend in the crowd a scrap of cloth on which the prayer was written.

191. — 4. **del . . . transparencia** = *á* (in) *la clara transparencia del aire.*

Avellaneda: see *Introduction*, p. xxxviii.

19. **No . . . modelo** = (*la historia*) *no* [*dió*] *modelo á tu virtud en lo pasado.*

21. **otra** = *otra copia.*

192. — 1-2. **Miró . . . victoria** = *la Europa miró al genio de la guerra y la victoria ensangrentar su suelo.* The **genio** was Napoleon Bonaparte.

4. **Al . . . cielo** = *el cielo le diera al genio del bien.* Note that **le** is dative and **al genio** accusative. This otherwise admirable sonnet is marred by the numerous inversions of the word-order.

193. — **Ecuador** is a relatively small and mountainous country, lying, as the name implies, directly on the equator. The two principal cities are Guayaquil, a port on the Pacific coast, and Quito, the capital. Quito is beautifully situated on a plateau 9300 feet above the level of the sea. The climate is mild and salubrious, and drier than at Bogotá. The early Spanish colonists repeatedly wrote of the beautiful scenery and the "eternal spring" of Quito.

All of the present Ecuador belonged to the Virreinato del
Perú till 1721, after which date Quito and the contiguous territory were governed from Bogotá.   In 1824 Guayaquil and
southern Ecuador were forcibly annexed to the first Colombia
by Bolívar. Six years later Ecuador separated from Colombia
and organized as a separate state.

In the territory now known as Ecuador the first colleges
were established about the middle of the sixteenth century,
by the Franciscans, for the natives, and by the Jesuits, as
elsewhere in America, for the sons of Spaniards.   Several
chronicles by priests and other explorers were written during
the early years of the colonial period; but no poet appears
before the seventeenth century.   In 1675 the Jesuit Jacinto
de Evia published at Madrid his *Ramillete de varias flores
poéticas* which contains, beside those by Evia, verses by Antonio Bastidas, a Jesuit teacher, and by Hernando Domínguez
Camargo, a Colombian.   The verses are mediocre or worse,
and, as the date would imply, are imbued with culteranism.

The best verses of the eighteenth century were collected by
the priest Juan de Velasco (1727–1819) and published in six
volumes under the title of *El ocioso de Faenza*.   These volumes
contain poems by Bautista Aguirre of Guayaquil, José Orozco
(*La conquista de Mènorca*, an epic poem in four cantos),
Ramón Viescas (sonnets, *romances, décimas*, etc.) and others,
most of whom were Jesuits.

The expulsion of the Jesuits in 1767 caused the closure of
several colleges in Ecuador, and for a time seriously hampered
the work of classical education.   But even before the edict of
expulsion scientific study had been stimulated by the coming
of French and Spanish scholars to measure a degree of the
earth's surface at the equator.   The coming of Humboldt in
1801 still further encouraged inquiry and research.   The new
spirit was given concrete expression by Dr. Francisco Eugenio
de Santa Cruz y Espejo, a physician of native descent, in

El nuevo Luciano, a work famous in the literary and the political history of South ·America. In this work Dr. Espejo attacked the prevailing educational and economic systems of the colonies, and his doctrine did much to start the movement toward secession from the mother country.

Although the poetry of Ecuador is of relatively little importance as compared with that of several other American countries, yet Ecuador gave to the world one of the greatest of American poets, José Joaquín de Olmedo. In the Americas that speak Castilian, Olmedo has only two peers among the classic poets, the Venezuelan Bello and the Cuban Heredia. Olmedo was born in Guayaquil in 1780, when that city still formed part of the Virreinato del Perú. Consequently, two countries claim him, — Peru, because he was born a Peruvian, and because, furthermore, he received his eduaction at the Universidad de San Marcos in Lima; and Ecuador, since Guayaquil became permanently a part of that republic, and Olmedo identified himself with the social and political life of that country. In any case, Olmedo, as a poetic genius, looms suddenly on the horizon of Guayaquil, and for a time after his departure there was not only no one to take his place, but there were few followers of note.

Olmedo ranks as one of the great poetic artists of Spanish literature at the beginning of the nineteenth century. He is of the same semi-classic school as Quintana, and like him devoted to artistic excellence and lyric grandiloquence. The poems of Olmedo are few in number for so skilled an artist, and thoroughly imbued with the Græco-Latin classical spirit. His prosody nears perfection; but is marred by an occasional abuse of verbal endings in rime, and the inadvertent employment of assonance where there should be none, a fault common to most of the earlier Spanish-American poets. Olmedo's greatest poem is *La victoria de Junín,* which is filled with sweet-sounding phrases and beautiful images, but is logically inconsistent and improbable. Even Bolívar, the "Libertador," censured Olmedo in a letter for using the *machina* of the appearance at night before the combined Colombian and Peruvian armies of Huaina-Capac the Inca, "showing himself to be a talkative mischief-maker where he should have been lighter than ether, since he comes from heaven," and instead of desiring the restoration of the Inca dynasty, preferring "strange intruders who, though avengers of his blood, are descendants of those who destroyed his empire."

The *Canto al general Flores* is considered by some critics to be the poet's most finished work, though of less substance and inspiration than *La victoria de Junín*. This General Flores was a successful revolutionary leader during the early days of the Republic; and he was later as bitterly assailed by Olmedo as he is here praised. Of a different type is the philosophic poem, *Á un amigo en el nacimiento de su primogénito*, which is filled with sincere sympathy and deep meditation as to the future. With the coming of middle age Olmedo's poetic vein had apparently been exhausted, and the Peruvian bard Felipe Pardo addressed to him an ode in which he sought, though to no avail, to stimulate the older poet to renewed activity (*Poesías*, Valparaíso, 1848, Paris, 1853; *Poesías inéditas*, Lima, 1861).

For a time after Olmedo's muse had become mute, little verse of merit was produced in Ecuador. Gabriel García Moreno (1821–1875), once president of the Republic and a champion of Catholicism, wrote a few strong satires in the style of Jovellanos. Dolores Veintemilla de Galindo (1831–1857), who committed suicide on account of domestic infelicity, left a short poem, *Quejas*, which is unique in the older Spanish-American literature by reason of its frank confession of feeling. The reflexive and didactic poet Numa P. Llona (1832–   ) was the author of passionate outpourings of doubt and despair after the fashion of Byron and Leopardi

(*Poesías*, Paris, 1870; *Cantos americanos*, Paris, 1866; *Cien sonetos*, Quito, 1881). The gentle, melancholy bard, Julio Zalumbide (1833–1887), at first a skeptic and afterwards a devout believer in Christianity, wrote musical verse in correct language but of little force. Juan León Mera (1832–1894) was one of the most prominent literary historians and critics of the Republic. Besides his *Poesías* (2d ed., Barcelona, 1893), León Mera left a popular novel, *Cumandá* (Quito, 1876; Madrid, 1891), an *Ojeada histórico-crítica sobre la poesía ecuatoriana* (2d ed., Barcelona, 1893), and a volume of *Cantares del Pueblo* (Quito, 1892), published by the Academia del Ecuador, which contains, in addition to many semi-popular songs in Castilian, a few in the Quichua language.

A younger generation that has already done some good work in poetry includes Vicente Pedrahita, Luis Cordero, Quintiliano Sánchez and Remigio Crespo y Toral.

References: Men. Pel., *Ant. Poetas Hisp.-Amer.*, III, p. lxxxiii f.; Blanco García, III, 350 f.; *Ensayo sobre la literatura ecuatoriana*, Dr. Pablo Herrera, Quito, 1860; *Ojeada histórico-crítica sobre la poesía ecuatoriana*, Juan León Mera, Quito, 1868, 2d ed., Barcelona, 1893; *Escritores españoles é hispano-americanos*, Cañete, Madrid, 1884; *Lira ecuatoriana*, Vicente Emilio Molestina, Guayaquil, 1865; *Nueva lira ecuat.*, Juan Abel Echeverría, Quito, 1879; *Parnaso ecuat.*, Manuel Gallegos Naranjo, Quito, 1879; *América poética*, Juan María Gutiérrez, Valparaíso, 1846 (the best of the early anthologies: contains a few poems by Olmedo); *Antología ecuat.*, published by the Academy of Ecuador, with a second volume entitled *Cantares del pueblo ecuat.* (edited by Juan León Mera), both Quito, 1892.

Peru. The literature of Ecuador is so closely associated with that of Peru, that the one cannot be properly treated without some account of the other. The Virreinato del Perú was the wealthiest and most cultivated Spanish colony in South America, and in North America only Mexico rivaled it in influence. Lima, an attractive city, thoroughly Andalusian in character and appearance, was the site of important institutions of learning, such as the famed Universidad de San Marcos. It had, moreover, a printing-press toward the close of the sixteenth century, a public theater by 1602, and a gazette by the end of the seventeenth century. The spread of learning in colonial Peru may be illustrated by the fact that the Jesuits alone, at the time of their expulsion in 1767, had twelve colleges and universities in Peru, the oldest of which dated from the middle of the sixteenth century and offered courses in philosophy, law, medicine and theology.

The Peruvians seem to have been content with their lot as a favored Spanish colony, and they declared for independence only when incited to do so and aided by Bolivar of Colombia and San Martin of Buenos Aires. After the revolution, Peru was torn by internal discord rather more than other Spanish-American countries during the period of adolescence; and it was its misfortune to lose territory after territory. Bolivar took northern Peru, including the valuable seaport of Guayaquil, and made it a part of the first Colombia; and largely through the influence of Bolivar much of Upper Peru was made a separate republic, that of Bolivia. Lastly, Chile, for centuries a dependency of Peru, became independent and even wrested a considerable stretch of the litoral from her former mistress. It is hard to realize that Peru, to-day relatively weak among the American countries, was once the heart of a vast Inca empire and later the colony whose governors ruled the territories of Argentina and Chile to the south, and of Ecuador and Colombia to the north. With the decline of wealth and political influence there has come to Peru a decadence in letters. Lima is still a center of cultivation, a city in which the Castilian language and Spanish customs have been preserved with remarkable fidelity; but its importance is completely eclipsed by such growing commercial centers as Buenos Aires,

Montevideo and Santiago de Chile, and by relatively small and conservative towns such as Bogotá.

In the sixteenth century Garcilasso Inga de la Vega (his mother was an " Inga," or Inca, princess), who had been well trained in the Latin classics by Spanish priests, wrote in excellent prose his famous works, *Florida del Inca, Comentarios reales* and *Historia general del Perú*. The second work, partly historical and largely imaginary, purports to be a history of the ancient Incas, and pictures the old Peru as an earthly paradise. This work has had great influence over Peruvian and Colombian poets. Menéndez y Pelayo (*Ant. Poetas Hisp.-Amer.*, III, *Introd.*) considers Garcilasso, or Garcilaso, and Alarcón the two truly classic writers that America has given to Spanish literature.

In the Golden Age of Spanish letters several Peruvian poets were known to Spaniards. Cervantes, in the *Canto de Calíope* and Lope de Vega in the *Laurel del Apolo* make mention of several Peruvians who had distinguished themselves by their verses.

An unknown poetess of Huanuco, Peru, who signed herself "Amarilis," wrote a clever *silva* in praise of Lope, which the latter answered in the epistle *Belardo á Amarilis*. This *silva* of "Amarilis" is the best poetic composition of the early colonial period. Another poetess of the period, also anonymous, wrote in *terza rima* a *Discurso en loor de la poesía*, which mentions by name most of the Peruvian poets then living.

Toward the close of the sixteenth century and in the early decades of the seventeenth century, several Spanish scholars, mostly Andalusians of the Sevillan school, went to Peru, and there continued literary work. Among these were Diego Mexía, who made the happiest of Spanish translations of Ovid's *Heroides;* Diego de Ojeda, the best of Spanish sacred-epic poets, author of the *Cristiada;* Juan Gálvez; Luis de Belmonte, author of *La Hispálica;* Diego de Avalos y Figueroa whose *Misceláneo austral* (Lima, 1603) contains a long poem in *ottava rima* entitled *Defensa de damas;* and others. These men exerted great influence, and to them was largely due the peculiarly Andalusian flavor of Peruvian poetry.

The best Gongoristic *Poetics* came from Peru. This is the *Apologético en favor de D. Luis de Góngora* (Lima, 1694), by Dr. Juan de Espinosa Medrano.

In the eighteenth century the poetic compositions of Peru were chiefly "*versos de circunstancias*" by "*poetas de ocasión.*" Many volumes of these were published, but no one reads them to-day. Their greatest fault is excessive culteranism, which survived in the colonies a half-century after it had passed away from the mother country. The most learned man of the eighteenth century in Peru was Pedro de Peralta Barnuevo, the erudite author of some fifty volumes of history, science and letters. His best known poem is the epic *Lima fundada* (Lima, 1732). He wrote several dramas, one of which, *Rodoguna*, is Corneille's play adapted to the Spanish stage, and has the distinction of being one of the first imitations of the French stage in Spanish letters. All in all, the literary output of Peru during the seventeenth and eighteenth centuries is disappointingly small in quantity and poor in quality, in view of the important position held by this flourishing colony. The Peruvian writers, then and now, lack in sustained effort.

During and immediately following the revolutionary period, the greatest poet is Olmedo, who was born and educated in Peru and became a citizen first of the primitive Colombia and then of Ecuador, only as his native city, Guayaquil, formed a part of one political division after another. It is customary, however, to consider Olmedo a poet of Ecuador, and it is so done in this volume.

After Olmedo, the commanding figure among the classical poets of Peru is Felipe Pardo y Aliaga (1806–1868). Pardo was educated in Spain, where he studied with Alberto Lista.

From his teacher he acquired a fondness for classical studies and a conservatism in letters that he retained throughout his life. In his later years he was induced to adopt some of the metrical forms invented or revived by the romanticists, but in spirit he remained a conservative and a classicist. He had a keen sense of wit and a lively imagination which made even his political satires interesting reading. Besides his *Poesías y escritos en prosa* (Paris, 1869), Pardo left a number of comedies portraying local types and scenes which are clever attempts at imitation of Spanish drama. As with all the earlier poets of Spanish America, literature was only a side-play to Pardo, although it probably took his time and attention even more than the law, which was his profession. A younger brother, José (1820–1873), wrote a few short poems, but his verses are relatively limited and amateurish. Manuel Ascensión Segura (1805–1871) wrote clever farces filled with descriptions of local customs, somewhat after the type of the modern *género chico* (*Artículos, poesías y comedias*, Lima, 1866).

The romantic movement came directly from Spain to Peru and obtained a foothold only well on toward the close of the first half of the century. The leader of the Bohemian romanticists of Lima was a Spaniard from Santander, Fernando Velarde. Around him clustered a group of young men who imitated Espronceda and Zorrilla and Velarde with great enthusiasm. For an account of the "Bohemians" of the fourth and fifth decades in Lima [Numa Pompilio Llona (b. 1832), Nicolás Corpancho (1830–1863), Luis Benjamín Cisneros (b. 1837), Carlos Augusto Salaverry (1830–1891), Manuel Ascensión Segura (b. 1805), Clemente Althaus (1835–1881), Adolfo García (1830–1883), Constantino Carrasco (1841–1877) and others], see the introduction to the *Poesías* (Lima, 1887) of Ricardo Palma (1833–   : till 1912 director of the national library of Peru).

Not often could the romanticists of America go back to

indigenous legend for inspiration as their Spanish cousins so often did; but this Constantino Carrasco undertook to do in his translation of the famous Quichua drama, *Ollanta*. It was long claimed, and many still believe, that this is an ancient indigenous play; but to-day the more thoughtful critics are inclined to consider it an imitation of the Spanish classical drama, perhaps written in the Quichua language by some Spanish priest (Valdés?). The 8-syllable lines, the rime-scheme and the spirit of the play all suggest Spanish influence. In parenthesis it should be added that Quichua verse is still cultivated artificially in Peru and Ecuador.

The two men of that generation who have most distinguished themselves are Pedro Paz-Soldán y Unanue, "Juan de Arona" (1839–1894), a poet of satire and humor; and Ricardo Palma (1833–) a leading scholar and literary critic, best known for his prose *Tradiciones peruanas* (Lima, 1875 and 1899).

The strongest representative of the present-day "*modernistas*" in Peru is José Santos Chocano (1867–), a disciple of Darío. Chocano writes with much grandiloquence. His many sonnets are mostly prosaic, but some are finished and musical (cf. *La magnolia*). He is more Christian (cf. *Evangeleida*) than most of his contemporaries, and he sings of the *conquistadores* with true admiration [cf. *En la aldea*, Lima, 1895; *Iras santas*, Lima, 1895; *Alma América* (*Prólogo* de Miguel de Unamuno), Madrid, 1906; *La selva virgen*, Paris, 1901; *Fiat lux*, Paris, 1908].

A younger man is Edilberto Zegarra Ballón of Arequipa (1880–), author of *Vibraciones*, *Poemas*, *et al.* His verse is simpler and less rugged than that of the more virile Chocano.

References: Men. Pel., *Ant. Poetas Hisp.-Amer.*, III, p. cxlix f.; Blanco García, III, 362 f.; *Diccionario histórico y biográfico del Perú, formado y redactado por Manuel de Mendíburu*, 9 vols., Lima, 1874–80; *Colección de documentos literarios del Perú*, 11 vols., Manuel de Odriozola, Lima, 1863–74; *América poética*, Juan María Gutiérrez, Valparaíso, 1846; *Parnaso peruano*, J. D. Cortés, Paris, 1875; *La Bohemia limeña de 1848 á 1860, Prólogo de Poesías de Ricardo Palma*, Lima, 1887; *Lira americana*, Ricardo Palma, Paris, 1865.

193. — Olmedo: see preceding note.

8. Á, *with.*

194. — 15–17. The following is a translation of a note to these lines which is given in *Poesías de Olmedo*, Garnier Hermanos, Paris, 1896: "Physicists have attempted to explain the equilibrium that is maintained by the earth in spite of the difference of mass in its two hemispheres" (northern and southern). "May not the enormous weight of the Andes be one of the data with which this curious problem of physical geography can be solved?"

195. — 4. The religion of the ancient Peruvians, before they were converted to Christianity by the Spaniards, was based on the worship of the sun. The chief temple of the sun was at Cuzco.

25. Bolivar was a native of Caracas, Venezuela; but, when this poem was written, Colombia comprised most of the present States of Venezuela, Colombia, Panama and Ecuador. Moreover, Colombia is probably used somewhat figuratively by the poet to designate the "land of Columbus."

26. The Peruvians and the Colombians were allies. It is an interesting fact that in the war for independence waged by the Spanish Americans against Spain, the leaders of the Americans were nearly all of Spanish descent, while the majority of the rank and file of the American soldiery was Indian. To this day, a majority of the population of Spanish America, excepting only Chile, Argentina and the West Indian Islands, is indigenous, and their poets still sing of "indigenous America," but they sing in the Spanish tongue! See p. 211, l. 7.

196. — 21. See note to p. 162, l. 8. The Peruvian flag has an image of the *sun* in its center.

23. It is reported that the first onslaught of the Spanish-American cavalry failed, partly by reason of their impetuousness, and that they would probably have been defeated if Bolivar had not rallied them and led them on to victory.

198. — 10. The battle of Junin began at about five o'clock in the afternoon, and it is said that only night saved the Spaniards from complete destruction.

11. **El dios oía:** destiny did not permit the god to stay his course for an hour, but the god left behind him his circlet of diamonds (the stars).

199. — **Mexico.** The Virreinato de Nueva España was a favored colony, where Spanish culture took deepest root. It had the first institution of learning in America (opened in 1553 by decree of Charles I) and the first printing-press (1540?). Some 116 books were printed in Mexico City during the sixteenth century, most of which were catechisms or grammars and dictionaries in the native languages. In the sixteenth and seventeenth centuries several Spanish poets, mostly Sevillans, went to Mexico. Among these were Diego Mexía (went to Mexico in 1596); Gutierre de Cetina, Juan de la Cueva, and Mateo Alemán (published *Ortografía castellana* in Mexico in 1609). *Certámenes poéticos* ("poetic contests") were held in Mexico, as in other Spanish colonies, from time to time. The first of importance occurred in Mexico City in 1583, to which seven bishops lent the dignity of their presence and in which three hundred poets (?) competed. After the discovery and conquest of the Philippines, great opulence came to Mexico on account of its being on a direct route of Pacific trade between Europe and Asia, and Mexico became an emporium of Asiatic goods (note introduction of Mexican dollar into China).

The first native poet deserving of the name was Francisco

de Terrazas (cf. Cervantes, *Canto de Calíope*, 1584), who left in manuscript sonnets and other lyrics and an unfinished epic poem, *Nuevo mundo y conquista*. It is interesting that in the works of Terrazas and other native poets of the sixteenth century the Spaniards are called "*soberbios*," "*malos*," etc. Antonio Saavedra Guzmán was the first in Mexico to write in verse a chronicle of the conquest (*El peregrino indiano*, Madrid, 1599). *Coloquios espirituales* (published posthumously in 1610), *autos* of the "morality" type, with much local color and partly in dialect, were written by Fernán González Eslava, whom Pimentel considers the best sacred dramatic poet of Mexico. Sacred dramatic representations had been given in Spanish and in the indigenous languages almost from the time of the conquest. According to Beristain, at least two plays of Lope were done into Nahuatl by Bartolomé de Alba, of native descent, and performed, *viz.*: *El animal profeta y dichoso parricida* and *La madre de la Mejor*.

The first poet whose verses are genuinely American, exotic and rich in color like the land in which written (a rare quality in the Spanish poetry of the period), was Bernardo de Balbuena (1568–1627: born in Spain; educated in Mexico). Balbuena had a strong descriptive faculty, but his work lacked restraint (cf. *Grandeza mexicana*, Mex., 1604; Madrid, 1821, 1829 and 1837; N. Y., 1828; Mex., 1860). The great dramatist, Juan Ruiz de Alarcón (1581?–1639), was born and educated in Mexico; but as he wrote in Spain, and his dramas are Spanish in feeling, he is best treated as a Spanish poet.

Next only to Avellaneda the most distinguished Spanish-American poetess is the Mexican nun, Sor Juana Inés de la Cruz (1651–1695), whose worldly name was Juana Inés de Asbaje y Ramírez de Cantillana. Sor Juana had intellectual curiosity in an unusual degree and early began the study of Latin and other languages. When still a young girl she became a maid-in-waiting in the viceroy's palace, where her beauty

and wit attracted much attention; but she soon renounced the
worldly life of the court and joined a religious order. In the
convent of San Jerónimo she turned for solace to books, and
in time she accumulated a library of four thousand volumes.
Upon being reproved by a zealous bishop for reading worldly
books, she sold her entire library and gave the proceeds to the
poor. Sor Juana's better verses are of two kinds: those that
give evidence of great cleverness and mental acuteness, and
those that have the ring of spontaneity and sincerity. As an
exponent of erotic mysticism, she is most interesting. In the
most passionate of her erotic verses there is an apparent sincerity which makes it difficult for the lay reader to believe
that she had not been profoundly influenced by human love,
— as when she gives expression to the feelings of a loving wife
for a dead husband, or laments the absence of a lover or tells
of a great jealousy. In addition to her lyrics Sor Juana wrote
several *autos* and dramas. Her poems were first published
under the bombastic title of *Inundación castálida de la única
poetisa, Musa décima, Sor Juana Inés de la Cruz*, Madrid, 1689
(vol. II, Seville, 1691; vol. III, Madrid, 1700).

During the first half of the eighteenth century the traditions of the preceding century persisted; but in the second
half there came the neo-classic reaction. Among the best of
the prosaic poets of the century are: Miguel de Reyna Zeballos
(*La elocuencia del silencio*, Madrid, 1738); Francisco Ruiz de
León (*Hernandía*, 1755, based on the *Conquista de México* by
Solís); and the priest Jorge José Sartorio (1746–1828: *Poesías
sagradas y profanas*, 7 vols., Puebla, 1832). The Franciscan
Manuel de Navarrete (1768–1809) is considered by Pimentel
superior to Sor Juana Inés de la Cruz as a philosophic poet
(the writer of this article does not so consider him) and is
called the "restorer of lyric and objective poetry in Mexico"
(cf. Pim., *Hist. Poesía Mex.*, p. 442). Navarrete wrote in a
variety of styles. His verses are harmonious, but *altisonante*

and often incorrect. His best lyrics, like those of Cienfuegos, have the personal note of the romanticists to follow (*Entretenimientos poéticos*, Mex., 1823, Paris, 1835; *Poesías*, Mex., 1905).

There were no eminent Mexican poets during the revolutionary period. Andrés Quintana Roo (1787-1851) was a lawyer and journalist and president of the congress which made the first declaration of independence. Pimentel (p. 309) calls him an eminent poet and one of the best of the period. Two of the most important in the period are: Manuel Sánchez de Tagle (1782-1847), a statesman given to philosophic meditation, but a poor versifier (*Poesías*, 1852); and Francisco Ortega (1793-1849), an ardent republican, who opposed Iturbide when the latter had himself proclaimed emperor of Mexico in 1821 (*Poesías líricas*, 1839; cf. *Á Iturbide en su coronación*). To these should be added Joaquín María del Castillo y Lanzas (1781-1878), one-time minister to the United States (*Ocios juveniles*, Philadelphia, 1835); and the priest Anastasio María Ochoa (1783-1833), who translated French, Italian, and Latin (Ovid's *Heroides*) works, and wrote some humorous verses (*Poesías*, N. Y., 1828: contains two dramas).

Next to Alarcón, the greatest dramatist that Mexico has produced is Manuel Eduardo de Gorostiza (1789-1851), who wrote few lyric verses, but many dramas in verse and prose. His plays, which are full of humorous contrasts, were written during his residence in Spain and are, for the most part, typically Spanish in all respects. Gorostiza, in manner and style, is considered a bridge between Moratín and Bretón. His best comedy is *La indulgencia para todos* (cf. *Teatro original*, Paris, 1822; *Teatro escogido*, Bruxelles, 1825; *Obras dramáticas, Bibl. Aut. Mex.*, vols. 22, 24, 26, 45, Mex., -1899).

Romanticism came into Mexico through Spain. It was probably introduced by Ignacio Rodríguez Galván (1816-1842),

a translator, lyric poet, and dramatist. His lyrics have the
merit of sincerity; pessimism is the prevailing tone and there
is much invective. His *Profecias de Guatimoc* is considered
the masterpiece of Mexican romanticism (*Obras*, 2 vols., Mex.,
1851; Paris, 1883). Another well-known romantic lyricist and
dramatist is Fernando Calderón (1809–1845), who was more
correct in form than Rodríguez Galván (*Poesías*, Mex., 1844
and 1849; Paris, 1883; Mex., 1902).

The revival of letters in Mexico is generally attributed to
the conservative poets Pesado and Carpio, both of whom
sought to be classic, although they were not altogether so in
practise. Probably the best known Mexican poet, though
certainly not the most inspired, is José Joaquín Pesado
(1801–1861). He translated much from Latin, French and
Italian, and in some cases failed to acknowledge his indebted-
ness (cf. Pimentel, p. 694). His best translations are of the
Psalms. The *Aztecas*, which were published as a translation
of, or an adaptation from, indigenous legends, are mostly
original with Pesado in all probability. He is an unusually
even writer, and some of his verses are good (cf. certain sonnets: *Mi amada en la misa del alba*, which reminds one of
Meléndez Valdés in *Rosana en los fuegos; Elegía al ángel de
la guardia de Elisa;* and parts of *La revelación* in *octavas reales*).
Montes de Oca and Menéndez y Pelayo consider Pesado the
greatest of Mexican poets; but Pimentel does not (p. 694).
Cf. *Poesías originales y traducciones*, Mex., 1839–40 (most
complete), 1886 (introduction of Montes de Oca); *Biografía de
Pesado*, by José María Roa Bárcena, Mex., 1878. Manuel
Carpio (1791–1860) began to write verses after he had reached
the age of forty years, and there is, consequently, a certain
ripeness of thought and also a lack of feeling in his poetry.
His verses are chiefly narrative or descriptive and generally
treat of biblical subjects. His language is usually correct,
but often prosaic (*Poesías*, Mex., 1849).

312 NOTES

Minor poets of this period are: Alejandro Arango (1821–1883), an imitator of León (*Versos*, 1879; *Ensayo histórico sobre Fr. Luis de León*, Mex., 1866); Ignacio Ramírez (1818–1879), of Indian race, who was a free lance in religion and politics, and largely responsible for the separation of Church and State in Mexico (*Poesías*, Mex., 1889, and *Lecciones de literatura*, Mex., 1884); and Ignacio M. Altamarino (1834–1893), an erotic and descriptive poet (*Obras*, Mex., 1899).

The most popular Mexican poets during the second half of the nineteenth century have been Acuña, Flores, Peza and Gutiérrez Nájera. A materialistic iconoclast, Manuel Acuña (1849–1873) was uneven and incorrect in language, but capable of deep poetic feeling. In his *Poesías* (Garnier, Paris, 8th ed.) there are two short poems that may live: *Nocturno*, a passionate expression of disappointment in love; and *Ante un cadáver*, a poem of dogmatic materialism. Acuña committed suicide at the age of twenty-four years. Manuel María Flores (1840–1885), an erotic poet largely influenced by Musset, is very popular in Mexico (*Pasionarias*, Paris, 1911). Probably the most widely read poet of the period is Juan de Dios Peza (1852–1910). His verses are often incorrect and weak, as he improvised much; but they are interesting, as they usually treat of homely topics (*Poesías completas: El arpa del amor*, 1891; *Hogar y patria*, 1891; *Leyendas*, 1898; *Flores del alma; Recuerdos y esperanzas*, 1899, Garnier, Paris). The romantic pessimist, Manuel Gutiérrez Nájera (d. 1888), was tormented throughout life by the vain quest of happiness and the thirst of truth. His verses, which are often elegiac or fantastic, are highly admired by the younger generation of Mexican poets. In a letter to the writer of this article, Blanco-Fombona praises Gutiérrez Nájera above all other Mexican poets (*Poesías*, Paris, 1909, 2 vols.).

References: Menéndez y Pelayo, *Ant. Poetas Hisp.-Amer.*, I, p. xiv f.: Blanco García, III, 304 f.; Francisco Pimentel, *Historia crítica de la poesía en México*, Mex., 1892; *Biblioteca hispano-americana septentrional*, D. José Mariano Beristain de Souza, Mex., 1816–21, 3 vols. (has more than 4000 titles), — reprinted by Fortino Hipólito de Vera, Amecameca, 1883; *Bibliografía mexicana del siglo XVI (catálogo razonado de los libros impresos en México de 1539 á 1600); Biografías de mexicanos distinguidos*, D. Francisco Sosa, Mex., 1884; *Poetas yucatecos y tabasqueños*, D. Manuel Sánchez Mármol y D. Alonso de Regil y Peón, Mérida de Yucatán, 1861; *Poetisas mexicanas*, Bogotá, 1889; *Colección de poesías mexicanas*, Paris, 1836; *El parnaso mexicano*, 36 vols., R. B. Ortega, Mex., 1886; *Biblioteca de autores mexicanos*, some 75 vols. to 1911, Mex.; *Antología de poetas mexicanos*, publ. by Acad. Mex., Mex., 1894; *Poetas mexicanos*, Carlos G. Amézaga, Buenos Aires, 1896; *Los trovadores de México*, Barcelona, 1900.

Pesado: see preceding note.

La Serenata: see *Introduction, Versification*, p. lxviii.

200. — 6–11. These lines of Pesado are similar to those found in the first stanzas of *Su alma* by Milanés. See Hills' *Bardos cubanos* (Boston, 1901), p. 69.

Calderón: see note to p. 199.

202. — Acuña: see note to p. 199.

204. — 15. The language is obscure, but the meaning seems to be: *borrarte (á ti que estás) en mis recuerdos.*

19. The forced synalepha of **yo haga** is discordant and incorrect.

204. — 23 to **205.** — 8. That is, when the altar was ready for the marriage ceremony, and the home awaited the bride. The reference, apparently, is to a marriage at an early hour in the morning, — a favored time for marriages in Spanish lands.

206. — 1. **la alma**, by poetic license, since *el alma* would make the line too long by one syllable.

207. — Peza: see note to p. 199.

211. — Darío: with the appearance in 1888 of a small volume of prose and verse entitled *Azul*, by Rubén Darío (1864–) of Nicaragua, there triumphed in Spanish America the "movement of emancipation," the "literary revolution," which the "decadents" had already initiated in France. As romanticism had been a revolt against the empty formalism of later neo-·classicism, so "decadence" was a reaction against the hard, marmoreal forms of the "Parnasse," and in its train there came inevitably a general attack on poetic traditions. This movement was hailed with joy by the young men of Latin America, who are by nature more emotional and who live in a more voluptuous environment than their cousins in Spain; for they had come to chafe at the coldness of contemporary Spanish poetry, at its lack of color and its "petrified metrical forms." With the success of the movement there was for a time a reign of license, when poet vied with poet in defying the time-honored rules, not only of versification, but also of vocabulary and syntax. But as in France, so in Spanish America, "decadence" has had its day, although traces of its passing are everywhere in evidence, and the best that was in it still lingers.

To-day the Spanish-American poets are turning their attention more and more to the study of sociological problems or to the cementing of racial solidarity. These notes ring clear in some recent poems of Darío, and of José S. Chocano of Peru and Rufino Blanco-Fombona of Venezuela. The lines given in the text are an ode which was addressed to Mr. Roosevelt when he was president of the United States from 1901 to 1909. The meter of the poem is mainly the Old Spanish Alexandrine, but with a curious intermingling of lines of nine, ten and eight syllables, and with assonance of the even lines throughout. In all fairness it should be stated here that Señor Darío, in a recent letter to the writer of these *Notes*, said: "I do not think to-day as I did when I wrote those verses" (Darío: *Epístolas y poemas*, 1885; *Abrojos*, 1887; *Azul*, 1888; *Cantos de vida y esperanza*, Madrid, 1905; *El canto errante*, Madrid, 1907).

212. — 8. Argentina and Chile are the most progressive of the Spanish-American States. The Argentine flag is blue and white, with a *sun* in the center; the flag of Chile has a white and a red bar, and in one corner a white *star* on a blue background.

11. This refers, of course, to the colossal bronze Statue of Liberty by the French sculptor, Frédéric Bartholdi, which stands in New York harbor.

14. In a letter to the writer of these *Notes*, Senor Darío explains this passage as follows: "Bacchus, or Dionysius, after the conquest of India (I refer to the semi-historical and not to the mythological Bacchus) is supposed to have gone to other and unknown countries. I imagine that those unknown countries were America. Pan, who accompanied Bacchus on his journey, taught those new men the alphabet. All this is related to the tradition of the arrival of bearded men, strangely dressed, in the American countries . . . These traditions exist in the South as well as the North."

16. **Que consultó los astros**: the ancient Peruvians and Mexicans had made considerable progress in the study of astronomy.

214. — **Venezuela.** During the colonial period the development of literary culture was slower in the Capitanía de Caracas than in Colombia, Peru and Mexico. The Colegio de Santa Rosa, which was founded at Caracas in 1696, was made a university in 1721. Not till 1806 was the first printing-press set up in the colony.

Poetry in Venezuela begins with Bello, for the works of his predecessors had little merit. Andrés Bello (1781–1865) was the most consummate master of poetic diction among Spanish-American poets, although he lacked the brilliancy of Olmedo and the spontaneity of Heredia. Born in Caracas and educated in the schools of his native city, Bello was sent to England in the year 1810 to further the cause of the revolution, and he remained in that country till 1829, when he was called to

Chile to take service in the Department of Foreign Affairs.
His life may, therefore, be divided into three distinct periods.
In Caracas he studied chiefly the Latin and Spanish classics
and the elements of international law, and he made metrical
translations of Virgil and Horace.   Upon arriving in England
at the age of twenty-nine years, he gave himself with enthusiasm to the study of Greek, Italian and French, as well as to
English.   Bello joined with the Spanish and Hispano-Ameri-
can scholars in London in the publication of several literary
reviews, notably the *Censor americano* (1820), the *Biblioteca
americana* (1823) and the *Repertorio americano* (1826–27), and
in these he published many of his most important works.
Here appeared his studies of Old French and of the *Song of
My Cid*, his excellent translation of fourteen cantos of Boiardo's
Orlando innamorato, several important articles on Spanish
syntax and prosody, and the best of all his poems, the *Silvas
americanas*.

In 1829, when already forty-eight years of age, Bello removed to Chile, and there entered upon the happiest period
of his life.   Besides working in a government office, he gave
private lessons until in 1831 he was made rector of the College
of Santiago.   In the year 1843 the University of Chile was
established at Santiago and Bello became its first rector.   He
held this important post till his death twenty-two years later
at the ripe age of eighty-four.   During this third and last
period of his life Bello completed and published his *Spanish
Grammar* and his *Principles of International Law*, works
which, with occasional slight revisions, have been used as
standard text-books in Spanish America and to some extent
in Spain, to the present day.   The *Grammar*, especially, has
been extraordinarily successful, and the edition with notes
by José Rufino Cuervo is still the best text-book of Spanish
grammar we have.   In the *Grammar* Bello sought to free
Castilian from Latin terminology; but he desired, most of all,

to correct the abuses so common to writers of the period and to establish linguistic unity in Spanish America.

Bello wrote little original verse during these last years of his life. At one time he became exceedingly fond of Victor Hugo and even tried to imitate him; but his classical training and methodical habits made success impossible. His best poetic work during his residence in Chile, however, are translations of Victor Hugo, and his free metrical rendering of *La Prière pour tous* (from the *Feuilles d'automne*), is amongst his finest and most popular verses.

It is interesting that Andrés Bello, the foremost of Spanish-American scholars in linguistics and in international law, should also have been a preëminent poet, and yet all critics, except possibly a few of the present-day "*modernistas*," place his *American Silvas* amongst the best poetic compositions of all Spanish America. The *Silvas* are two in number: the *Alocución á la poesia* and the *Silva á la agricultura de la zona tórrida*. The first is fragmentary: apparently the poet despaired of completing it, and he embodied in the second poem an elaboration of those passages of the first work which describe nature in the tropics. The *Silvas* are in some degree imitations of Virgil's *Georgics*, and they are the best of Spanish imitations. Menéndez y Pelayo, who is not too fond of American poets, is willing to admit (*Ant.*, II, p. cxlii) that Bello is, "in descriptive and Georgic verse, the most Virgilian of our (Spanish) poets." Caro, in his splendid biography of Bello (in Miguel Antonio Caro's introduction to the *Poesías de Andrés Bello*, Madrid, 1882) classifies the *Silvas* as "scientific poetry," which is quite true if this sort of poetry gives an esthetic conception of nature, expressed in beautiful terms and adorned with descriptions of natural objects. It is less true of the *Alocución*, which is largely historical, in that it introduces and sings the praises of towns and persons that won fame in the revolutionary wars. The *Silva á la agricul-*

tura, which is both descriptive and moral, may be best described in the words of Caro. It is, says this distinguished
critic, "an account of the beauty and wealth of nature in the
tropics, and an exhortation to those who live in the equator
that, instead of wasting their strength in political and domestic dissensions, they should devote themselves to agricultural
pursuits." Bello's interest in nature had doubtless been stimulated by the coming of Humboldt to Caracas in the first
decade of the nineteenth century. In his attempt to express
his feeling for nature in poetic terms, he probably felt the
influence not only of Virgil, but also of Arriaza, and of the
several poems descriptive of nature written in Latin by Jesuit
priests, such as the once famous *Rusticatio Mexicana* by Father
Landivar of Guatemala. And yet there is very little in the
Silvas that is directly imitative. The *Silva á la agricultura
de la zona tórrida*, especially, is an extraordinarily successful
attempt to give expression in Virgilian terms to the exotic life
of the tropics, and in this it is unique in Spanish literature.
The beautiful descriptive passages in this poem, the noble
ethical precepts and the severely pure diction combine to
make it a classic that will long hold an honored place in
Spanish-American letters (*Obras completas*, Santiago de Chile,
1881–93).

During the revolutionary period the most distinguished
poets, after Bello, of that part of the greater Colombia which
later formed the separate republic of Venezuela, were Baralt
and Ros de Olano. Rafael María Baralt (1810–1860) took
part in the revolutionary movement of secession from the
first Colombia; but later he removed to Spain and became a
Spanish citizen. His verses are usually correct, but lack feeling. He is best known as a historian and maker of dictionaries.
Baralt was elected to membership in the Spanish Academy
(*Poesías*, Paris, 1888).

General Antonio Ros de Olano (1802–1887) also removed to

Spain and won high rank in the Spanish army. He joined the romantic movement and became a follower of ˙Espronceda. Besides a volume of verses (*Poesías*, Madrid, 1886), Ros de Olano wrote *El doctor Lañuela* (1863) and other novels. Both Baralt and Ros de Olano were identified with literary movements in Spain rather than in Venezuela.

José Heriberto García de Quevedo (1819-1871) was a cultivated and ambitious scholar who collaborated with Zorrilla in *María, Ira de Dios* and *Un cuento de amores*. Among his better works are the three philosophical poems: *Delirium, La segunda vida* and *El proscrito* (*Obras poéticas y literarias*, Paris, 1863). Among the lesser writers of this period are Antonio Maitín (1804-1874), the best of Venezuelan romanticists (cf. *El canto fúnebre*, a poem of domestic love); Abigail Lozano (1821-1866), a romanticist and author of musical but empty verses ("*versos altisonantes*"); José Ramón Yepes (1822-1881), an army officer and the author of legends in verse, besides the inevitable *Poesías;* Eloy Escobar (1824-1889), an elegiac poet; and Francisco G. Pardo (1829-1872), a mediocre imitator of Zorrilla.

Next to Bello alone, the most distinguished poet of Venezuela is José Pérez Bonalde (1846-1892), who was a good German scholar and left, besides his original verses, excellent translations of German poets. His metrical versions of Heine, especially, exerted considerable influence over the growth of literary feeling in Spanish America (*Estrofas*, N. Y., 1877; *El poema del Niágara*, N. Y., 1880). At least two other writers of the second half of the nineteenth century deserve mention: Miguel Sánchez Pesquera and Jacinto Gutiérrez Coll.

Among the present-day writers of Venezuela, Luis López Méndez was one of the first to introduce into Spanish America a knowledge of the philosophy and metrical theories of Paul Verlaine. Manuel Díaz Rodríguez (1868-) has written little verse; but he is the best known Venezuelan novelist of to-day [*Sangre patricia, Camino de perfección* (essays), *Ídolos rotos, Cuentos,* 2 vols., *Confidencias de Psiquis, Cuentos de color, Sensaciones de viaje, De mis romerías*]. The most influential of the younger writers is Rufino Blanco-Fombona, who was expelled from his native country by the present *andino* ("mountaineer") government and now lives in exile in Paris. At first a disciple of Musset and then of Heine and Maupassant, he is now an admirer of Darío and a pronounced *modernista*. His *Letras y letrados de Hispano-America* is the best recent work of literary criticism by a Spanish-American author. Blanco-Fombona is a singer of youthful ambition, force and robust love. His verses have rich coloring, but are at times erotic or lacking in restraint (prose works: *Cuentos de poeta*, Maracaibo, 1900; *Más allá de los horizontes*, Madrid, 1903; *Cuentos americanos*, Madrid, 1904; *El hombre de hierro*, Caracas, 1907; *Letras y letrados de Hispano-America*, Paris, 1908. Verses: *Patria*, Caracas, 1895; *Trovadores y trovas*, Caracas, 1899; *Pequeña ópera lírica*, Madrid, 1904; *Cantos de la prisión*, Paris, 1911).

References: Menéndez y Pelayo, *Ant. Poetas Hisp.-Amer.*, II, p. cx f.; Blanco García, III, p. 321 f.; *Reseña histórica de la literatura venezolana* (1888) and *Estado actual de la literatura en Venezuela* (1892), both by Julio Calcaño, Caracas; *La literatura venezolana en el siglo XIX*, Gonzalo Picón Febres, Caracas, 1906; *Parnaso venezolano*, 12 vols., Julio Calcaño, Caracas, 1892; *Biblioteca de escritores venezolanos*, José María Rojas, Paris, 1875; *Parnaso venezolano*, Barcelona, 1906.

Bello: see preceding note.
 1. The *Lion* symbolizes Spain, since from the medieval kingdom of Leon modern Spain sprang. The battle of Bailén (see in *Vocab.*) took place in 1808 when Bello was twenty-seven years of age and still loyal to Spain.
 214. — 16 to **215.** — 3. **Que . . . concibes**=*que circunscribes el vago curso* **al** (=*del*) *sol enamorado, y* (*tú*), *acariciada de su*

luz, concibes **cuanto ser** (=every being that) *se anima en cada vario clima.*

18. The use of **quien** referring to inanimate objects is now archaic.

216. — 19 to **217.** — 3. It is said that the banana gives nourishment to more human beings than does any other plant. The fruit is taken when it is still green, before the starch has turned to sugar, and it is boiled, or baked, or it is ground and made into a coarse bread.

6–8. **En que** . . . **bondadosa!** = *en que (la) naturaleza bondadosa quiso hacer reseña de sus favores* . . .

9. The student should compare this and the following lines with *Vida retirada* by Fray Luis de León, p. 9.

19. The rime requires **habita**, instead of *habitad.*

22–23. **y** . . . **atada** = *y la razón va atada al triunfal carro de la moda, universal señora.*

219. — 10–16. **¿Esperaréis** . . . **ata?** = *¿esperaréis que (el) himeneo forme más venturosos lazos do el interés, tirano del deseo, barata ajena mano y fe por nombre ó plata, que do conforme gusto, conforme edad, y* (=both) *elección libre y* (=and) *mutuo ardor ata los lazos?* Note that, by poetic license, **ata** agrees in number with the nearest subject, although it has two.

220. — 8–11. As this poem was written after the Spanish-American colonies had revolted against the mother country, Bello no longer rejoices at the success of Spanish arms nor grieves over their losses, as he had done when he wrote *Á la victoria de Bailén.*

Pérez Bonalde: see note to p. 214.

222. — 5. The Venezuelan flag is yellow, blue and red with seven small white stars in the center.

225. — **La carcelera:** the words and music of this song and of the first that follows are taken from the *Cancionero salmantino* (Dámaso Ledesma), Madrid, 1907.

227. — **La cachucha:** the words and music of this song and of the five that immediately follow are taken from *Poesías populares* (Tomás Segarra), Leipzig, 1862.

238. — **El trágala**: (lit., the *swallow it*) a song with which the Spanish liberals taunted the partizans of an absolute government.

242. — **Himno de Riego**: a song to the liberal general, Rafael de Riego (1784–1823), who initiated the revolution of 1820 in Spain and proclaimed at Cabezas de San Juan the constitution of 1812. Cf. *Versification*, p. lxxix.

251. — **Himno Nacional de Cuba**, called also the **Himno de Bayamo**, on account of the importance of Bayamo (see in *Vocab.*) in the Cuban revolution of 1868. Note the ternary movement of this song, and see *Versification*, p. lxxiii.

VOCABULARY

ABBREVIATIONS USED IN THE VOCABULARY

adj.	adjective.	*m.*	masculine.
adv.	adverb.	*mod.*	modern.
arch.	archaic.	*n.*	noun.
conj.	conjunction.	*p.*	page.
d.	died.	*p. p.*	past participle.
dim.	diminutive.	*pl.*	plural.
f.	feminine.	*prep.*	preposition.
fig.	figuratively.	*pr. n.*	proper noun.
impers.	impersonal.	*pron.*	pronoun.
interj.	interjection.	*refl.*	reflexive.
interr.	interrogative.	*sing.*	singular.
intr.	intransitive.	*tr.*	transitive.
l.	line.		

N. B. — Articles, pronouns and demonstrative adjectives are omitted, unless there is a special reason for their presence.

Adjectives having a masculine termination in –o and feminine in –a are given in the masculine form only. In other cases where both forms are not given the masculine and feminine are assumed to be alike.

VOCABULARY

A

á, *prep.*, to, at, in, on; by, of, from; with, for; before; **al año**, within a year.

abad, *m.*, abbot.

abajo, *adv.*, below.

abalanzarse, to rush, dart.

abandonar, to abandon, desert, give up.

abandono, *m.*, forlornness.

abanico, *m.*, fan.

abarcar, to embrace, contain.

abastar, to supply, provide.

abatir, to overthrow, lay low.

abedul, *m.*, birch-tree.

Abenámar, *pr. n. m.*

abierto, *p. p.*, open.

abismarse, to sink.

abismo, *m.*, abyss, gulf.

ablandar, to soften.

abominar, to detest.

abonar, to fertilize.

abrasar, to set on fire, kindle, fire, burn, parch; *refl.* to burn, be on fire.

abrazado, *p. p.*, (*with* á) embracing, clasping.

abrazarse (con), to clasp.

abrazo, *m.*, embrace.

ábrego, *m.*, southwest wind.

abreviar (de), to cut short.

abrigar, to shelter, lodge.

abrigo, *m.*, shelter.

abril, *m.*, April; *pl.* years.

abrir (*p. p.* **abierto**), *tr.* to open, tear open, lay bare; *intr. and refl.* to open.

abrochar, to button.

abrojo, *m.*, thorn; thistle.

absoluto, *adj.*, absolute, despotic.

absorto, *adj.*, absorbed (*in thought*), entranced.

abuela, *f.*, grandmother, ancestress.

abuelo, *m.*, grandfather, ancestor.

acá, *adv.*, here, hither.

acabar, *tr.* to end, finish; *intr.* to come to an end, end; cease.

acallar, to hush, quiet.

acariciar, to caress.

acarrear, to carry.

acaso, *adv.*, by chance, per-

325

haps; *n. m.*, chance; **al acaso**, at the mercy of chance.

acatar, to respect, revere.

acción, *f.*, action, gesture.

acedar, to sour; spoil.

acelerado, *p. p.*, hasty, speedy.

acelerar, to hasten, accelerate.

acendrar, to purify, refine.

acento, *m.*, accent.

acerado, *adj.*, of steel. ·

acerbo, *adj.*, bitter.

acercar, to bring near; *refl.* to approach.

acero, *m.*, steel; sword.

acertar, to guess aright, tell certainly.

acíbar, *m.*, aloes; bitterness.

acibarar, to embitter.

aclamación, *f.*, acclamation; *pl.* applause.

aclamar, to applaud.

aclarar, to clear up, solve.

acoger, to receive, shelter; *refl. with* **en**, to take refuge in, rest upon.

acometer, to attack.

acometimiento, *m.*, attack.

acompañar, to accompany, follow.

acompasado, *p. p.*, measured.

acompasar, to measure, mark time for.

acongojado, *p. p.*, oppressed, in anguish.

aconsejar, to advise; *refl.* to take advice.

acontecer, to happen.

acordar, to determine upon; tune, make harmonious; *refl. with* **de**, to remember.

acorde, *adj.*, in harmony.

acorrer, to aid.

acostar, to lay away.

acostumbrar, to be accustomed to.

acrecentar, to increase; advance.

acribillar, to pierce with holes (*like a sieve*).

actividad, *f.*, activity.

actor, *m.*, actor.

acuchillado, *p. p.*, slashed.

acudir (á), to have recourse to, turn to for aid; hasten up, approach; assist, attend.

Acuña, *pr. n.*

acusación, *f.*, accusation.

acusar, to accuse.

adalid, *m.*, chieftain, commander.

Adamuz, *pr. n.* (*a village in the province of Cordova; population about* 7000).

Adán, *pr. n. m.*, Adam.

adarga, *f.*, shield.

adelantado, *p. p.*, advance.

adelantarse, to take the lead, get ahead; advance.

adelante, *adv.*, ahead, forward, further; el llano adelante, forward across the plain.

ademán, *m.*, gesture, attitude.

además, *adv.*, moreover, besides; (*arch.*) excessively.

adentro, *adv.*, within.

adiós, *interj.*, farewell, good-by.

adivinar, to guess, foretell.

administrar, to administer, give.

admiración, *f.*, admiration.

admirado, *p. p.*, astonished; admiring.

admirar, to astonish, cause admiration; admire; *refl. with* de, to wonder at, admire.

admitir, to admit, accept, admit of.

adonde, *adv.*, whither.

adoración, *f.*, worship.

adorar, to worship, adore, love passionately.

adormecer, to lull, soothe.

adormecido, *p. p.*, drowsy, sleepy.

adormidera, *f.*, poppy.

adornar, to adorn, decorate.

adueñarse (de), to seize.

adulación, *f.*, flattery.

adulador, *m.*, flatterer.

adulto, *adj.*, adult, full-grown.

adusto, *adj.*, sullen.

adversidad, *f.*, adversity.

adverso, *adj.*, adverse.

advertido, *p. p.*, experienced, skilful.

advertir, to take notice, observe, note.

aéreo, *adj.*, aerial.

afable, *adj.*, affable.

afán, *m.*, care, anxiety; desire, solicitude, eagerness; toil.

afanar, to toil; desire eagerly.

afanoso, *adj.*, zealous, solicitous, eager.

afecto, *m.*, affection, love.

afeite, *m.*, cosmetic, paint.

afición, *f.*, affection; eagerness.

aficionar, to inspire affection.

afilar, to sharpen.

afiligranar, to adorn with filigree work, embellish.

aflicción, *f.*, affliction, grief.

afligir, to afflict, pain; *refl.* to grieve.

afortunado, *adj.*, fortunate, lucky.

afrenta, *f.*, insult; disgrace; ser afrenta á, to shame.

afrentarse, to be ashamed, blush.

África, *pr. n. f.*, Africa.

africano, *adj.*, African.

agave, *f.*, agave *or* maguey (*plant from which "pulque" is made*).

agitar, to agitate, stir, shake; *refl.* to stir, be uneasy; move, throng.

agolpar, to heap up, gather.

agonía, *f.*, agony; death struggle.

agonizante, *adj.*, in the throes of death, dying.

agora, *adv.*, now (*arch. and poetic for* **ahora**).

agostar, to parch, wither.

agotar, to exhaust.

agradablemente, *adv.*, agreeably, in a pleasing manner.

agradar, to please, gratify.

agradecer, to be grateful (*to one for something*).

agradecido, *p. p.*, grateful.

agreste, *adj.*, wild, rude.

agricultura, *f.*, agriculture.

agua, *f.*, water.

aguacero, *m.*, shower, downpour.

aguardar, *tr.* to await, wait for; *intr.* to wait.

agudo, *adj.*, sharp.

aguijón, *m.*, prick, spur, goad.

águila, *f.*, eagle; **águila caudal**, *see* **caudal**.

Aguilera, *pr. n.*

¡ah! *interj.*, ah!

ahí, *adv.*, there.

ahogar, to throttle, choke, stifle.

ahora, *adv.*, now.

ahuyentar, to put to flight.

airado, *adj.*, angry.

aire, *m.*, air, wind, breeze.

airón, *m.*, crest, plume.

airoso, *adj.*, airy.

aislamiento, *m.*, isolation.

Aja, *pr. n. f.*

ajeno, *adj.*, another's, foreign; **ajeno á**, ignorant of; **ajeno de**, void of, free from.

ajustar, to adapt, make conform.

ala, *f.*, wing.

Alá, *pr. n. m.*, Allah.

alabar, to praise.

alabarda, *f.*, halberd.

alado, *p. p.*, winged.

alamar, *m.*, frog and braid trimming.

alameda, *f.*, promenade bordered by trees.

álamo, *m.*, poplar.

alancear, to spear.

Alarcón, *pr. n.*

alarde, *m.*; **hacer alarde**, to boast.

alargar, to lengthen, prolong; reach out, hand over.

alarido, *m.*, shout, cry, shriek.

alazán, –ana, *adj.*, sorrel.

alazano = alazán.

alba, *f.*, dawn, morning light.

alberca, *f.*, pool, reservoir.

albo, *adj.*, white (*as alabaster*).

albor, *m.*, dawn; infancy.

alborada, *f.*, dawn of day; serenade at dawn.

alboroto, *m.*, tumult.

alborozarse, to make merry.

alborozo, *m.*, gaiety, merriment.

Alcabón, *pr. n.* (*a village near Toledo*).

alcadí, *m.*, (=cadí), Moorish judge, magistrate.

alcaide, *m.*, governor (*of a castle*).

alcalde, *m.*, mayor.

alcanfor, *m.*, camphor.

alcanzar, to attain to, reach, overtake; gain, obtain; alcanzar á hacer, succeed in doing.

Alcarria, *pr. n.* (*a mountainous district in the province of Guadalajara*).

alcázar, *m.*, castle, fortress.

alcoba, *f.*, bedroom.

Alcorcón, *pr. n.* (*a village 8 miles south of Madrid*).

alcurnia, *f.*, lineage.

Aldara, *pr. n. f.*

aldeana, *f.*, country girl, lass.

alegrar, to gladden.

alegre, *adj.*, happy, glad, merry, light-hearted.

alegría, *f.*, joy, gladness, pleasure.

Alejandro, *pr. n. m.*, Alexander (*the Great* [B.C. 356–323], *king of Macedonia, and conqueror of much of southwestern Asia. He was a great general, with a far-reaching ambition for conquest. He was also a great organizer and statesman, but unscrupulous*).

alejarse, to depart, separate oneself.

Alemania, *pr. n. f.*, Germany.

alentar, to stimulate, animate; foster, cherish.

aletear, to flit.

aleve, *adj.*, treacherous.

alevosía, *f.*, perfidy.

alevoso, *adj.*, treacherous.

alfabeto, *m.*, alphabet.

alfanje, *m.*, cutlas, scimitar.

alfombra, *f.*, carpet; surface (*of a plain*).

alforja, *f.*, saddle-bag.

algazara, *f.*, hubbub, shouting.

algo, *pron.*, something.

algodón, *m.*, cotton, cottonplant; wad of cotton.

Alhambra, *pr. n. f.* (the beautiful Moorish palace built on an elevated plateau that overlooks the city of Granada).

Alf, *pr. n. m.*

alianza, *f.*, alliance.

Aliatar, *pr. n. m.*

aliento, *m.*, breath, spirit; *pl.* vigor; **dar aliento á,** to blow.

alígero, *adj.*, winged.

alimaña, *f.*, beast.

Alimenón, *pr. n. m.* (Alimenón [written also **Almenón**], Moorish king of Toledo in the middle of the eleventh century. He received and protected Alfonso [afterwards Alfonso VI of Castile and León] when the latter fled from his brother Sancho. Alfonso VI took Toledo from Cadir, the son of Alimenón, in 1085, and made Cadir the nominal king of Valencia, but subject to Castile and León).

alimento, *m.*, food.

aliso, *m.*, alder.

aliviar, to relieve, lighten.

alivio, *m.*, solace.

Alixares, *pr. n. m. pl.* (The palace of the **Alixares** stood formerly near the present cemetery of Granada, to the southeast of the Alhambra.)

alma, *f.*, soul; dear one; **del alma,** dear.

Almanzor, *pr. n. m.*

almena, *f.*, merlon (of a battlement).

almendra, *f.*, almond; **almendra de cacao,** cocoa bean.

almete, *m.*, helmet.

almíbar, *m.*, syrup; sweetness.

almo, *adj.*, kindly, holy; creative, fostering.

almohada, *f.*, pillow.

Almonacid, *pr. n.* (There are several Spanish villages with this name. The one mentioned in " Fiesta de Toros," p. 27, l. 6, is in Alcarria.)

Almudena, *pr. n. f.* (an Arabic word denoting a public house where grain is bought and sold . . . The present cathedral of Our Lady of the Almudena in Madrid stands near the site of the ancient church of the Virgin of the Almudena, which was made into a Christian church from *a mosque when Alfonso VI captured Madrid in 1083. The turret on the wall, to which Moratín refers [p. 33, line 6] may have been on or near the site of the church of the Almudena.)*

alojar, to lodge, give lodging to.

Alpes, *pr. n. m. pl.,* Alps.

alrededor, *adv.;* **alrededor de,** about, around.

altanero, *adj.,* haughty, proud.

altar, *m.,* altar.

alterar, to change, disturb; *refl.* to be confused, excited.

altivo, *adj.,* proud, arrogant; lofty.

alto, *adj.,* high, tall, lofty; eminent; loud; **á lo alto,** on high; **de lo alto,** from aloft; *n. m.,* height, elevation.

altura, *f.,* height, summit; *pl.* heavens.

alumbrar, *tr.* to light, illuminate; *intr.* to shed light.

alumno, *m.,* disciple.

alzado, *p. p.,* lofty, arrogant, powerful.

alzar, *tr.* to raise, hoist; **alzar el galope,** to take a gal-

lop; *intr.* to rise; *refl.* to be raised, rise, appear.

allá, *adv.,* there; **más allá,** farther on.

allí, *adv.,* there, then; **por allí,** that way; **allí mismo,** on the very spot.

amable, *adj.,* pleasing, delightful.

amado, –a, *m. and f.,* loved one.

amador, *m.,* lover, suitor.

amainar, to die down, soften (*of wind*).

amante, *adj.,* loving; of lovers; *n. m.,* lover, suitor.

amapola, *f.,* poppy.

amar, to love.

amargo, *adj.,* bitter.

amargura, *f.,* bitterness, sorrow.

amarillo, *adj.,* yellow; livid.

amarrar, to fasten, lash.

ámbar, *m.,* amber; **guante de ámbar,** amber-colored glove.

ambición, *f.,* ambition.

ámbito, *m.,* space, room.

ambos, –as, *adj. and pron.,* both; **ambos á dos,** both.

ambrosía, *f.,* ambrosia; (*loosely*) perfume.

amedrentar, to frighten.

amenaza, *f.,* threat.

amenazar, to threaten.
ameno, *adj.*, pleasant, delightful.
América, *pr. n. f.*, America.
amigo, *adj.*, friendly; *n. m. and f.*, friend, lover.
amistad, *f.*, friendship.
amontonarse, to be piled up.
amor, *m.*, love; Cupid; object of love, loved one; *pl.* amours, love-affairs.
amoroso, *adj.*, loving.
amortecido, *adj.*, drowsy.
amparar, to protect.
amparo, *m.*, protection.
Anacreonte, *pr. n. m.*, Anacreon (*a Greek lyric poet* [561–476? B.C.]; *he sang chiefly the praise of wine and love*).
Anáhuac, *pr. n.* (*Nahuatlan name of the elevated central plateau of Mexico*).
ananás, *m.*, (=**anana**) pineapple.
anatema, *m.*, anathema, curse.
anciano, *adj.*, old, aged.
ancla, *f.*, anchor.
anclar, to anchor.
ancho, *adj.*, broad, wide, ample.
anchuroso, *adj.*, spacious, broad.
Andalucía, *pr. n. f.*, (*that part*

of southern Spain which comprises the provinces of Granada, Almería, Málaga, Cádiz, Huelva, Sevilla, Córdoba and Jaén).
andaluz, **-za**, *adj.*, Andalusian.
andar, to go, move, walk; be; **á más andar**, at full speed.
andas, *f. pl.*, litter, bier.
Ande, Andes, *pr. n. m. sing.;* **Andes**, *pr. n. m. pl.*, Andes (*the great mountain chain of South America, closely following the Pacific Coast*).
ángel, *m.*, angel.
angelito, *m.*, little angel.
ángulo, *m.*, corner.
angustia, *f.*, anguish.
angustiado, *adj.*, anguished, distressed.
angustioso, *adj.*, full of anguish.
anhelante, *adj.*, eager; panting, gasping, sobbing.
anhelar, to pant.
anhelo, *m.*, desire, yearning.
anidar, to nestle, dwell.
anillo, *m.*, ring.
ánima, *f.*, soul; *pl.* ringing of church-bells as a signal for prayer in behalf of the souls in purgatory.
animación, *f.*, animation.

animal, *m.*, animal.

animalejo, *m.*, little beast.

animar, to rouse, arouse; enliven; *refl.* to recover vigor *or* spirit, receive life; feel encouraged.

animo, *m.*, courage; mind, thought.

aniversario, *m.*, anniversary.

anochecer, to grow dark; al anochecer, at nightfall.

anónimo, *adj.*, anonymous.

ansia, *f.*, anguish, anxiety; *pl.* longing, eagerness.

ansiar, to long, yearn.

ansioso, *adj.*, anxious.

ante, *prep.*, before.

ante, *m.*, buckskin, chamois.

antecámara, *f.*, antechamber.

antediluviano, *adj.*, antediluvian.

antena, *f.*, yard.

antes, *adv.*, before, formerly; rather.

antesala, *f.*, antechamber.

antiguo, *adj.*, ancient, old.

Antillas, *pr. n. f. pl.*, Antilles (*the West India Islands*).

antorcha, *f.*, taper, torch.

anunciar, to announce, proclaim.

añadir, to add.

añafil, *m.*, Moorish trumpet.

añil, *m.*, indigo-plant.

año, *m.* year.

apacible, *adj.*, gentle, peaceful.

apaciguador, *m.*, pacifier.

apagar, to extinguish, destroy.

aparecer, (*also refl.*) to appear, come into view.

aparición, *f.*, apparition.

apartado, *p. p.*, far apart; far distant.

apartamiento, *m.*, separation, estrangement.

aparte, *adv.*, aside, apart.

apasionado, *adj.*, passionate.

apelación, *f.*, appeal.

apenas, *adv.*, barely.

apercibido, *p. p.*, prepared, provided.

apero, *m.*, farm implement.

apiñado, *p. p.*, close together; pyramidal.

apiñar, to join together, cluster.

aplacar, to appease.

aplicar, to apply.

apocar, to cramp, confine.

apoderarse (de), to take hold (of).

aporrear, to beat, maul.

aportar, to make port, arrive.

aposento, *m.*, room, apartment.

apostar, to post.
apostura, *f.*, neatness of appearance, adornment.
apoyar, to rest, support.
aprender, to learn.
aprestar, to make ready.
apresurar, to hasten; *refl.* to make haste.
apretar, to press, grasp.
aprisionar, to confine.
aprobación, *f.*, approval, approbation.
apuesto, *adj.*, elegant, attractive.
Apurima *or* Apurímac, *pr. n.* (*river and department of Peru*).
aquejar, to afflict, torment.
aquese, –a, –o, that (*arch. for* ese).
aqueste, –a, –o, this (*arch. for* este).
aquí, *adv.*, here; this point.
aquietarse, to grow calm, become still.
aquilón, *m.*, north wind.
Aquino, *pr. n.*, Aquinum (*in Italy; the birthplace of Juvenal*).
árabe, *m.*, Arab.
arabesco, *adj.*, Arabic; *n. m.*, arabesque.
arado, *p. p.*, furrowed; *n. m.*, plow.

Aravaca, *pr. n.* (*a village 6 miles from Madrid*).
arbitrio, *m.*, will, judgment.
árbitro, *m.*, arbiter.
árbol, *m.*, tree.
arbusto, *m.*, shrub, bush.
arcángel, *m.*, archangel.
arcano, *m.*, secret.
arco, *m.*, arch; bow.
arder, to burn, grow hot, glow.
ardiente, *adj.*, burning, glowing, hot; passionate, feverish.
ardor, *m.*, ardor, impetuosity.
ardoroso, *adj.*, ardent, passionate.
arduo, *adj.*, arduous, difficult.
arena, *f.*, sand; arena.
arenoso, *adj.*, sandy.
argentado, *p. p.*, silvery.
Argentina, *pr. n.*, Argentine (*the Argentine Republic; next to Brazil the largest state in South America, the total area being 1,114,000 square miles [two-fifths of that of the United States]. Unlike the other Spanish-American countries, most of Argentine is a broad plain gently rising from the ocean toward the Andes. The climate of central Argentine*

is temperate. Population, about 7,000,000, of whom only about 25,000 are Indians. Buenos Aires, the capital, is a beautiful city of some one million inhabitants).

argolla, *f.,* iron collar.

argüir, to infer.

arma, *f.,* weapon, arm, arms.

armar, to arm; set; **armar caballero,** knight.

armiño, *m.,* ermine.

armonía, *f.,* harmony; music.

armonioso, *adj.,* harmonious.

Arnaldos, *pr. n. m.*

arnés, *m.,* armor.

Arnesto, *pr. n. m.*

Arno, *pr. n.* (*one of the largest rivers in Italy, rising in the Apennines. It passes through Florence and enters the Mediterranean near Pisa.*)

aroma, *m.,* perfume, fragrance.

arpa, *f.,* harp.

arpón, *m.,* harpoon, barb.

arrancar, to tear out, pluck out, draw out, tear away; **arrancar del pecho,** utter.

arras, *f. pl.,* a sum of 13 gold coins given by the bridegroom to the bride at the wedding; dowry.

arrastrar, to drag, drag along, sweep away; *refl.* to crawl.

arrebatado, *p. p.,* violent, rapid, impetuous.

arrebatar, to carry away, snatch, catch up.

arreciar, to increase in intensity.

arreo, *m.,* adornment, decoration, dress.

arrepentido, *p. p.,* repentant.

arrepentimiento, *m.,* repentance.

arriba, *adv.,* up, upward, above.

arrobamiento, *m.,* rapture, bliss.

arrojar, to fling, hurl, cast, cast up; *refl.* to rush, cast oneself.

arrojo, *m.,* daring.

arropar, to drape, cover.

arroyada, *f.,* channel of a brook.

arroyo, *m.,* rivulet, stream.

arruga, *f.,* wrinkle.

arrullador, –ra, *adj.,* lulling, soothing.

arrullar, *tr.* to lull to sleep, soothe; *intr.* to coo.

arrullo, *m.,* lullaby.

arte, *m. and f.*, art, skill; device; trade.

arzón, *m.*, saddle-bow.

asalto, *m.*, attack.

asechanza, *f.*, ambuscade, ambush, snare.

asegurado, *p. p.*, assured, made safe; **asegurado de que**, assured against.

asegurarse, to hold fast; put oneself in safety.

asemejarse (á), to resemble.

asentado, *p. p.*, seated.

aseo, *m.*, neatness.

asesinar, to murder.

asesino, *m.*, assassin.

así, *adv.*, thus, so; also; of such sort.

Asia, *pr. n. f.*, Asia.

asido, *p. p.*, attached.

asiento, *m.*, seat; dwelling-place.

asilo, *m.*, refuge, retreat; protection.

asir, to seize; *refl. with á*, to seize, clutch.

asistente, *m.*, assistant; one present.

asmático, *adj.*, asthmatic.

asolación, *f.*, sack, plunder.

asolar, to desolate, pillage.

asomar, to begin to appear, appear, peep; *refl. with á*, to show oneself at, appear at, come to.

asombrar, to astonish; *refl.* to wonder.

asombro, *m.*, amazement, wonder.

asombroso, *adj.*, marvelous, wonderful.

asordar, to deafen.

áspero, *adj.*, rough, rude, cruel.

aspiración, *f.*, aspiration.

aspirar, to aspire.

asqueroso, *adj.*, filthy, disgusting.

astro, *m.*, heavenly body, orb.

astuto, *adj.*, crafty.

asunto, *m.*, affair.

atabal, *m.*, small drum.

atajar, to stop, cut short.

atalaya, *f.*, watch-tower.

atar, to tie, bind.

atarazado, *p. p.*, wounded, torn.

atemorizar, to intimidate.

atender, *tr.* to notice, heed; *intr.* to wait.

atenido, *p. p.*, subject.

atentamente, *adv.*, attentively, closely.

atento, *adj.*, attentive, watchful.

aterrador, -ra, *adj.*, terrible, dreadful.

aterrar, to terrify, appal.
Atila, *pr. n. m.*, Attila (*king of the Huns, who devastated eastern Europe in the fifth century*).
atisbar, to watch.
atizar, to incite.
Atlante, *pr. n. m.*, Atlas; mar Atlante, Atlantic ocean.
atlántico, *adj.*, Atlantic.
Atlántida, *pr. n. f.*, Atlantis (*the sunken continent which, according to legend, once existed in the Atlantic ocean. It is first mentioned in literature by Plato in the " Timoeus," and again in the " Critias." According to Plato, Atlantis was inhabited nine thousand years before by a powerful nation which only the Athenians were able to resist. It had finally been engulfed by the ocean*).
atmósfera, *f.*, atmosphere.
atónito, *adj.*, amazed, perturbed.
atormentar, to torment.
atraer, to attract.
atrás, *adv.*, backward.
atravesar, to go through, penetrate.
atreverse, to dare, venture.

atrevido, *p. p.*, bold.
atrevimiento, *m.*, audacity, insolence.
atribular, to afflict.
atributo, *m.*, attribute.
atrocidad, *f.*, atrocity.
atronar, to stun, stupefy (*with a loud noise*); thunder in.
atropellar, to trample under foot, knock down.
atroz, *adj.*, cruel.
aturrullar, to confuse, bewilder.
atusar, to trim, comb.
audacia, *f.*, boldness, daring.
Audalla, *pr. n. m.*
audaz, *adj.*, bold, audacious.
augusto, *adj.*, august, majestic, solemn.
aun, aún, *adv.*, yet, nevertheless, still, even.
aunque, *conj.*, although.
aura, *f.*, breeze; aura popular, popularity.
áureo, *adj.*, golden.
aurora, *f.*, dawn.
ausencia, *f.*, absence.
ausentarse, to be absent.
ausente, *adj.*, absent.
austeridad, *f.*, austerity.
austero, *adj.*, severe, austere.
austro, *m.*, south wind.
auto, *m.*, writ, decree; *pl.* documents (*in a lawsuit*).

autor, *m.*, author; cause.
avadar, to become low enough to ford.
avanzar, to advance.
avasallar, to subdue, enslave.
ave, *f.*, bird.
avecica, avecilla, *f.*, little bird.
aventurar, to risk.
aventurero, *m.*, adventurer, free lance.
averno, *m.*, hell.
avezado, *p. p.*, accustomed.
ávido, *adj.*, eager.
Ávila, *pr. n.* (*a mountain near Caracas, Venezuela*).
avisar, to warn, admonish, advise.
aviso, *m.*, notice, warning.
¡ay! *interj.*, alas! **¡ay de!** alas for!; *n. m.*, groan.
ayer, *adv.*, yesterday.
ayudar, to aid, assist, help.
azahar, *m.*, orange-blossoms.
azar, *m.*, disaster, disappointment; hazard, chance.
azorar, to terrify.
azotar, to lash.
azteca, *adj. and n.*, Aztec (*a race that came into central Mexico from the north probably about* 1000 A.D.; *it gradually conquered the country and established the Mexican empire, which was*

finally overthrown by the Spaniards under Cortés in 1521. *The civilization of ancient Mexico seems to have preceded the Aztecs, and was probably developed by the Mayas in southern Mexico and Nicaragua and by the Toltecs in Central and northern Mexico*); **golfo azteca,** gulf of Mexico.
azucena, *f.*, (white) lily.
azufre, *m.*, sulphur.
azul, *adj.*, blue, azure.
azulado, *adj.*, azure.

B

Babieca, *pr. n. m.* (*a famous horse of the Cid*).
Baco, *pr. n. m.*, Bacchus (*or Dionysus, in Greek mythology; a god of vegetation and the vine*).
bailar, to dance.
Bailén, *pr. n.* (*a Spanish town in the province of Jaén, where the French troops surrendered to the Spanish in July,* 1808, *in the Peninsular War*).
bajada, *f.*, descent.
bajar, *tr.* to lower; *intr.* to fall, settle down; descend.

bajel, *m.*, ship, vessel.

bajío, *m.*, shoal.

bajo, *adj.*, low, base; subdued; *prep.*, under; por bajo, beneath.

bala, *f.*, ball, bullet.

balbuciente, *adj.*, stammering.

balcón, *m.*, balcony.

balde, *m.;* en balde, in vain.

baldón, *m.*, reproach, insult.

balsámico, *adj.*, balmy.

ballestero, *m.*, crossbowman.

banano, *m.*, banana-tree.

banda, *f.*, sash, scarf; side (*of a ship*); border, edge.

bandada, *f.*, flock, covey.

bandera, *f.*, banner, flag.

bandido, *m.*, bandit.

bando, *m.*, party, faction.

bañar, to bathe.

baño, *m.*, bath.

baratar, to barter.

barato, *m.*, bargain; al barato, cheap.

barba, *f.*, beard.

bárbaro, *adj.*, barbarous, cruel.

barcelonés, –esa, *adj.*, of Barcelona.

barco, *m.*, boat, vessel.

barquichuelo, *m.*, small boat.

barrera, *f.*, barrier.

base, *f.*, base, foundation.

basílica, *f.*, basilica (*building for public meetings or religious services*).

bastar, to suffice, be enough.

bastón, *m.*, cane, stick; staff, wand.

basura, *f.*, ordure, filth.

batahola, *f.*, hubbub.

batalla, *f.*, battle.

batir, to beat, strike, dash, clap; batir las palmas, clap the hands.

baxilla = vajilla.

bayamés, –esa, *adj.*, native of Bayamo.

Bayamo, *pr. n.* (*a city near Santiago de Cuba, prominent in the revolution of* 1868).

beber, to drink.

Belcebú, *pr. n. m.*, Beelzebub.

beldad, *f.*, beauty.

Belén, *pr. n.*, Bethlehem.

beleño, *m.*, henbane, poison.

belfo, *adj.*, thick (*of lips*).

bélico, *adj.*, warlike, martial.

belicoso, *adj.*, warlike.

belleza, *f.*, beauty.

bello, *adj.*, beautiful, fair.

Benalguacil, *pr. n. m.*

Benavente, *pr. n.*

bendecir (*p. p.* bendito *and* bendecido), to bless, praise.

benéfico, *adj.*, charitable.

benigno, *adj.*, kind, gracious.
bergantín, *m.*, brig (*two-masted square-rigged vessel*).
bermejo, *adj.*, bright red; Torres Bermejas, the Vermilion Towers (*a fortress southwest of the Alhambra and near the city of Granada; so called from the reddish stone of which it is built. It is now used as a military prison*).
Bernardo, *pr. n. m.*, Bernard; Bernardo del Carpio (*according to tradition, an illegitimate son of a* Conde de Saldaña *and* Jimena, *sister of* Alfonso el Casto, *king of Asturias, in the eighth century. In legend,* Bernardo del Carpio *has come to be the Spanish adversary of the French* Roland, *and therefore the victor at the battle of Roncesvalles*).
besar, to kiss.
beso, *m.*, kiss.
Betis, *pr. n.* (= Guadalquivir, *a river which flows through Cordova and Seville*).
Biblia, *f.*, Bible.
bien, *adv.*, well; bien como, just like; ó bien . . . ó bien, either . . . or else; *n. m.*,

good, welfare, blessing; dear one, treasure; bien haya, hail to.
bienquisto, *adj.*, generally esteemed, liked.
bienvenido, *p. p.*, welcome.
bigote, *m.*, mustache.
birrete, *m.*, cap.
birretón, *m.*, large cap.
Bivar, *pr. n.* (*a village 6 miles north of Burgos*).
bizantino, *adj.*, Byzantine.
bizarría, *f.*, gallantry.
bizarro, *adj.*, gallant.
blanco, *adj.*, white.
blandamente, *adv.*, softly.
blandir, to brandish.
blando, *adj.*, soft, pleasing, mild, smooth.
blanquear, to show white.
blasfemar, to blaspheme.
Blasillo, *pr. n. m.*
blasón, *m.*, one of the figures on a coat of arms; blazon; glory; *pl.* coat of arms.
boca, *f.*, mouth, lips.
boda, *f.* (*also pl.*), wedding, nuptials.
bogar, to row.
Bolívar, *pr. n.* (Simón Bolívar y Ponte [1783–1830], el Libertador; *born at Caracas, Venezuela, of noble parents; was leader of the northern*

provinces of South America in their struggle for independence from Spain, which began with the insurrection of Caracas in 1810 *and ended successfully with the evacuation of Callao by the Spaniards in* 1826. **Bolívar** *was the first president of the region then known as Colombia, which is now divided into Venezuela, Colombia, Panamá and Ecuador).*

Bolivia, *pr. n. (a South-American republic named after Bolívar; area about* 515,000 *square miles; population about* 2,200,000. *The capital, Sucre, is* 8840 *feet above sea-level. Bolivia lost its seaboard to Chile in the war of* 1876).

bombacho, *m.*, loose trousers.

bonanza, *f.*, fair weather.

bondad, *f.*, goodness, kindliness.

bondadoso, *adj.*, kind, kindly.

bonete, *m.*, cap.

Borbón, *pr. n.*, Bourbon (*a noble family of France, representatives of which occupied several thrones in Europe after the* 16*th century. The dynasty in France began*

with Henry IV [1553–1610] *and ended with Louis Philippe in* 1848. *The Spanish Bourbon dynasty began with Philip, duke of Anjou* [1683–1746], *a grandson of Louis XIV of France, who ascended the Spanish throne as Philip V in* 1700. *The present king of Spain, Alfonso XIII, is a Bourbon.*

Charles Bourbon [1489–1527], *Duke of Bourbonnais and Constable of France, being ill-treated by Francis I, king of France, offered his services to Charles V of Spain, and helped the Spaniards to defeat the French at Pavia in* 1525).

bordado, *m.*, embroidery.

bordar, to embroider; border.

borde, *m.*, edge; border.

bóreas, *m.*, Boreas (*the North Wind*).

borgoñón, –ona, *adj.*, Burgundian; **á la borgoñona**, in the Burgundian manner.

borlón, *m.*, tassel.

borrar, to erase, blot out, efface; **mal borrado**, ill-concealed.

borrasca, *f.*, tempest, storm.

borrascoso, *adj.,* tempestuous, stormy.

borrón, *m.,* blot.

bosque, *m.,* wood, forest.

bostezar, to yawn.

bota, *f.,* boot.

bote, *m.,* boat, skiff.

botón, *m.,* bud.

bóveda, *f.,* arch, vault.

Boyacá, *pr. n.* (*town and department, in Colombia. Near the town of Boyacá, 7500 feet above sea-level, the Spanish Americans defeated the Spaniards in 1819*).

bramador, –ra, *adj.,* roaring.

bramar, to roar; bluster, storm.

bramido, *m.,* howl; roaring.

Brasil, *pr. n.,* Brazil (*United States of Brazil, a republic of South America that is larger than the United States of America excluding Alaska; area, about 3,220,000 square miles; population, about 21,000,000, of whom not more than one-half are pure European stock. The capital, Rio de Janeiro, is a picturesque city and important sea-port, with some 1,000,000 inhabitants. Portuguese is spoken in Brazil, while in all the other American republics south of the United States Spanish is spoken*).

bravío, *adj.,* wild, untamed.

bravo, *adj.,* brave; powerful.

bravura, *f.,* ferocity.

brazo, *m.,* arm.

breve, *adj.,* brief, short.

breviario, *m.,* breviary.

brida, *f.,* bridle-rein.

bridón, *m.,* steed.

brillador, –ra, *adj.,* brilliant.

brillante, *adj.,* brilliant, bright, radiant.

brillar, to shine, glisten, glitter.

brillo, *m.,* gleam, brilliance, lustre.

brindar, to offer.

brinquiño, *m.,* trinket, ornament.

brío, *m.,* spirit, vigor.

brioso, *adj.,* spirited, mettlesome.

brisa, *f.,* breeze.

brocado, *m.,* brocade.

broma, *f.,* joke, jest.

bronce, *m.,* brass; cannon.

brotar, *tr.* to put forth; *intr.* to issue, gush forth; bud.

bruja, *f.,* witch.

bruma, *f.,* mist, haze.

brusco, *adj.*, rude.

brutal, *adj.*, brutal, brute.

bruto, *m.*, brute, beast, animal.

bueno, *adj.*, good, kind.

bufar, to snort, blow.

bufón, *m.*, buffoon, coarse jester.

buho, *m.*, owl.

buitre, *m.*, vulture.

bulto, *m.*, bulk, mass; dim form.

bulla, *f.*, bustle, racket.

bullicio, *m.*, bustle, tumult.

bullicioso, *adj.*, lively.

bullir, to move, stir.

buque, *m.*, vessel, ship.

Burgos, *pr. n.* (*a town in northern-central Spain; population, about* 30,000; *one-time capital of old Castile, and famous as the home town of the Cid*).

burlar, to mock, deceive, disappoint; *refl. with* de, to laugh at, make sport of, evade.

burro, *m.*, donkey.

busca, *f.*, search, pursuit.

buscar, to seek, seek for.

C

cabalgadura, *f.*, riding animal, horse.

caballero, *adj.* (*with* en), riding, astride; *n. m.*, knight, cavalier, gentleman.

caballo, *m.*, horse; á caballo, on horseback.

cabaña, *f.*, hut, cottage.

cabellera, *f.*, hair, tresses.

cabello, *m.*, hair (*of the head*).

caber, to fall to (*the lot of*); be contained.

cabeza, *f.*, head.

cable, *m.*, cable.

cabo, *m.*, extremity, end; bottom; al cabo, at last, in the end; *pl.* mane and tail (*of a horse*).

Cachemira, *pr. n.*, Cashmere.

cachorro, *m.*, whelp, cub.

cachucha, *f.*, cap; a popular Andalusian dance.

cachuchero, *m.*, cap-maker.

cachuchita, *dim. of* cachucha.

cada, *adj.*, each, every; cada cual, each one; cada cual más hermosa, vying with each other in beauty.

cadalso, *m.*, scaffold.

cadáver, *m.*, corpse, dead body.

cadena, *f.*, chain.

cadera, *f.*, hip, thigh.

caer, to fall, droop; set (*of the sun*).

caído, *p. p.*, fallen, downcast.

calado, *p. p.*, perforated, traceried; pressed down (*of a hat*).

calandria, *f.*, calendar lark.

Calatrava, *pr. n.* (*a religious and military order in Spain, founded in* 1158).

Calderón, *pr. n.*, Calderon (*see note to p.* 18).

calenturiento, *adj.*, feverish.

caliente, *adj.*, warm, hot.

cáliz, *m.*, calyx.

calma, *f.*, calm, quiet; en calma, calm.

calmar, to calm, still, quiet.

calor, *m.* (*and arch. f.*), heat, warmth.

calumnia, *f.*, calumny, slander.

calzas, *f. pl.*, breeches, trousers.

calzar, to put on, wear (*boots or spurs*).

callado, *p. p.*, silent.

callar, *tr.* to hush, still; callar á, keep secret from; *intr.* to be silent, keep silence.

calle, *f.*, street, lane; ¡calle! make way! hacer calle, to make way.

callejuela, *f.*, narrow street, lane, alley.

cama, *f.*, bed, couch.

camafeo, *m.*, cameo.

camalote, *m.*, an aquatic plant which floats on the surface of the water.

cámara, *f.*, hall, chamber.

cambiar, to change.

cambio, *m.*, exchange.

cambrón, *m.*, bramble.

Cambrón; Puerta del Cambrón (*a gate in the northwest wall of the city of Toledo, built by Alfonso VI in* 1102 *and restored in* 1576).

caminante, *m.*, traveler.

caminar, to travel, move.

camino, *m.*, way, road, path; camino de Valencia, on the road to Valencia.

campana, *f.*, bell.

campanario, *m.*, bell-tower, belfry.

campaña, *f.*, campaign.

campesino, *adj.*, rustic, rural.

campiña, *f.*, field, champaign.

campo, *m.*, field, battlefield; country (*as opposed to city*).

can, *m.*, dog, canine.

canalla, *f.*, mob, rabble.

canción, *f.*, song.

candelilla, *f.*, candle.

cándido, *adj.*, candid, guileless; white.

candor, *m.*, candor, ingenuousness, purity.

cano, *adj.*, white, hoary.

cansado, *p. p.*, weary, tired; tedious, wearisome.

cansar, to tire, weary; *refl.* to become tired.

cantar, *m.*, song.

cantar, *tr.* to sing, sing of; *intr.* to sing.

cántico, *m.*, canticle, song of praise.

cantilena, *f.*, short piece of verse, generally intended to be sung.

canto, *m.*, song, singing; stone, pebble.

cantor, –ra, *adj.*, singing; *n. m. and f.*, singer.

caña, *f.*, reed, cane, sugar-cane; walking-stick, cane.

cañón, *m.*, cannon.

caos, *m.*, chaos.

capa, *f.*, cloak, cape.

capaz, *adj.*, capacious.

capelo, *m.*, priest's hat.

capilla, *f.*, chapel.

capitán, *m.*, captain.

capricho, *m.*, fancy; fanciful design.

caprichoso, *adj.*, fanciful.

cara, *f.*, face; **hacer cara á,** to confront.

caracol, *m.*, shell trumpet, conch.

carcajada, *f.*, burst of laughter.

carcelera, *f.*, woman jailer, jailer's wife.

carcelero, *m.*, jailer.

carga, *f.*, burden; cargo.

cargado, *p. p.*, laden, loaded; overhung.

cargar, *tr.* to load, weigh down; *intr.* (*with* **con**) to take up (*a load*).

cargo, *m.*, office, employment, dignity.

caricia, *f.*, caress.

cariño, *m.*, love, affection.

cariñoso, *adj.*, affectionate, loving.

Carlos, *pr. n. m.*, Charles; **Carlos Quinto,** Charles the Fifth ([1500–1558], *king of Spain and emperor of the Holy Roman Empire*).

Carmen, *pr. n. m.*, order of monks and of nuns (*that takes its name from Mt. Carmel, in Palestine. The Virgin Mary is said to have revealed the scapular which became a distinctive mark of the order*).

carmín, *m.*, carmine (*the coloring matter of cochineal*).

carnaval, *m.*, carnival.

carne, *f.*, flesh.

carnicero, *adj.*, carniverous; bloodthirsty.

carnoso, *adj.*, fleshy.

caro, *adj.*, dear.

carrera, *f.*, course, running.

carro, *m.*, car, chariot.

Cartagena, *pr. n.* (*a seaport on the southeast coast of Spain.*)

cartón, *m.*, pasteboard, cardboard; papier-mâché.

casa, *f.*, house.

casar, to marry, give in marriage; *intr. and refl. with* con, to marry.

cascada, *f.*, cascade, waterfall.

cascado, *p. p.*, broken, infirm.

casco, *m.*, helmet.

casi, *adv.*, almost, nearly.

caso, *m.*, case, event; por caso, perchance.

casta, *f.*, breed.

castañuela, *f.*, castanet.

castellano, *adj.*, Castilian.

castigo, *m.*, punishment.

Castilla, *pr. n.*, Castile (*formerly a kingdom in northern-central Spain, that in time absorbed the other Christian Spanish kingdoms. To-day there are two regions of this name in Spain, known as New Castile and Old Castile. The former lies in the center of the peninsula; the latter extends from New Castile north to the coast*).

castillo, *m.*, castle, fortress.

casto, *adj.*, chaste.

catadura, *f.*, face.

catástrofe, *f.*, catastrophe.

catedral, *f.*, cathedral.

caterva, *f.*, throng, crowd, multitude.

católico, *m.*, Catholic.

Cauca, *pr. n.* (*a river in Colombia, South America, the chief tributary of the Magdalena*).

Cáucaso, *pr. n.*, Caucasus (*a mountain range forming part of the boundary between Europe and Asia*).

caudal; águila caudal, long-tailed eagle, royal eagle.

caudaloso, *adj.*, copious, carrying much water.

caudillo, *m.*, leader, commander, chief, head.

causa, *f.*, cause; por su causa, on his account.

causar, to cause.

cautivo, *adj.*, captive.

caverna, *f.*, cavern, cave.

cavernoso, *adj.*, cavernous.

cayado, *m.*, staff.

caza, *f.*, chase, hunt, hunting, fowling; game.

cazador, *m.*, huntsman, hunter.

cazar, to hunt, go fowling.

ceder, to yield, give up.

cedro, *m.*, cedar.

céfiro, *m.*, zephyr, breeze.

cegar, to blind.

ceja, *f.*, eyebrow.

celada, *f.*, helmet.

celaje, *m.*, appearance of the sky when covered by light clouds of many colors; variegation.

celar, to watch over; conceal.

celebrar, to celebrate.

celeste, *adj.*, heavenly, celestial.

celestial, *adj.*, heavenly, celestial.

celo, *m.* (*used mostly in plural*), jealousy.

celosía, *f.*, Venetian blind, lattice.

celoso, *adj.*, zealous; jealous.

cementerio, *m.*, cemetery.

cena, *f.*, supper.

cendal, *m.*, sendal, silk gauze.

ceniciento, *adj.*, ash-colored, ashen.

cenit, *m.*, zenith.

ceniza, *f.*, ashes, remains of the dead.

censorio, *adj.*, critical.

censura, *f.*, censure, reprimand.

centella, *f.*, lightning-flash; spark.

centellante, *adj.*, sparkling, flashing.

centellar, to sparkle, flash, twinkle.

centelleante, *adj.*, gleaming, flashing.

centelleo, *m.*, scintillation, twinkling.

centinela, *m.*, sentinel, sentry.

centro, *m.*, center; natural environment, place of origin.

ceñir, to gird on, fasten on, girdle, wreathe.

ceño, *m.*, frown; supercilious glance.

ceñudo, *adj.*, grim, frowning.

cerca, *adv.*, near at hand, close by; de cerca, near; cerca de, *prep.*, near.

cercanía, *f.*, neighborhood, vicinity.

cercano, *adj.*, near at hand, close.

cercar, to encircle, surround; circle.

cercenar, to lop off, cut off.

cerco, *m.*, circlet, ring.

cerdoso, *adj.*, bristly.

cerradura, *f.*, lock.

cerrar, *tr.* to shut, close; *intr. with* **con**, to close with, attack.

cerro, *m.*, hill.

Cervantes, *pr. n.* (Miguel de Cervantes Saavedra [1547–1616], *the author of "Don Quijote" and many other works, and generally considered the most famous of all Spanish writers*).

cerviz, *f.*, nape of the neck, neck.

cesar, to cease, stop; **sin cesar**, incessantly, constantly.

César, *pr. n.*, Cæsar (Gaius Julius Caesar [B.C. 100–44], *a famous Roman general, statesman, and writer*).

césped, *m.*, turf, grass.

cetro, *m.*, sceptre.

ciclópeo, *adj.*, (*when in rime may be accented on the penult*) Cyclopean.

Cid, *pr. n.* (*Arabic* sîdî, '*my lord*'), Cid (Rodrigo [*or* Ruy] Díaz de Bivar [*or* Vivar*]*; *born at Burgos, or at the village of Bivar near Burgos; died at Valencia in* 1099. *A Castilian, he fought for and against Castile; for a time he was an independent chieftain near Saragossa; finally he conquered Valencia, which he held till his death. He married Jimena* [*French* Chimène], *daughter of the Count of Oviedo, a lady closely related to Alfonso VI. Tradition has made of the Cid a legendary hero who personifies Christian Spain in its struggles with the Mohammedan Moors*).

ciego, *adj.*, blind.

cielo, *m.*, sky, heaven, atmosphere.

ciencia, *f.*, science; knowledge; skill.

cieno, *m.*, mud, mire.

ciento, cien, one hundred.

cierto, *adj.*, certain, a certain; **ser cierto**, to be true.

ciervo, *m.*, stag.

cierzo, *m.*, north wind.

cifra, *f.*, device, emblem.

cifrar, to comprise; **cifrar en**, fix upon, make depend upon; **cifrar el empeño en**, fix one's desires upon.

cima, *f.*, summit, top; **por cimas de**, over.

cimiento, *m.*, foundation.

cinta, *f.*, ribbon.

cintillo, *m.*, hat-band.

cinto, *m.*, belt.

ciprés, *m.*, cypress.

circo, *m.*, amphitheater, arena.

circular, *adj.*, circling.

circular, to circulate.

circundar, to surround, encircle.

circunscribir, to bound, enclose.

cirio, *m.*, large wax candle.

cita, *f.*, rendezvous, meeting.

citar, to cite, quote; summon.

ciudad, *f.*, city.

ciudadano, *m.*, citizen.

civil, *adj.*, civil.

clamar, to shout, cry, make outcry.

clamor, *m.*, clamor, outcry; tolling.

clamoreo, *m.*, shrieking.

clamoroso, *adj.*, noisy.

claramente, *adv.*, clearly.

claridad, *f.*, light, splendor.

clarín, *m.*, bugle.

claro, *adj.*, clear, bright; pure; plain.

claustro, *m.*, cloister.

clavar, to nail, fasten, stick in, fix.

clavel, *m.*, pink, carnation.

clavo, *m.*, nail.

clemencia, *f.*, mercy.

clemente, *adj.*, merciful.

clérigo, *m.*, priest.

clima, *m.*, climate, clime.

Clori, *pr. n. f.*, Cloris.

cobarde, *adj.*, cowardly.

cobrar, to recover.

cocal, *m.*, grove of cocoanut-trees.

cocodrilo, *m.*, crocodile.

coche, *m.*, coach, carriage.

codicioso, *adj.*, greedy, covetous, eager.

codo, *m.*, elbow.

coger, to seize, capture, catch; gather; lo cogido, the spoils.

cola, *f.*, tail.

cólera, *f.*, rage, anger.

coleto, *m.*, buff doublet *or* jerkin.

colgar, to hang, suspend.

colina, *f.*, hill, hillock.

colocar, to place, instal.

Colombia, *pr. n.* (*the only state of South America that lies on both the Atlantic and Pacific Oceans; area, about 500,000 square miles; population, about 5,000,000; the capital, Bogotá, is 8700 feet above sea-level and has a mild, temperate climate. The country was named after Columbus*).

Colombiano, *adj.*, Colombian.

Colón, *pr. n.,* Columbus (Christopher Columbus [1446–1506]; *born near Genoa, Italy; while in the service of Spain he discovered America in* 1492).

coloquio, *m.,* conversation.

color, *m.,* color; complexion.

colorado, *adj.,* red.

colorar, to color.

colosal, *adj.,* colossal, gigantic.

columbrar, to see vaguely, distinguish.

collado, *m.,* hill.

collar, *m.,* necklace.

comarca, *f.,* district, region.

combate, *m.,* combat, battle.

combatiente, *m.,* combatant, fighter.

combatir, *tr.* to combat, fight, give battle, attack; strain; *intr.* to fight.

comedido, *p. p.,* courteous, civil.

comentar, to comment, make comments.

comentariar, to make a commentary upon, gloss.

comenzar, to begin, commence.

comer, to eat, devour, consume.

comitiva, *f.,* retinue.

como, *adv.,* how, as, like; as if; ¡cómo! how! why!

compañera, *f.,* companion, consort.

compañía, *f.,* companions, company.

comparar, to compare.

compás, *m.,* rhythm.

compasado, *p. p.,* rhythmic.

compasión, *f.,* compassion, pity.

compendiar, to condense, summarize.

complacencia, *f.,* pleasure, satisfaction.

complacer, to please, satisfy; *refl.* to take delight.

completo, *adj.,* complete.

complicado, *p. p.,* complex.

componer, to arrange, form; settle, adjust.

comportar, to suffer, endure.

comprar, to buy.

comprender, to comprehend, understand, know.

comprimir, to repress, bind.

común, *adj.,* common; **de común,** together.

comunión, *f.,* communion, fellowship.

comúnmente, *adv.,* usually.

con, *prep.,* with, by; **con que,** so then, and so.

cóncavo, *adj.,* hollow.

concebir, to conceive, create.

conceder, to grant.

concentrar, to concentrate.

conciencia, *f.,* conscience; consciousness.

concilio, *m.,* council; assembly of bishops.

concluir, to conclude, complete.

conclusión, *f.,* conclusion.

concurso, *m.,* assembly, multitude.

Concha, *pr. n. f. (derivative of* **Concepción = María de la Concepción),** Conception.

conde, *m.,* count.

condenar, to condemn, doom.

condestable, *m.,* constable, lord high constable.

condición, *f.,* condition, state.

conducir, to convey, carry; lead.

confesar, to confess.

confesión, *f.,* confession.

confesor, *m.,* confessor.

confiar, to entrust; *refl. with* **de,** to put one's trust in.

confidente, *m.,* confidant, intimate friend.

confín, *m.,* confine, border.

conforme, *adj.,* similar, corresponding.

confundir *(p. p.* **confundido** *and* **confuso),** to jumble to-gether, heap together, confuse, confound, mingle.

confusión, *f.,* confusion, disorder; bewilderment.

confuso, *adj.,* confused, dim, indistinct.

congoja, *f.,* anguish, distress.

congojar, to oppress, afflict.

congregarse, to assemble.

Conil, *pr. n. (a town in the province of Cadiz).*

conmover, to stir, affect, excite.

conocer, to know, be *or* become acquainted with, recognize.

conocimiento, *m.,* consciousness.

conquista, *f.,* conquest.

conquistador, *m.,* conqueror, invader.

consagrar, to dedicate.

conseja, *f.,* story, tale.

consejo, *m.,* advice.

consentir, to consent, admit, suffer.

conservar, to keep, preserve.

considerar, to treat with respect.

consolación, *f.,* consolation, comfort.

consolador, –ra, *adj.,* consoling, comforting.

consolar, to comfort.

constancia, *f.*, constancy, perseverance.

constante, *adj.*, firm, unalterable, faithful.

consternación, *f.*, consternation.

consternado, *p. p.*, terrified, in consternation.

construir, to build.

consuelo, *m.*, consolation.

consultar, to consult.

consumar, to complete.

consumir, to exhaust, wear out; squander.

contagio, *m.*, contagion, disease.

contaminar, to contaminate.

contar, to count; relate, tell; contar con, count upon, rely upon.

contemplación, *f.*, meditation.

contemplar, to view, behold, gaze at, look at.

contener, to restrain, check.

contento, *m.*, contentment, joy.

contestar, to reply, answer.

contienda, *f.*, struggle.

contino, *adv.* (*for* continuo), *or* de contino, continually, constantly.

contorno, *m.*, outline, contour.

contra, *prep.*, against.

contrario, *adj.*, hostile.

contraste, *m.*, contrast.

convalecer, to recover, recuperate.

convencer, to convince.

convenir, to suit, be fitting.

converter, to convert, change; *refl. with* en, to change to, become.

convidar, to invite.

convocar, to summon.

copa, *f.*, cup; tree-top.

copia, *f.*, copy, counterpart.

copiar, to copy, transcribe.

coral, *m.*, coral.

corazón, *m.*, heart.

corcel, *m.*, charger, steed.

corchete, *m.*, constable.

cordero, *m.*, lamb.

Córdoba, *pr. n.*, Cordova (*a Spanish city of some 50,000 inhabitants, on the Guadalquivir River above Seville. It was formerly a populous Moorish capital of great wealth and splendor. It was taken by the Christian Spaniards, under St. Ferdinand, in* 1236).

cordura, *f.*, prudence, good sense; sin cordura, foolishly.

corneta, *f.*, bugle; corneta de monte, huntsman's horn.

corona, *f.*, crown.
coronar, to crown.
corpulento, *adj.*, corpulent, fat, of large size.
corredor, *m.*, corridor, entry.
correr, *tr.* to travel, go over; *intr.* to run, hasten; glide by, flow, pass; el tiempo que corre, the present time.
correría, *f.*, excursion, foray.
corresponder, to answer, respond.
corriente, *f.*, current.
corrupción, *f.*, corruption, depravity.
cortar, to cut.
corte, *f.*, court.
cortejo, *m.*, cortège, procession.
cortés, *adj.*, courteous, polite.
cortesano, *adj.*, courteous, gentle.
cortesía, *f.*, courtesy, civility, favor.
corto, *adj.*, short, slight.
corvejón, *m.*, hock, bend of the knee.
corvo, *adj.*, crooked.
cosa, *f.*, thing.
coselete, *m.*, corselet.
coser, to sew; cosido en, sticking close to.
coso, *m.*, square for bull-fights

or, other public entertainments.
costa, *f.*, cost, expense; coast, shore.
costar, to cost.
costoso, *adj.*, costly.
costumbre, *f.*, custom.
crapuloso, *adj.*, drunken.
crear, to create.
crecer, to increase, grow, rage.
crecido, *p. p.*, full.
creciente, *adj.*, increasing.
crédulo, *adj.*, credulous, believing.
creencia, *f.*, belief.
creer, to believe, think, deem.
crepúsculo, *m.*, dawn; twilight, dusk.
Crespo, *pr. n. m.*
criador, *m.*, creator.
criar, to create, produce; educate, rear, bring up.
crin, *f.*, mane.
cristal, *m.*, crystal; mirror; window-pane.
cristalino, *adj.*, crystalline, glassy.
cristiano, *adj. and n.*, Christian.
Cristo, *pr. n. m.*, Christ.
Cristóbal, *pr. n. m.*, Christopher.
crucificar, to crucify.
crucifijo, *m.*, crucifix.

crudo, *adj.*, rude, cruel. .

cruel, *adj.*, cruel.

crueldad, *f.*, cruelty.

cruento, *adj.*, bloody.

crujir, to crackle, creak.

cruz, *f.*, cross.

cruzar, to cross, pass, pass through; **cruzar por,** pass through; *refl.* to intermingle.

cuadra, *f.*, large hall.

cuadrar, to fit, please.

cuadrilla, *f.*, band.

cuadro, *m.*, picture.

cuajar, to curdle; load; **cuajado de,** coated with, heavy with.

cual, *adv.*, as, like, as if; how!; *pron.*, which, who; such as; **cada cual,** each one; **cual ... , cual,** one ... , another.

cualquiera, *adj. and pron.*, any one, any whatever.

cuando, *conj.*, when.

cuanto, cuan, how great, how much, how many, · how many a, how; as many as, as much as, all that, every that; **cuanto más,** the more; **en cuanto,** as soon as.

cuarenta, forty.

cuartel, *m.*, barracks.

cuarto, fourth.

cuatro, four.

cuasi–semi–ex–gozquejo, ·*m.*, quasi-semi-ex-little-cur.

cuba, *f.*, vat.

Cuba, *pr. n. (the largest island republic of the West Indies; area,* 44,000 *square miles; population, about* 2,000,000, *of whom two thirds are white. Cuba was the last of the Spanish-American States to gain independence from Spain* [*in* 1898] *after many revolts*).

cubano, *adj.*, Cuban.

cubo, *m.*, turret.

cubrir (*p. p.* **cubierto**), to cover.

cuchilla, *f.*, sword.

cuchillo, *m.*, knife; sword.

cuello, *m.*, neck.

cuento, *m.*, story, tale; **sin cuento,** numberless.

cuerda, *f.*, string, bow-string; rope; *pl.* cordage.

cuerdo, *adj.*, prudent, discreet.

cuerpo, *m.*, body, corpse.

cuesta, *f.*, slope,. hill.

cueva, *f.*, cave.

cuidado, *m.*, care, heed; anxiety, apprehension; **tener cuidado,** to take care.

cuidadoso, *adj.*, careful.

cuitado, *adj.*, sad, sorry, miserable, unfortunate.

cuja, *f.*, lance-bucket (*leather bag fastened to the saddle, in which to rest the butt of the lance*).

culebrina, *f.*, wavy streak of fire.

culpa, *f.*, guilt.

culpable, *adj.*, guilty.

culpar, to bring blame upon, blame; culpado, guilty.

culto, *adj.*, cultured, polished; *n. m.*, cult, worship.

cultura, *f.*, education, culture.

cumbre, *f.*, peak, summit.

cumplir, *tr.* to discharge, carry out, perform, complete, fulfil; cúmplase tu voluntad, thy will be done; *intr.* to befit, be the right of; keep one's word.

cuna, *f.*, cradle.

cundir, to spread.

cúpula, *f.*, cupola, dome.

cura, *m.*, parish priest, priest.

curar, *tr.* to cure, heal; *intr.* to care; curar *or* curarse de, care for, notice.

cureña, *f.*, gun-carriage.

curiosidad, *f.*, strange sight, curiosity.

curioso, *adj.*, inquisitive, curious.

curso, *m.*, course.

curva, *f.*, curve.

Ch

chal, *m.*, shawl.

charlar, to chatter, prattle.

chico, *adj.*, little; *n. m.* and *f.*, child, urchin.

Chile, *pr. n.* (*a republic on the west coast of South America, from 70 to 250 miles wide and about 2700 miles long; area, about 290,000 square miles; population, about 4,000,000. Chile and Argentine are the most progressive states of South America, by reason of their temperate climate and the preponderance of Europeans in the population. The capital, Santiago, is near the coast and has about 300,000 inhabitants*).

chileno, *adj.*, Chilean.

chillar, to screech, scream.

chillido, *m.*, shriek, shrill cry.

china, *f.*, sweetheart.

chispa, *f.*, spark.

chispear, to shine brightly, sparkle.

chisporroteo, *m.*, sputtering.

chocar, to clash, collide.

Cholula, *pr. n. (an old Mexican town, in the state of Puebla, 7000 feet above sea-level; population, about 12,-000. Near Cholula stands one of the largest pyramids in Mexico. Cholula was an important religious center of ancient Mexico).*

choluteco, *adj.*, of Cholula.

chusma, *f.*, crew.

D

dama, *f.*, lady.

damasco, *m.*, damask, figured silk.

damasquino, *adj.*, of Damascus, Damascene.

Dante, *pr. n. m. (Dante Alighieri* [1265–1321], *the greatest of Italian poets, author of the* "Divine Comedy" *and other works).*

Danubio, *pr. n.*, Danube (*length* 1800 *miles; rises in the Black Forest, Baden, and empties into the Black Sea).*

danzar, to dance; whirl.

dañar, to injure, do harm to.

daño, *m.*, damage, injury, harm.

Daoiz, *pr. n. (Luis Daoiz* [1767–1808], *a Spanish captain of artillery who distinguished himself, and lost his life, in fighting the French invaders, in the uprising of May 2, 1808. See* Velarde).

dar, to give; cause; dar á, land in, visit; dar por, consider; dar el rostro, set the face; dar voces, shout, call out.

de, *prep.*, of, from; in, with, by; than; as.

debajo de, *prep.*, under, beneath.

debelador, –ra, *n. m. and f.*, conqueror.

deber, to owe; must, ought, have to; be about to.

debido, *p. p.*, due, proper.

débil, *adj.*, weak.

decana (*f. of* decano), dean.

decir, to say, speak, tell, read.

decisión, *f.*, decision, resolve.

decisivo, *adj.*, decisive, resolute.

declaración, *f.*, deposition.

declarado, *p. p.*, avowed.

declinar, to descend, sink.

decoro, *m.*, gravity, honesty; honor.

dedicar, to devote, offer.

dedo, *m.*, finger.

defecto, *m.*, defect, fault.
defender, to defend.
defensa, *f.*, defense.
defensor, *m.*, defender, protector.
deforme, *adj.*, disfigured, imperfect, hideous.
degollar, to behead.
deificar, to deify.
dejar, to leave; cease, fail.
dejo, *m.*, inflection.
delante, *adv.*, in front; delante de, in front of, before.
deleite, *m.*, pleasure.
deleitoso, *adj.*, delightful, agreeable.
delgado, *adj.*, slender, delicate.
delicado, *adj.*, delicate.
delicia, *f.*, delight.
delicioso, *adj.*, delicious, delightful.
Delio, *pr. n. m.*
delirar, to rave, dote, dwell on with passion; delirar por, be very eager to.
delirio, *m.*, delirium, moment of madness, madness.
delito, *m.*, fault, crime.
dellas, *arch. for* de ellas.
demandar, to ask.
demás; los demás, the others, the rest.
demencia, *f.*, insanity.

denso, *adj.*, dense.
dentro, *adv.*, inside, within.
dentro, dentro de, *prep.*, within, inside of.
deparar, to offer, present with.
deponer, to lay aside.
depositar, to deposit.
depósito, *m.*, trust.
derecho, *adj.*, straight, right; *n. f.*, right hand; *n. m.*, right.
derramar, to shed; *refl. with* de, to stream from.
derredor, *m.;* en derredor, round about.
derrengado, *p. p.*, lame.
derretirse, to melt.
derribar, to overthrow, knock down, hurl down, throw off; slouch (*a hat*).
derrota, *f.*, defeat.
derrumbar, to precipitate, topple down; *refl.* to fall.
desabrido, *p. p.*, rough, cruel.
desabrochado, *p. p.*, unbuttoned, open.
desafiar, to challenge; rival.
desagravio, *m.*, satisfaction (*for an offense*).
desahogar, to relieve, unburden.
desalentar, to put out of breath; discourage.

desamor, *m.*, lack of love; loneliness of spirit.

desamparar, to abandon.

desaparecer, to disappear.

desastre, *m.*, disaster, misfortune.

desatar, to loosen, free.

desatentado, *adj.*, heedless, confused.

desbaratar, to disperse.

desbocado, *p. p.*, runaway, beyond restraint.

desbordado, *p. p.*, overflowing.

desbordante, *adj.*, overflowing.

descalzo, *adj.*, barefoot, unshod.

descansado, *p. p.*, peaceful, quiet.

descanso, *m.*, rest, repose.

descarga, *f.*, discharge.

descargar, to discharge, let fall.

descarnado, *adj.*, lean, muscular.

descender, to descend, go down, sink; alight.

descendiente, *m.*, descendant.

desceñir, to ungird, take off.

desclavar, to unnail.

descolorido, *adj.*, colorless, pale.

descollar, to stand out, overtop.

desconfiar, to lose hope; **desconfiado,** diffident, lacking confidence.

desconocido, *p. p.*, unknown.

desconsolado, *p. p.*, disconsolate.

describir, to describe.

descubridor, —ra, *n. m. and f.*, discoverer.

descubrir, to discover; reveal, disclose; leave uncovered, uncover.

descuidar, to make oneself easy, lose anxiety; **descuidado,** careless, free from care.

desde, *prep.*, from, since; **desde que,** since.

desdén, *m.*, disdain, scorn; neglect.

desdeñar, to disdain, scorn.

desdeñoso, *adj.*, scornful, contemptuous.

desdicha, *f.*, misfortune.

desdichado, *adj.*, unfortunate, unhappy, wretched.

desear, to desire.

desechado, *p. p.*, outcast.

desembocar, to open out.

desengañar, to undeceive; **desengáñate,** do not deceive thyself.

desenterrar, to disinter, bring forth.

deseo, m., desire, wish.

desertar, to desert, be a deserter (from).

desesperación, f., despair.

desesperar, to despair; desesperado, despairing, desperate.

desfallecer, to fail, fade, grow weak.

desgajar, to tear off.

desgracia, f., misfortune.

desgraciado, adj., unfortunate,. unhappy; desgraciado de mí, unhappy one that I am.

deshacer, to destroy, pull to pieces; melt; refl. to fall to pieces, fade away.

deshojar, to strip of leaves or petals.

deshonra, f., dishonor.

desierto, adj., deserted, lonely; n. m., desert, wilderness.

designio, m., purpose, idea.

desigual, adj., uneven.

desinar (for designar), to designate, appoint.

deslucir, to tarnish.

deslumbrar, to dazzle.

desmayar, to be disheartened, discouraged; faint.

desmelenado, p. p., dishevelled, loose.

desmembrar, to dismember, tear limb from limb.

desnudo, adj., naked.

desocupar, to empty.

desolar, to lay waste; desolado, desolate.

desollar, to flay.

desorden, m., license, abuse.

desordenar, to throw into confusion, confound.

desparecer, to disappear.

despavorido, adj., terrified.

despecho, m., dismay, despair; á despecho de, in spite of, in defiance of.

despedida, f., farewell, parting; departure; echar la despedida, to set free.

despedir, to emit, discharge; bid farewell to, escort at departure; refl. to take one's leave, depart.

despertar, tr. to awaken, wake; intr. to awake; (of day) break, dawn.

desplegar, to display, unfold; unfurl, hoist; refl. to spread out, scatter.

despeñar, to precipitate, hurl, drive; refl. to rush headlong, fall.

desplome, m., collapse, ruin.

despojar, to strip.
desposada, f., bride.
desposar, to marry.
déspota, m., despot, tyrant.
despreciar, to despise, reject.
desprender, to unfasten; let fall, emit.
después, adv., afterward; después de, after; después que, after.
desque, conj. (arch.), as soon as, when.
desquiciar, to unhinge, remove from the foundation.
destacar, to detach.
destello, m., sparkle, spark.
desterrar, to exile, banish.
destierro, m., exile.
destinar, to destine.
destino, m., fate, destiny.
destocar, to remove the hat from.
destrenzar, to unbraid, dishevel.
destrozar, to break to pieces, destroy.
destrucción, f., destruction.
destructor, -ra, adj., destructive.
destruir, to destroy.
desvanecido, p. p., presumptuous, conceited.
desvarío, m., delirium, raving; caprice.

desvelo, m., watchfulness, vigilance; anxiety.
desventura, f., misfortune; misery.
desventurado, adj., calamitous, unlucky.
desvío, m., coldness, indifference.
detener, to stop, check, rein in; refl. to stop, halt.
detrás, adv., behind; detrás de, behind.
deudo, m., relative, kinsman.
deudor, -ra, adj., indebted.
devastación, f., destruction, desolation.
devastar, to devastate.
devolver, to restore, give back.
devorar, to devour, consume, swallow up.
devoto, adj., devout, religious.
día, m., day; pl. life; de día, by day, day; un día, some day.
diablo, m., devil.
diadema, m. and f., diadem, crown.
diálogo, m., dialogue.
diamante, m., diamond.
diana, f., reveille.
Diana, pr. n. f. (a Roman goddess corresponding to the Greek Artemis; usually pic-

*tured as a huntress, armed
with bow and quiver, and
sometimes holding a deer).*
dibujar, to sketch, draw, outline.
dicha, *f.,* happiness, good fortune; delight, blessing.
dichoso, *adj.,* happy, fortunate.
Diego, *pr. n. m.,* James.
diente, *m.,* tooth; **entre dientes,** under one's breath, in
a whisper.
diestro, *adj.,* skilful, saga-
cious; *n. f.,* right hand; *n.
m.,* right.
diez, ten.
difícil, *adj.,* difficult.
difundir, to diffuse; make
known, disclose.
difuso, *adj.,* diffuse; excessive.
dignarse, to deign.
digno, *adj.,* worthy.
dilación, *f.,* delay.
dilatar, to dilate, distend;
refl. to swell, spread.
diligente, *adj.,* active, busy,
eager; swift.
dinero, *m.,* money.
Dionisio, *pr. n. m.,* Dionysius.
Dios, *pr. n.,* God; **por Dios,**
I beg you, please; by
Heaven! ¡Dios mío! oh

Heavens! ¡vive Dios! as
God lives! id con Dios, fare
thee well.
Dios-Niño, *m.,* Christ-Child;
fiesta del Dios-Niño, Christmas.
dirigir, to direct, guide, address; cast (*a glance*); *refl.*
to turn, move.
disco, *m.,* disk.
discorde, *adj.,* discordant.
discreto, *adj.,* discreet, prudent.
discurrir, to wander, rush
about; discuss, discourse;
consider.
disfraz, *m.,* disguise.
disimular, to dissemble.
disipar, to dissipate, scatter.
disolver (*p. p.* **disuelto**), to
dissolve.
disparar, to shoot, fire.
dispendioso, *adj.,* costly.
dispensar, to excuse, forgive.
disponer (*p. p.* **dispuesto**), to
arrange, prepare, direct,
command; dispose, set.
distancia, *f.,* distance.
distante, *adj.,* distant.
distinguido, *p. p.,* conspicuous.
distintivo, *m.,* distinctive
mark, badge.
distinto, *adj.,* distinct.

distraído, *p. p.,* absent-minded, careless.

distrito, *m.,* district, region.

disturbio, *m.,* disturbance, trouble.

diversión, *f.,* fun, sport.

diverso, *adj.,* diverse, various.

divertir, to amuse, occupy.

dividir, to divide, split.

divino, *adj.,* divine.

divisar, to descry, discern.

do, *adv.* (*arch. and poetic for* **donde**), where; **de do,** whence; **por do,** through which, over which; **do quiera,** everywhere.

dobla, *f.,* ancient Spanish gold coin, worth about 10 pesetas ($2.00).

doblar, to bend.

doblez, *m. and f.,* duplicity.

doblón, *m.,* doubloon (*ancient Spanish gold coin, worth about $4.00. The* **doblón sencillo** *was worth $3.00*).

doce, twelve.

dogal, *m.,* noose, halter.

doler, to pain, ache; *refl. with* **de,** to take pity on.

doliente, *adj.,* painful, sorrowful, mournful; sorrowing.

dolo, *m.,* deceit.

dolor, *m.,* pain, sorrow, grief; **con dolor,** grieving.

dolora, *f.,* a word coined by Campoamor, to designate a short poem rather melancholy in content.

dolorido, *adj.,* afflicted, heartsick.

domador, -ra, *n. m. and f.,* subduer.

domar, to tame, break in.

dominar, to dominate, overlook.

don, don, Mr. (*gentleman's title, used only before Christian name*).

don, *m.,* gift.

donaire, *m.,* grace, winning manners, winsomeness.

doncel, *m.,* noble youth (*properly, one who has not yet been armed knight*).

doncella, *f.,* maiden, girl.

donde, *adv.,* where, at which, whither; **á donde,** whither, wherever; **de donde,** whence; **en donde,** where; **donde quiera,** everywhere, in any place.

doquier, doquiera, *adv.,* everywhere; **por doquier,** everywhere; **doquier que,** wherever.

dorar, to gild, illume; palliate; **dorado,** gilded, golden.

dormir, to sleep; *refl.* to fall asleep; **dormido,** sleeping, asleep.

dos, two; **el dos de mayo,** the second of May.

dosel, *m.,* canopy.

dotar, to endow.

dote, *m. and f.,* dowry.

duda, *f.,* doubt.

dudar, to doubt, hesitate; **dudar de,** doubt, have doubts concerning.

dudoso, *adj.,* doubtful, of uncertain outcome.

duelo, *m.,* sorrow, grief; mourning; train of mourners.

dueña, *f.,* mistress, housekeeper; duenna.

dueño, *m.,* master, owner.

Duero, *pr. n.* (*one of the largest rivers of Spain, which flows through Castile, León, and Portugal, and empties into the Atlantic Ocean at Oporto*).

dulce, *adj.,* sweet, gentle, pleasant.

dulcemente, *adv.,* sweetly, gently.

duque, *m.,* duke.

durable, *adj.,* durable, lasting; **no durable,** fleeting, unstable.

duradero, *adj.,* lasting.

durar, to endure, last.

duro, *adj.,* hard, harsh, cruel.

E

Ebro, *pr. n.* (*a river, rising in the Cantabrian Mountains of Northern Spain, flowing in a southeasterly direction by Saragossa, and emptying into the Mediterranean*).

eclipsar, to eclipse, darken; outshine; **eclipsar su hermosura,** lose its beauty.

eco, *m.,* echo.

ecuador, *m.,* equator.

Ecuador, *pr. n.* (*a republic on the western coast of South America; area, about 115,000 square miles; population, about 1,500,-000. The capital, Quito, is 9300 feet above sea-level, and has some 90,000 inhabitants*).

echar, to throw, cast, hurl; **echar menos, echar de menos,** miss; **echar á hacer,** begin to do; **echar la despedida,** set free.

edad, *f.*, age; **á los quince de su edad**, at the age of fifteen.

Edén, *pr. n.*, Eden.

educar, to raise.

egipcio, *adj.*, Egyptian.

eje, *m.*, axle.

ejemplar, *m.*, exemplar, specimen.

ejemplo, *m.*, example.

ejercitar, to practise; train.

elástico, *adj.*, elastic.

elección, *f.*, choice.

elefante, *m.*, elephant.

elegante, *adj.*, elegant, graceful.

elevar, to elevate, raise; elate; *refl.* to rise; **elevado**, lofty.

eligir, to choose.

Elodia, *pr. n. f.*

Elvira, *pr. n. f.*

embajada, *f.*, embassy, message.

embalsamado, *p. p.*, perfumed, aromatic.

embarazar, to perplex; dazzle.

embarcar, to embark.

embargar, to paralyze, overwhelm.

embebecido, *p. p.*, absorbed.

embeleso, *m.*, rapture.

embellecer, to beautify.

embestir, to assail, rush upon, attack.

emblema, *m.*, emblem, symbol.

emboscar, to place in ambush.

embozo, *m.*, muffler, cloak wrapped about the head as a disguise.

embravecido, *p. p.*, raging.

embriagado, *p. p.*, intoxicated.

embriaguez, *f.*, intoxication, rapture.

emoción, *f.*, emotion.

empanada, *f.*, meat-pie, patty.

empañar, to dim.

empapar, to saturate.

empavesar, to dress (*ships*) with flags and bunting.

empedernido, *p. p.*, stony-hearted.

empeñar, to pledge, pawn; *refl.* to persist.

empeño, *m.*, earnest desire, determination, persistence, zeal.

emperador, *m.*, emperor.

empero, *adv.*, yet, however.

empezar, to begin.

empíreo, *m.*, empyrean, heaven.

emplazar, to fix in a certain spot.

emplumado, *p. p.*, adorned with feathers, plumed.

emponzoñar, to poison, taint.

emprender, to undertake, begin.

empresa, *f.*, enterprise, undertaking.

empujar, to impel, push, drive on.

empuje, *m.*, onslaught.

empuñar, to grasp, clutch.

emular, to emulate, rival.

émulo, *m.*, rival.

en, *prep.*, in, into, on, over, at, to; with; as, like.

enajenar, to transport, enrapture.

enamorado, *p. p.*, in love, loving, enamored; *n. m. and f.*, lover, dear one, sweetheart.

enamorar, to inspire love; *refl.* to fall in love.

encaje, *m.*, lace.

encantado, *p. p.*, enchanted, charmed.

encantador, -ra, *adj.*, charming.

encanto, *m.*, charm, delight; enchantment.

encaramar, to extol.

encararse (con *or* á), to turn toward, face.

encarcelar, to imprison.

encarecer, to assure of, extol the value of.

encarnar, to incarnate, incorporate; encarnado, flesh-colored; red.

encender, to light, kindle, enkindle; *refl.* to be kindled, glow; encendido, fiery.

encerrar, to lock up, shut up; contain, enclose.

encinta, *adj. f.*, pregnant.

enclavar, to nail.

encomendar, to entrust, commit.

encomio, *m.*, praise.

encontrar, to meet, find, meet with; *refl.* to be, feel.

encuentro, *m.*, meeting, encounter; salir al encuentro de, go to meet.

endeble, *adj.*, weak, flimsy.

endulzar, to sweeten, soothe.

enemigo, *adj.*, hostile, unfriendly; *n. m.*, enemy, foe.

energía, *f.*, energy, strenuosity.

enfadarse, to be angry.

enfermedad, *f.*, sickness, complaint.

enfermo, *adj.*, sick, ill, diseased.

enflaquecido, *p. p.*, thin, lean; weakened.

enfrenar, to curb, restrain.

enfurecer, to anger, irritate; *refl.* to rage, grow furious.

engalanar, to adorn, deck.

engallarse, to draw oneself up, arch the neck.

engañador, *m.*, impostor, deceiver.

engañar, to deceive, soothe (*by deception*).

engaño, *m.*, deceit.

engarzar, to string (*on a wire*), link.

engendrar, to generate, produce.

Engina (*usually spelled Egina*), *pr. n.*, Aegina (*an island in the Gulf of Aegina, off the east coast of Greece*).

engolfar, to be lost from sight (*in the open sea*).

engreído, *p. p.*, conceited.

enigma, *m.*, enigma, riddle.

enjugar, to wipe away.

enjuto, *adj.*, lean, withered.

enlazar, to intertwine, join.

enloquecer, to madden, turn the brain.

enlutar, to put in mourning; veil, darken.

enmarañar, to tangle, dishevel.

enmudecer, to be silent.

enojar, to irritate, anger.

enojo, *m.*, vexation, anger.

enojoso, *adj.*, offensive, troublesome.

enorme, *adj.*, enormous.

enramada, *f.*, bower, arbor.

enriquecer, to enrich.

enriscado, *adj.*, craggy, full of cliffs.

enroscar, to twine, twist, curl.

ensalzar, to exalt.

ensanchar, to widen.

ensangrentar, to stain with blood.

ensañado, *p. p.*, enraged.

ensayo, *m.*, test.

ensenada, *f.*, inlet.

enseña, *f.*, banner.

enseñar, to teach.

ensordecer, to deafen.

entablar, to initiate, begin; bring (*suit*).

entablerado, *p. p.*, pushed against the barrier (*which surrounds a bull-ring*).

entena, *f.*, yard, yard-arm.

entender, to understand, know.

entereza, *f.*, integrity; firmness.

enternecido, *p. p.*, softened.

entero, *adj.*, whole, complete, intact, entire; vigorous.

enterrar, to bury.

entierro, *m.*, burial, funeral.

entonar, to intonate, sing.

entonce, *adv.* (*arch. and poetic for* **entonces**), then.

entonces, *adv.*, then; de entonces, of that time.
entrambos, –as, *pron.* *pl.*,
both.
entraña, *f.; pl.* entrails; heart,
feelings, recesses; de mis
entrañas, darling.
entrar, to enter; advance.
entre, *prep.*, among, between,
amid; in, within; por entre,
amid, through.
entreabierto, *p. p.*, half-open.
entregar, to yield, abandon;
refl. to yield oneself, abandon oneself.
entretener, to amuse.
entristecerse, to grow sad.
entronizar, to enthrone, exalt.
enturbiar, to disturb, confound.
entusiasmo, *m.*, enthusiasm.
envanecerse, to become
proud.
envejecerse, to grow old.
envenenar, to poison.
enviar, to send, send forth.
envidia, *f.*, envy.
envidiar, to envy.
envilecer, to debase.
envolver (*p. p.* envuelto), to
envelope, surround, wrap.
epílogo, *m.*, epilogue.
epístola, *f.*, epistle, letter.
epitafio, *m.*, epitaph.

época, *f.*, age, era.
equilibrar, to balance.
equinoccial, *adj.*, equinoctial.
erguir, to raise; erguido,
steep; lofty; erect.
errante, *adj.*, wandering.
error, *m.*, error.
erupción, *f.*, eruption.
escabel, *m.*, foot-stool.
escalar, to scale.
escalera, *f.*, stairway.
escama, *f.*, scale (*of a fish*).
escandalizar, to cause scandal, scandalize.
escándalo, *m.*, scandal; as-
tonishment.
escapar, to escape.
escarbar, to scrape, paw.
escarmiento, *m.*, warning.
escarnecer, to mock, scoff at,
ridicule.
escaso, *adj.*, slight, limited;
dim, scanty.
escena, *f.*, scene.
esclarecido, *p. p.*, illustrious,
noble.
esclavo, *adj.*, slavish, of a
slave; *n. m. and f.*, slave.
escoba, *f.*, broom.
escoger, to choose.
escombro, *m.; pl.* ruins, dé-
bris.
esconder, to hide, conceal.
escribano, *m.*, clerk, notary.

escribir (*p. p.* escrito), to
write.
escrutar, to scrutinize.
escuadrón, *m.*, squadron.
escuchar, to listen to, hear.
escudero, *m.*, squire.
escudo, *m.*, shield, protection.
escuela, *f.*, school.
escultura, *f.*, sculpture, carv-
ing.
escupir, to spit upon.
escuro, *arch. for* obscuro.
ese, -a, -o, *adj.*, that; á eso
de, at about.
esencia, *f.*, essence, perfume.
esfera, *f.*, sphere; heaven.
esfinge, *f.*, sphinx (*according
to a Greek myth, the sphinx,
— a monster with the head of
a woman, the body of a lion,
the wings of a bird, and the
tail of a serpent, — pro-
posed a riddle to the The-
bans, and slew all who
could not guess it. It was
finally solved by Œdipus*).
esforzar, to strengthen, em-
phasize; esforzado, strong,
valiant.
esfuerzo, *m.*, courage; effort.
eslabonar, to link, join.
esmerarse (en), to do one's
best (to).

esmero, *m.*, greatest care, best
work.
espaciarse, to wander about
at leisure.
espacio, *m.*, space.
espacioso, *adj.*, spacious.
espada, *f.*, sword.
espalda, *f.*, back, shoulders.
espantar, to frighten, terrify.
espanto, *m.*, fright, consternation, horror.
espantoso, *adj.*, frightful,
dreadful.
España, *pr. n. f.*, Spain (*area,
192,000 square miles; population, about 20,000,000*).
español, -la, *adj.*, Spanish; *n.
m. and f.*, Spaniard.
esparcir, to scatter, spread;
esparcido, cheerful, open,
gay.
espavorido, *p. p.*, terrified.
espejismo, *m.*, mirage, illusion.
espejo, *m.*, mirror.
espeluzarse, to bristle the
hair.
esperanza, *f.*, hope.
esperar, *tr.* to expect, await;
hope for; *intr.* to hope;
wait.
espeso, *adj.*, thick.
espesura, *f.*, thicket, dense
wood; entanglement.

espiar, to spy out, watch for.

espiga, *f.*, ear (*of grain*).

espigado, *p. p.*, eared, with heads (*as grain*).

espina, *f.*, thorn.

espinazo, *m.*, spine, back.

espira, *f.*, spiral.

espíritu, *m.*, spirit, soul.

esplendente, *adj.*, glittering, refulgent.

espléndido, *adj.*, splendid, grand.

esplendor, *m.*, splendor; **de esplendor,** splendid.

esponjado, *p. p.*, swelled like a sponge.

esposa, *f.*, wife, spouse, consort; *pl.* manacles, fetters.

esposo, *m.*, husband; *pl.* husband and wife.

espuela, *f.*, spur.

espuma, *f.*, foam.

espumante, *adj.*, foaming, frothing.

Esquilo, *pr. n. m.*, Æschylus (*the first in time of the three greatest Athenian tragic poets* [525–456? B.C.]).

esquina, *f.*, corner.

esquivar, to shun; *refl.* to withdraw, hold aloof.

esquivo, *adj.*, retired.

estación, *f.*, season.

estado, *m.*, state; condition; **Estados Unidos,** United States (*area, exclusive of Alaska and the colonial dependencies, about* 3,025,600 *square miles; population in* 1910, *about* 90,000,000).

estallante, *adj.*, cracking.

estallar, to burst, crash.

estampa, *f.*, image.

estancia, *f.*, room.

estandarte, *m.*, banner.

estar, to be (*temporarily*); stay.

este, –a, –o, *adj.*, this; **en esto,** meanwhile.

Esteban, *pr. n. m.*, Stephen.

estenso, *adj.*, extensive, spacious.

estéril, *adj.*, sterile.

estilo, *m.*, manner.

estimación, *f.*, esteem, regard.

estimar, to esteem, regard, consider; **estimar en tanto,** think so highly of; *refl.* to be conceited.

estío, *m.*, summer.

estoque, *m.*, rapier.

estorbar, to prevent, forbid.

estrado, *m.*, drawing-room.

estrago, *m.*, havoc, destruction.

estrechar, to press.

estrecho, *adj.*, narrow.

estrella, *f*., star; fate.

estrellarse, to be dashed to pieces, fall and be killed.

estremecerse, to shake, tremble; estremecido, trembling, quivering.

estrépito, *m*., din, clamor, crash.

estribo, *m*., stirrup.

estructura, *f*., structure.

estruendo, *m*., crash, thunderous sound.

estruendoso, *adj*., loud, noisy.

estrujar, to crush, mash.

estudio, *m*., study.

estupendo, *adj*., stupendous.

estupor, *m*., stupor.

éter, *m*., ether, sky.

etéreo, *adj*., ethereal, heavenly.

eternal, *adj*., eternal.

eternamente, *adv*., forever.

eternidad, *f*., eternity.

eterno, *adj*., eternal, irrevocable, never-ending.

Europa, *f*., Europe.

evitar, to avoid, shun.

excelsior (*Latin*), excelsior, higher.

excelsitud, *f*., loftiness.

excelso, *adj*., lofty, exalted.

excesivo, *adj*., excessive.

exceso, *m*., excess.

excitar, to stimulate, move.

exclamar, to exclaim, cry out.

execrable, *adj*., execrable, accursed.

execración, *f*., execration.

exhalar, *tr*. to exhale, breathe forth; utter; *intr*. to emit odor.

exhausto, *adj*., exhausted.

exigir, to demand, call for.

eximir, to exempt, excuse.

existencia, *f*., existence, life.

existir, to exist.

éxito, *m*., issue; success.

experto, *adj*., expert.

expirar, to expire, die.

explicar, to explain.

explosión, *f*., outburst.

expresar, to express.

expresión, *f*., expression, utterance.

éxtasis, *m*., ecstasy.

extender, to extend, stretch out.

extenuado, *p. p*., extenuated, feeble.

extranjero, *adj*., foreign; *n. m. and f*., stranger.

extrañar, to wonder at.

extraño, *adj*., strange; *n. m*., invader.

extremo, *adj*., extreme, very great; *n. m*., end, extremity.

F

fablar, *arch. for* **hablar.**
fabricar, to construct.
fábula, *f.*, fable; lie.
facer, *arch. for* **hacer.**
fácil, *adj.*, easy, light; simple.
facilitar, to make ready.
falaz, *adj.*, deceptive, lying, fallacious.
falcón, *m.* (*arch. for* **halcón**), falcon.
falso, *adj.*, false.
faltar, to be lacking, be absent; **nada le falta,** he lacks nothing.
fama, *f.*, fame; report; **es fama,** it is said.
familia, *f.*, family.
famoso, *adj.*, famous.
fanatismo, *m.*, fanaticism.
fandango, *m.*, a Spanish dance.
fango, *m.*, mud, mire.
fantasía, *f.*, fancy, imagination.
fantasma, *m.*, phantom, spectre; vision; **fantasmas de maldición,** cursed phantoms.
fantástico, *adj.*, fantastic.
fastidio, *m.*, weariness, ennui.
fatal, *adj.*, fatal, ominous.

fatídico, *adj.*, oracular, inspired; fateful.
fatiga, *f.*, toil, labor; fatigue.
fatigar, to weary, tire.
Fátima, *pr. n. f.*
fausto, *adj.*, happy, auspicious.
favonio, *m.*, west wind.
favor, *m.*, favor, compliment; protection.
faz, *f.*, face; **en faz de,** with the appearance of.
faz, *arch. for* **hace.**
fe, *f.*, faith, troth, constancy; **dar fe,** to bear testimony.
fealdad, *f.*, ugliness.
Febo, *pr. n. m.*, Phoebus, the sun.
febril, *adj.*, feverish.
fecundo, *adj.*, fruitful, fertile, copious.
felicidad, *f.*, happiness.
feliz, *adj.*, happy, fortunate, blessed.
felonía, *f.*, treachery, treason.
fementido, *adj.*, faithless.
fenecer, to come to an end, die.
feo, *adj.*, ugly.
féretro, *m.*, bier, coffin.
Fernando, *pr. n. m.*, Ferdinand (Fernando I *called* El Magno [*d.* 1065], *king of Castile and León; the first*

important reconquistador, *he waged war successfully against the Moors of Portugal, Andalusia, and Valencia;* **Fernando III** [el Tercer Fernando] *of Castile and León, known as* St. Ferdinand [d. 1252], *waged war vigorously and successfully against the Moors*).

feroz, *adj.*, fierce, ferocious.

férreo, *adj.*, of iron, iron.

fértil, *adj.*, fertile, fruitful.

fertilizar, to fertilize, make productive.

férvido, *adj.*, glowing, passionate, boiling.

fervoroso, *adj.*, fervent, ardent.

festín, *m.*, feast, banquet; entertainment.

feudo, *m.*, fief, feudal domain.

fiar, *tr.* to entrust; *intr.* to trust, confide.

fiebre, *f.*, fever.

fiel, *adj.*, faithful, exact; *n. m.*, needle of a balance; scales.

fiera, *f.*, wild beast.

fiereza, *f.*, cruelty, ferocity.

fiero, *adj.*, cruel, terrible, wild, fierce, fiery; ugly.

fiesta, *f.*, feast, festivity, mer-

riment, fun; **fiesta de toros,** bull-fight.

figura, *f.*, form, shape, figure.

figurarse, to imagine, think.

fijar, to fix.

fijo, *adj.*, fixed, motionless.

fila, *f.*, rank, row, line.

filósofo, *m.*, philosopher.

fin, *m.*, end, aim; **al fin,** finally, at last, after all; **en fin,** finally, at last; in fine; **por fin,** at last; **sin fin,** endless.

final, *adj.*, last.

finar, to die, die away.

fingir, to feign; imagine.

fino, *adj.*, fine; delicate.

firmamento, *m.*, firmament, heaven.

firmar, to sign.

firme, *adj.*, firm.

firmeza, *f.*, firmness, steadfastness.

flaco, *adj.*, weak, frail, thin.

flamenco, *adj.*, Flemish.

flamígero, *adj.*, flaming.

flámula, *f.*, streamer, pennon.

Flandes, *pr. n.*, Flanders (*the old name of a region embracing parts of the present kingdom of Belgium and Holland and the French Department of Le Nord. A large part of Flanders passed with Philip II to the Spanish*

line of the House of Haps-
burg. When Flanders [then
a part of the Netherlands]
revolted against Spanish rule,
the Spaniards, led by the no-
torious Duke of Alba [1508-
1582], attempted to crush
the Dutch. At first success-
ful, the Spanish forces ul-
timately failed).

fleco, *m.*, fringe.

flecha, *f.*, arrow.

flexible, *adj.*, flexible, lithe.

flor, *f.*, flower, blossom; **en flor,** in its prime.

florecer, to bloom, blossom; **florecido,** in bloom.

floreciente, *adj.*, blooming; thriving, prosperous.

florecilla, *f.*, floweret.

floresta, *f.*, forest.

florido, *adj.*, flowery, bloom-ing; choicest.

flota, *f.*, fleet.

flotante, *adj.*, floating.

flotar, to float.

follaje, *m.*, foliage; frill.

fondo, *m.*, bottom, depth, depths.

fontana, *f.*, fountain, spring.

fonte-frida, *f.* (*arch. for* **fuen-te fría**), cold spring.

forajido, *m.*, outlaw.

forcejear, to struggle.

forja, *f.*, forge.

forjar, to forge, invent.

forma, *f.*, form, figure; *pl.* form, outlines.

formar, to form, fashion, com-pose.

fortalecer, to strengthen.

fortaleza, *f.*, fortress.

fortuna, *f.*, fortune, fate; good fortune.

fragancia, *f.*, fragrance, per-fume.

fragante, *adj.*, fragrant, odor-iferous.

frágil, *adj.*, fragile, weak.

fragor, *m.*, crash.

fragoso, *adj.*, rough, full of obstacles.

fraile, *m.*, monk.

francés, -esa, *adj.*, French; *n. m.*, Frenchman.

Francia, *pr. n. f.*, France (*area, exclusive of colonies; about* 200,000 *square miles; population, about* 40,000,-000).

Francisco, *pr. n. m.*, Francis.

franco, *adj.*, frank, open.

franja, *f.*, band, border.

franjado, *p. p.*, striped.

fratricida, *adj.*, fratricidal.

fray, *m.*, brother (*title of mem-bers of a religious order*).

frecuente, *adj.*, frequent.

frenético, *adj.*, furious, frantic.

freno, *m.*, bridle; restraint.

frente, *f.*, forehead, brow; face; á frente, straight ahead; frente por frente, directly opposite.

fresco, *adj.*, fresh; cool; bright.

frescor, *m.*, freshness, luxuriance.

frío, *adj.*, cold; *n. m.*, cold.

frívolo, *adj.*, frivolous.

frondoso, *adj.*, leafy.

frugal, *adj.*, frugal.

fruncir, to knit (*the brows*).

fruto, *m.*, fruit, product(s); profit.

fuego, *m.*, fire, bonfire; ardor; *pl.* fireworks.

Fuenfría, *pr. n.* (*a pass in the Guadarrama mountains, not far to the northwest of Madrid*).

fuente, *f.*, fountain, spring, source; stream near its source.

fuera, *adv.*, outside; fuera de, aside from, without.

fuero, *m.*, statute law; law, privilege.

fuerte, *adj.*, strong, violent.

fuerza, *f.*, strength, force, might; fortress; á fuerza de, by dint of, by force of; es fuerza, it is necessary.

fuga, *f.*, flight.

fugaz, *adj.*, fleeing, fleeting, swift.

fugitivo, *adj.*, fugitive, fleeing, fleeting, sweeping.

fulgente, *adj.*, refulgent, brilliant.

fulgor, *m.*, brilliancy, gleam, resplendence.

fulgurante, *adj.*, shining.

fulgurar, to flash, shine.

fulminante, *adj.*, fulminating, explosive; flashing.

fundar, to found.

fúnebre, *adj.*, funereal, dark, mournful.

funeral, *adj.*, funereal.

funesto, *adj.*, dismal, sad, ill-omened, fatal.

furia, *f.*, fury, rage.

furioso, *adj.*, furious, raging.

furor, *m.*, rage, fury, madness.

furtivo, *adj.*, secret.

fusil, *m.*, rifle, gun.

fútil, *adj.*, futile, worthless.

futuro, *adj.*, future; *n. m.*, future.

G

gabán, *m.*, overcoat.

gaditano, *adj.*, of Cadiz.

gala, *f.*, choicest part of a

thing, gem, ornament; grace, gallantry; holiday; *pl.* finery.

galán, -ana, *adj.,* gallant, spirited, splendid; *n. m.,* gallant, lover.

galantería, *f.,* gallantry, compliment.

galardón, *m.,* reward, recompense.

galera, *f.,* galley.

Galiana, *pr. n. f. (according to tradition, a beautiful Moorish princess of Toledo for whom her father built a palace in the vega to the northeast of the city. Here Charlemagne found her, according to one legend, won her love, and in a duel cut off the hand of, and then slew, a rival for the affections of the princess).*

gálico, *adj.,* Gallic, French.

galope, *m.,* gallop.

gallardo, *adj.,* graceful, spirited, bold.

gallego, *adj.,* Galician.

gana, *f.,* desire.

ganadero, *m.,* cattle-dealer, stock-man.

ganadico, *m.,* little herd, flock.

ganado, *m.,* herd, flock.

ganar, to gain, earn; win, capture.

garganta, *f.,* throat; gorge.

garra, *f.,* claw, talon, clutch.

garrido, *adj.,* graceful, handsome.

gasa, *f.,* gauze.

Gaspar, *pr. n. m.,* Jasper.

gastar, to spend, waste.

gatillo, *m.,* kitten.

gemido, *m.,* groan, moan.

gemir, to moan, groan, creak.

generación, *f.,* generation.

Generalife, *pr. n. (The beautiful palace of the Generalife, the celebrated summer residence of the Moorish kings of Granada, is situated to the east of the Alhambra hill, and about 165 feet above it.)*

generoso, *adj.,* generous, noble; rich (*of color*).

Génesis, *pr. n. m.,* Genesis.

Genil, *pr. n. (a river which rises in the Sierra Nevada, passes Granada, and empties into the Guadalquivir).*

genio, *m.,* genius, spirit.

Génova, *pr. n.,* Genoa.

gente, *f.,* people; servants, retinue.

gentil, *adj.,* elegant, charming, graceful; excellent.

gentileza, *f.,* grace, charm; graciousness, courtesy.

gentilhombre, *m.,* gentleman-in-waiting.

germen, *m.,* germ.

gesto, *m.,* face, expression of the face; grimace.

Gibraltar, *pr. n.* (*an English fortress on the southeastern extremity of the Spanish Peninsula*).

gigante, *adj.,* gigantic, huge; *n. m.,* giant.

giganteo, *adj.,* gigantic.

gigantesco, *adj.,* gigantic.

girar, to circle, hover about, whirl.

giro, *m.,* circling, circular motion, motion.

glacial, *adj.,* glacial, icy.

globo, *m.,* sphere, globe.

gloria, *f.,* glory, fame; bliss, heavenly bliss; brilliance.

glorioso, *adj.,* glorious.

gobernador, *m.,* governor.

gobernar, to govern, rule.

gobierno, *m.,* government.

goce, *m.,* joy; possession.

golfo, *m.,* gulf.

golondrina, *f.,* swallow.

golpe, *m.,* blow, stroke; shock.

golpear, to beat, strike, bruise.

gollería, *f.,* dainty.

gomel, *m.* (*probably same as gomer, a member of the Gomera tribe of Berbers*).

gonce, *m.,* hinge.

Gonzalo, *pr. n. m.* (**Gonzalo de Córdoba** [1453-1515], *known as* **El Gran Capitán,** *the chief Spanish general of his time; he aided in the conquest of Granada* [1492] *and in wars against Portugal and Italy*).

gorguera, *f.,* gorget; ruff.

gorigori, *m.,* an imitation of the priests' mumbling chant at funerals.

gota, *f.,* drop; **no ver gota,** to be blind.

gotear, *tr.* to let fall in drops; *intr.* to drip, drop.

gótico, *adj.,* Gothic.

gozar, *tr.* to enjoy; *intr.* to rejoice, take delight; *refl.* to rejoice.

gozo, *m.,* joy.

gozoso, *adj.,* cheerful, glad.

grabar, to grave, impress.

gracia, *f.,* grace, gracefulness; *pl.* thanks.

gracioso, *adj.,* graceful, pleasing, amusing.

grada, *f.,* step, terrace.

grado, *m.;* **de grado,** willingly.

grama, *f.*, dog's-grass, grass.

grana, *f.*, scarlet.

Granada, *pr. n.* (*a Spanish city of some* 70,000 *inhabitants, formerly the capital of a Moorish kingdom. At an altitude of* 2195 *feet above the sea, it is picturesquely situated at the foot of snow-clad mountains. It was taken by the Christian Spaniards in* 1492).

granado, *p. p.*, seedy, full of grain; *n. m.*, pomegranate tree; **labios de granado**, red lips.

grande, *adj.*, great, large; *n. m.*, one in high office; grandee (*nobleman of the first rank, who may wear his hat in the king's presence*).

grandeza, *f.*, greatness, size; grandeur.

grandioso, *adj.*, grand, splendid.

granítico, *adj.*, of granite.

granito, *m.*, granite.

grano, *m.*, grain (*either as a cereal or a single seed*).

Grant, *pr. n.* (**Ulysses Simpson Grant** [1822–1885], *a celebrated American general and the eighteenth president of the United States. After retiring from the presidency, Grant made a triumphal tour of Europe and parts of Asia, and met many distinguished men*).

gratamente, *adv.*, pleasingly; gratefully.

grato, *adj.*, pleasing.

grave, *adj.*, grave, serious; heavy; deadly.

gravedad, *f.*, gravity.

Grecia, *pr. n.*, Greece (*area, about* 25,000 *square miles; population,* 2,500,000).

grey, *f.*, flock, herd; throng; people.

griego, *adj.*, Greek.

grillo, *m.*; *pl.* shackles, fetters.

grima, *f.*, horror, fear.

gris, *adj.*, gray.

gritar, *tr.* to call out, shout out; *intr.* to cry, shout.

grito, *m.*, cry, shout, shriek.

grueso, *adj.*, thick, stout.

Guadalajara, *pr. n.* (*a Spanish town* 35 *miles northeast of Madrid; population, about* 12,000).

Guadalquivir, *pr. n.* (*a river that flows through Cordova and Seville, and empties into the Atlantic*).

gualdo, *adj.*, yellow.

guante, *m.*, glove.

guardar, to preserve, keep, watch over, protect.

guardia, *m.*, guardsman, guard; *f.*, guard (*body of men*).

guarecer, to shelter.

guarnecer, to embellish; trim, edge.

¡guarte! *interj.*, beware!

Guatemoc, *pr. n. m.*, Guatemoc *or* Guatemotzin ([1500?–1525], *the last Aztec emperor of Mexico; a nephew of Montezuma II. Guatemoc was captured by the Spaniards, and because he refused to reveal hidden treasure he was tortured by fire. He was later executed by order of Cortés*).

guedeja, *f.*, forelock; long lock of hair.

güero, *adj.* (*for* **huero**), empty; (*colloquial*) blonde.

guerra, *f.*, war; **de guerra**, intent on war.

guerrero, *adj.*, of war, warlike; *n. m.*, soldier, warrior.

guiar, to guide.

guiñar, to wink.

guirnalda, *f.*, wreath.

gula, *f.*, gluttony.

gusano, *m.*, worm.

gusto, *m.*, taste, choice.

gustoso, *adj.*, glad, content, willing.

H

haber, to have, possess (*in arch. language used for* **tener**); **haber de**, to have to, must; **no he de callar**, I will not be silent; **jamás ha de ser**, it can never be; **bien haya**, blessings on, hail to; **haber por bien de** (*arch.*), to consider right, take pleasure in; **poco ha**, a little while ago; **ha tiempo**, long ago; *impers.* (*with present indicative* **hay**), there to be, exist; **hay que llegar**, one must come; *refl.* there to be.

hábil, *adj.*, skilful, intelligent.

habitador, *m.*, inhabitant.

habitar, *tr.* to inhabit, live in; *intr.* to dwell.

hablador, -ra, *adj.*, speaking, talking.

hablar, to speak; **bien hablado**, courteous of speech, mild-tongued.

hacer, to make, do, create; **hacer calor**, to be hot (*of the weather*); **hace muchos días estoy**, I have been for many days; *refl.* to become.

hacia, *prep.*, toward; hacia atrás, backward.

hacienda, *f.*, fortune, estate.

hado, *m.*, fate, destiny.

halagar, to flatter, allure, soothe; stroke.

hallar, to find; *refl.* to be, remain.

hambre, *f.*, hunger, famine.

Hamete, *pr. n. m.*

harén, *m.*, harem.

harto, *adj.*, satiated, glutted; full, much.

hasta, *prep.*, to, up to, until; *adv.*, even; hasta que, until.

haz, *m.*, sheaf; *f.*, face.

hazaña, *f.*, deed.

¡he! *interj.*, behold.

hebra, *f.*, fibre, thread, strand.

hechizo, *m.*, charm.

hecho, *m.*, deed.

hediondo, *adj.*, fetid; repulsive.

helado, *p. p.*, frozen, icy.

helarse, to freeze.

helíaco, *adj.*, heliacal (*said of a morning or evening star, which rises or sets a short time before or after the sun*).

hembra, *f.*, female; woman.

hemisferio, *m.*, hemisphere.

henchir, to fill out; stuff, crowd.

hender, to crack, split, cleave; hendido, cleft, pierced.

heraldo, *m.*, herald.

Hércules, *pr. n. m.*, Hercules (*a mythical Greek hero who personified persistent physical strength*).

heredar, to inherit.

heredera, *f.*, heiress.

herencia, *f.*, heritage.

herida, *f.*, wound.

herir, to wound, strike; herido, wounded (*man*).

hermana, *f.*, brother, sister.

hermano, *m.*, brother; *pl.* brother and sister.

hermoso, *adj.*, handsome, beautiful, lovely, fine, fair.

hermosura, *f.*, beauty.

héroe, *m.*, hero.

heroico, *adj.*, heroic.

heroísmo, *m.*, heroism.

herradura, *f.*, horseshoe.

hervir, to boil, seethe, stir.

hervor, *m.*, boiling; vigor.

hidalgo, *m.*, nobleman.

hidrópico, *adj.*, dropsical.

hiel, *f.*, gall, bitterness.

hielo, *m.*, ice, frost; chill.

hiena, *f.*, hyena.

hierba, *f.*, grass, weed, plant.

hierro, *m.*, iron; sword; *pl.* fetters.

higuera, *f.*, fig-tree.

hija, *f.*, daughter.

hijo, *m.*, son; *pl.* children.

himeneo, *m.*, hymen, marriage.

Himeto, *pr. n.*, Hymettus (*a mountain range in Attica, about 3000 feet high*).

himno, *m.*, hymn.

hincar; hincar la rodilla, to kneel.

hinchar, to swell.

hinojo, *m.*, knee; de hinojos, kneeling.

hiperbóreo, *adj.*, hyperborean.

hirviente, *adj.*, bubbling, boiling.

hispano, *adj.*, Spanish.

historia, *f.*, history, story.

hocico, *m.*, snout, nose.

hogar, *m.*, home, hearth; hotbed.

hoguera, *f.*, bonfire, fire, blaze; stake (*at which criminals were burned*).

hoja, *f.*, leaf, petal.

¡hola! *interj.*, ho there!

hollar, to trample upon, trample.

hombre, *m.*, man.

hombrera, *f.*, pauldron (*a piece of armor to cover the shoulder*).

hombro, *m.*, shoulder.

Homero, *pr. n. m.*, Homer (*an unknown Greek poet who gave shape to the Iliad and possibly to the Odyssey, in the 10th or 11th century B.C.*).

hondo, *adj.*, deep; hidden; *n. m.*, bottom, deep.

honestidad, *f.*, purity.

honesto, *adj.*, honest, virtuous.

honor, *m.*, honor.

honra, *f.*, honor.

honrar, to honor; honrado, honorable.

hora, *f.*, hour; *adv.*, now.

horadar, to pierce.

Horche, *pr. n.* (*a village in the province of Guadalajara*).

horizonte, *m.*, horizon.

horrendo, *adj.*, dreadful, awful.

horrible, *adj.*, horrible, dreadful.

hórrido, *adj.*, hateful, hideous.

horror, *m.*, horror.

horrorizar, to terrify, strike with horror.

hospedaje, *m.*, hospitality.

hospedar, to lodge, harbor.

hostigar, to lash.

hoy, *adv.*, to-day.

hoyo, *m.*, hole, pit.

hueco, *adj.*, hollow; *n. m.*, hollow.

huella, *f.*, trace, track, footprint; mark, impression.

huérfano, *adj.*, bereaved; *n. m.*, orphan.

huerta, *f.*, pleasure-garden, summer-house (*arch. meaning of the word*).

huerto, *m.*, orchard.

huesa, *f.*, grave.

hueso, *m.*, bone; horn.

huésped, *m.*, guest; host.

hueste, *f.*, host, army.

Hugo, *pr. n.* (Victor Hugo [1802-1885], *a distinguished French poet, novelist, and dramatist*).

huir, to flee, run away; escape.

humanal, *adj.*, human.

humanidad, *f.*, mankind, humanity; humaneness.

humano, *adj.*, human; humane; like men and women.

humear, to smoke.

humedad, *f.*, dampness, moisture.

humedecer, to moisten, wet.

húmedo, *adj.*, damp.

humildad, *f.*, humility.

humilde, *adj.*, humble, modest.

humillar, to humiliate, humble, lower; *refl.* to bow down.

humo, *m.*, smoke.

hundir, to submerge, sink, destroy; *refl.* to sink, sink in.

huracán, *m.*, hurricane.

huraño, *adj.*, wild, intractable.

hurí, *f.*, houri. (*The houris are the beautiful maidens described by Mohammed, who dwell in Paradise, and whose companionship is one of the rewards offered to pious Mussulmans.*)

hurtar, to steal, snatch.

I

Ibán, *pr. n. m.*

Iberia, *pr. n.* (*the peninsula which includes Spain and Portugal*).

ibérico, ibero, *adj.*, Iberian.

ida, *f.*, sally, going forth.

idea, *f.*, idea.

ideal, *m.*, ideal.

idioma, *m.*, language, tongue.

iglesia, *f.*, church.

ignominia, *f.*, ignominy.

ignominioso, *adj.*, ignominious.

ignorancia, *f.*, ignorance.

ignorar, not to know, be ignorant; **ignorado**, unknown.

ignoto, *adj.*, unknown.

igual, *adj.*, equal, even; *n. m.*, equal, fellow; **por igual**, equally; **sin igual**, unequaled.

igualarse, to be equal.

igualdad, *f.*, equality.

igualmente, *adv.*, equally.

ileso, *adj.*, unharmed.

iluminar, to illuminate; adorn with festal lamps.

ilusión, *f.*, illusion.

ilustre, *adj.*, illustrious.

imagen, *f.*, image.

imaginar, to imagine, believe.

impasible, *adj.*, impassive, unfeeling.

impeler, to drive; drift.

impensado, *adj.*, unexpected.

imperar, to rule, reign.

imperial, *adj.*, imperial.

imperio, *m.*, empire.

ímpetu, *m.*, impetus, momentum; impetuosity.

impetuoso, *adj.*, violent, fierce, impetuous, spirited; swift.

impiedad, *f.*, impiety, impiousness, irreligion.

impío, *adj.*, impious, wicked.

implacable, *adj.*, implacable.

implorar, to implore, entreat.

imponer, to impose.

importar (*impers.*), to matter.

importunar, to disturb; importune, be importunate to.

importuno, *adj.*, troublesome; importunate.

imposible, *adj.*, impossible.

impostor, **-ra**, *adj.*, deceitful.

impotente, *adj.*, impotent.

impresión, *f.*, impression.

imprimir, to impress, stamp; impose.

improviso; **de improviso**, suddenly, unexpectedly.

impudente, *adj.*, shameless.

impulso, *m.*, impulse; impact.

impuro, *adj.*, impure.

inaccesible, *adj.*, inaccessible.

inadvertido, *adj.*, heedless, careless.

inagotable, *adj.*, inexhaustible.

inanimado, *adj.*, lifeless.

inaudito, *adj.*, unheard of, extraordinary.

Inca, *pr. n.* (*a noble among the ancient Peruvians. The empire of the Incas was overthrown by the Spaniards under Pizarro, who entered Peru in* 1531. *The capital of the Incas was Cuzco,* 11,000 *feet above sea-level.* —

The Aztec Empire and the Empire of the Incas were the two civilized states in America at the time of the discovery).

incansable, *adj.*, unwearied.

incauto, *adj.*, unwary.

incendiar, to set on fire.

incendio, *m.*, fire, conflagration.

incensario, *m.*, censer.

incienso, *m.*, incense.

incierto, *adj.*, inconstant; uncertain, doubtful.

inclemente, *adj.*, merciless.

inclinar, to bend, bow; *refl.* to bow.

ínclito, *adj.*, renowned, illustrious.

incógnito, *adj.*, unknown.

inconstante, *adj.*, fickle.

indecisión, *f.*, irresolution.

indeciso, *adj.*, undecided, hesitating; indistinct.

indefenso, *adj.*, defenceless.

indeficiente, *adj.*, unfailing.

indiano, *adj.*, Indian.

Indias, *pr. n. f. pl.*, Indies (East *or* West).

indiferente, *adj.*, indifferent, with indifference.

indígena, *adj.*, indigenous, native.

indigencia, *f.*, poverty.

indignación, *f.*, indignation, anger.

indignado, *p. p.*, indignant, angry.

indigno, *adj.*, disgraceful.

indio, *adj.*, Indian.

indiscreto, *adj.*, foolish.

indócil, *adj.*, unruly.

indomado, *adj.*, untamed.

indómito, *adj.*, unconquered.

industria, *f.*, industry, labor.

inefable, *adj.*, ineffable, unutterable.

inerme, *adj.*, defenceless, unarmed.

inerte, *adj.*, inert, sluggish; paralyzed.

Inés, *pr. n. f.*, Inez.

inexhausto, *adj.*, unexhausted.

inextinguible, *adj.*, inextinguishable.

infame, *adj.*, infamous.

infamia, *f.*, infamy.

infancia, *f.*, infancy.

infando, *adj.*, unspeakable.

infanta, *f.*, princess.

infantil, *adj.*, childish, infantile.

infatigable, *adj.*, indefatigable, unwearying.

infecto, *adj.*, tainted, corrupt.

infelice, *poetic for* infeliz.

infeliz, *adj.*, wretched, unhappy.
infestar, to infest.
infierno, *m.*, hell.
infinito, *adj.*, infinite.
inflamarse, to blaze; become inflamed; inflamado, burning, scorching.
inflexible, *adj.*, inexorable.
influjo, *m.*, influence.
informe, *adj.*, shapeless, formless.
infortunio, *m.*, misfortune.
infringir, to violate, break.
infundir, to inspire.
ingenio, *m.*, mind.
ingenuo, *adj.*, ingenuous, open-hearted, free.
Inglaterra, *pr. n.*, England (*area of England proper, 50,000 square miles; population, 31,000,000*).
inglés, –esa, *adj.*, English; *n. m.*, Englishman.
ingratitud, *f.*, ingratitude.
ingrato, *adj.*, ungrateful.
inhiesto, *adj.*, erect, raised.
inhumano, *adj.*, inhuman.
injusto, *adj.*, unjust.
inmensidad, *f.*, immensity.
inmenso, *adj.*, immense.
inmoble, *adj.*, immovable, fixed.
inmortal, *adj.*, immortal.

inmortalidad, *f.*, immortality.
inmóvil, *adj.*, motionless; unshaken.
inmundo, *adj.*, unclean, dirty.
inmutable, *adj.*, immutable, unchangeable.
inocencia, *f.*, innocence.
inocente, *adj.*, innocent.
inquietar, to disturb.
inquieto, *adj.*, restless, uneasy.
inquietud, *f.*, restlessness.
insaciable, *adj.*, insatiable.
insania, *f.*, madness.
insano, *adj.*, mad.
inscripción, *f.*, inscription.
insecto, *m.*, insect.
insensatez, *f.*, folly; stupidity.
insensato, *adj.*, stupid, mad.
insigne, *adj.*, distinguished, famous.
insignia, *f.*, badge, decoration.
insolencia, *f.*, insolence.
insondable, *adj.*, unfathomable.
inspiración, *f.*, inspiration.
inspirar, to inspire.
instante, *m.*, instant.
instar, to urge.
instinto, *m.*, instinct.
insultar, to insult.
intención, *f.*, intention, purpose.
intentar, to try, attempt.

intento, *m.*, purpose, meaning; **esforzar el intento**, to make every effort.

interés, *m.*, interest, advantage.

interesar, to concern; be of advantage to.

interior, *adj.*, interior, inward, from within; *n. m.*, interior; soul.

interrumpir, to interrupt.

intervalo, *m.*, interval.

íntimo, *adj.*, intimate, secret.

intranquilo, *adj.*, uneasy, restless.

intrépido, *adj.*, dauntless.

intrincado, *adj.*, tangled.

introducción, *f.*, introduction.

inulto, *adj.*, unavenged.

inundar, to flood.

inútil, *adj.*, useless.

invasor, *m.*, invader.

invectiva, *f.*, diatribe.

invencible, *adj.*, invincible.

investigar, to investigate, examine.

invierno, *m.*, winter.

invisible, *adj.*, invisible.

invitar, to invite.

ir, to go, go on, proceed; **ir á**, be about to, going to; **¿quién va?** who goes there? *refl.*, to go away, depart.

ira, *f.*, anger, ire.

iris, *m.*, rainbow.

irresistible, *adj.*, irresistible.

irritar, to excite, vex.

izar, to hoist.

izquierdo, *adj.*, left.

Iztaccíhual, *or* Iztaccíhuatel, *pr. n.*, Ixtaccihuatl (*a lofty mountain of volcanic origin in Mexico, just north of Popocatepetl, about 40 miles southeast of the City of Mexico, and only a few miles west of Cholula; height, about 17,000 feet*).

J

jabalí, *m.*, wild boar.

jalde, *adj.*, bright yellow, crocus-colored.

jamás, *adv.*, ever, never.

Jano, *pr. n. m.*, Janus. (*The shrine of the Roman god Janus, which formed an entrance to the forum, was closed only in time of peace.*)

Jarama, *pr. n.* (*a river that empties into the Tagus near Aranjuez. It forms the boundary line between the provinces of Madrid and Guadalajara*).

jarcia, *f.*, rigging, shrouds.

jardín, *m.*, garden.

Jarifa, *pr. n. f.*
jaspe, *m.*, jasper.
jazmín, *m.*, jasmine; jasmine-flower.
jefe, *m.*, chief, leader.
jerezano, *adj.*, of Jerez.
Jesucristo, *pr. n. m.*, Jesus Christ.
Jesús, *pr. n. m.*, Jesus.
Jetafe, *pr. n.* (*a village 8 miles south of Madrid*).
jícara, *f.*, chocolate-cup (*small in size*).
Jimena, *pr. n. f.* (*French Chimène; wife of the Cid; an earlier Jimena was the mother of the legendary Bernardo del Carpio [in 8th century]*).
jinete, *m.*, horseman, rider.
Job, *pr. n. m.* (*the hero of the Book of Job, who symbolized the pious and patient sufferer*).
jornada, *f.*, journey.
José, *pr. n. m.*, Joseph.
jota, *f.*, a popular dance.
joven, *adj.*, young, youthful; *n. m. and f.*, youth, young man, girl.
joyel, *m.*, valuable ornament.
Juan, *pr. n. m.*, John; San Juan, St. John. (*June 24 is consecrated to the Nativity of St. John the Baptist by the Roman Catholic Church.*)
júbilo, *m.*, rejoicing.
jubón, *m.*, doublet.
Judas, *pr. n. m.*
juego, *m.*, play, game.
juez, *m.*, judge.
jugar, to play, frolic.
jugo, *m.*, sap, juice.
juguetón, —ona, *adj.*, frolic-some, playful.
juicio, *m.*, judgment:
Julia, *pr. n. f.*
junco, *m.*, rush.
Junín, *pr. n.* (*an elevated plateau, 13,000 feet above sea-level, in Peru, where the Spaniards were defeated by the Spanish-Americans under Bolivar in 1824. There are also a village and a lake of the same name in the district*).
juntar, to join, unite.
junto, *adj.*, together; junto á, near, close to, beside.
juramento, *m.*, oath.
jurar, to swear.
justamente, *adv.*, justly.
justicia, *f.*, justice.
justiciero, *adj.*, just, upright.
justillo, *m.*, waistcoat, jerkin.
justo, *adj.*, just, righteous.

juvenil, *adj.*, youthful.
juventud, *f.*, youth.
juzgar, to judge, deem.

K

kepis, *m.*, shako, soldier's cap.

L

labio, *m.*, lip.
labor, *f.*, labor, task; needle-work.
laborioso, *adj.*, industrious, hard-working.
labrador, *m.*, farmer; farm-hand, plowman.
labrar, to construct; carve (*stone*); **labrado,** wrought, worked, carved.
ladera, *f.*, slope.
lado, *m.*, side.
ladrar, to bark.
lago, *m.*, lake.
lágrima, *f.*, tear.
Laís, *pr. n. f.*, Lais (*the name of two Greek courtesans noted for their beauty and licentiousness*).
lamentable, *adj.*, deplorable.
lamentar, to lament, bewail.
lamento, *m.*, cry, wail, lament.
lamer, to lick, lap.
lámpara, *f.*, lamp.
lance, *m.*, adventure; risk.

lancero, *m.*, lancer.
lánguido, *adj.*, languid.
lanza, *f.*, lance, spear.
lanzar, to launch, hurl; cast; loose, give up; utter.
lares, *m. pl.*, home.
largo, *adj.*, long; lavish.
larva, *f.*, mask, shell; larva
lascivo, *adj.*, lascivious.
laso, *adj.*, weary.
lástima, *f.*, pity; pitiful object; wound.
lastimero, *adj.*, mournful.
lastimoso, *adj.*, doleful.
lata, *f.*, tin-plate; **hoja de lata,** tin-plate, tin.
latido, *m.*, throbbing, palpitation.
látigo, *m.*, whip.
latín, *m.*, Latin.
latino, *adj.*, Latin.
latir, to throb, beat.
laurel, *m.*, laurel.
lauro, *m.*, laurel; glory.
lavar, to wash, cleanse.
lazada, *f.*, bow-knot, knot.
Lázaro, *pr. n. m.*, Lazarus ([1] *the name given by Jesus to the poor beggar in the parable, Luke xvi,* 19–31; [2] *the brother of Martha and Mary whom Jesus raised from the dead, according to John xi and xii*).

lazo, *m.*, knot; bond, tie; bow; snare.

leal, *adj.*, loyal, true.

lealtad, *f.*, loyalty.

lección, *f.*, lesson, example.

lector, –ra, *m. and f.*, reader.

lecho, *m.*, bed, couch.

ledo, *adj.*, cheerful, glad.

leer, to read.

Leganitos, *pr. n.* (*The* monte de Leganitos *is in the north-western part of Madrid*).

legión, *f.*, legion.

lejano, *adj.*, distant.

lejos, *adv.*, far, far away; á lo lejos, in the distance; de lejos, desde lejos, from afar.

lengua, *f.*, tongue.

lenguaje, *m.*, language, speech.

lentamente, *adv.*, slowly.

lentitud, *f.*, slowness.

lento, *adj.*, slow.

leño, *m.*, ship, vessel.

león, *m.*, lion.

León, *pr. n.* (*a former kingdom in northwestern Spain, which united definitely with Castile in* 1230, *under St. Ferdinand*).

leonés, –esa, *adj.*, of Leon, Leonese.

Leonor, *pr. n. f.*, Eleanor.

letal, *adj.*, lethal, deadly.

letra, *f.*, writing, inscription; short poem with a refrain.

letrilla, *f.*, short poem, usually set to music.

levantar, *tr.* to raise; *intr.* to arise; *refl.* to rise, arise.

leve, *adj.*, light, slight.

ley, *f.*, law.

Líbano, *pr. n.*, Lebanon (*the western and higher of two mountain chains in Syria, once noted for its fine cedars*).

liberal, *adj.*, generous, munificent; *m.*, member of the liberal political party.

libertad, *f.*, liberty, freedom.

libra, *f.*, pound.

librar, to free; *refl.* to escape.

libre, *adj.*, free.

librea, *f.*, livery.

licencia, *f.*, permission.

lid, *f.*, combat, fight.

lidiar, *tr.*, to fight (*bulls*); *intr.* to fight.

liebre, *f.*, hare.

lienzo, *m.*, linen cloth, linen.

Lieo, *pr. n. m.*, Lyaeus (*the god who frees from care; a surname of Bacchus*).

ligeramente, *adv.*, lightly, gently.

ligereza, *f.*, celerity, swiftness, agility.

ligero, *adj.*, light, delicate; quick.

Lilibeo, *pr. n.*, Lilybaeum (*the ancient name of Cape Boeo at the western extremity of Sicily*).

lima, *f.*, file; lima sorda, file blunted with lead so as to make its action noiseless.

limitar, to bound.

límpido, *adj.*, limpid, clear.

limpio, *adj.*, clean, stainless; clear.

linaje, *m.*, lineage, race.

lindero, *m.*, limit, boundary.

lindo, *adj.*, pretty, fair.

línea, *f.*, line.

lira, *f.*, lyre.

lirio, *m.*, lily.

lis, *j.*, fleur-de-lis (*the emblem of the royal family of France*).

lisonja, *f.*, flattery.

lisonjero, *adj.*, flattering; agreeable.

listado, *p. p.*, streaked, striped.

listón, *m.*, ribbon.

litera, *f.*, litter.

liviano, *adj.*, light; frivolous.

lívido, *adj.*, livid.

loar, to praise.

lobo, *m.*, wolf.

lóbrego, *adj.*, murky, dark.

lobreguez, *f.*, obscurity, darkness.

loco, *adj.*, mad, crazy; wild; *n. m.*, madman.

locomotora, *f.*, locomotive.

locura, *f.*, madness, folly.

lograr, to succeed, gain.

logrero, *m.*, usurer.

loma, *f.*, ridge.

lona, *f.*, canvas.

lontananza, *f.*, distance.

losa, *f.*, slab, heavy stone; *pl.* pavement.

lozanear, to act *or* speak proudly.

lozano, *adj.*, luxuriant, vigorous.

lucero, *m.*, bright star, star.

luciente, *adj.*, shining.

lucir, *tr.* to display, show; *intr.* to glitter, shine.

Lucrecia, *pr. n. f.*, Lucretia, Lucrece (*the most famous heroine in early Roman history. After having been ravished by Sextus Tarquinius, one of the king's sons, she related the facts to her father and to her husband, and then killed herself*).

lucha, *f.*, struggle, strife.

luchar, to struggle.

ludibrio, *m.*, mockery, scorn, sport.

luego, *adv.*, at once, immediately; next, then, besides; **luego que,** as soon as.

luengo, *adj.*, long.

lugar, *m.*, place, spot.

lúgubre, *adj.*, sad, gloomy.

Luis, *pr. n. m.*, Lewis.

lujo, *m.*, luxury.

lujoso, *adj.*, showy, luxurious.

lumbrada, *f.*, bonfire.

lumbre, *f.*, light.

luminoso, *adj.*, luminous.

luna, *f.*, moon.

Lutero, *pr. n. m.*, Luther.

luto, *m.*, mourning, grief.

luz, *f.*, light; lighted taper *or* lamp.

Luzbel, *pr. n. m.*, Lucifer (*the morning star. In Isaiah xiv,* 12, *these words occur*: "*How art thou fallen from Heaven, O Lucifer, son of the morning." This passage was understood to refer to the fall of the rebellious archangel from heaven*).

Ll

llaga, *f.*, wound.

llagar, to wound.

llama, *f.*, flame.

llamar, *tr.* to call; *intr.* to knock, tap; ¿cómo te llamas? what is thy name?

llaneza, *f.*, simplicity.

llano, *m.*, plain.

llanto, *m.*, weeping, tears.

llanura, *f.*, plain.

llave, *f.*, key.

llegar, to arrive, come; **llegar á,** reach; **llegar á hacer,** succeed in doing.

llenar, to fill.

lleno, *adj.*, full, filled.

llevar, to carry, carry away, bear, take; wear; endure; lead; **llevarse algo,** take something away.

llorar, *tr.* to mourn for, weep for; *intr.* to weep; mourn, lament.

lloro, *m.*, weeping, sobs.

lloroso, *adj.*, tearful, weeping.

lluvia, *f.*, rain.

M

madeja, *f.*, skein (*of thread*); *fig.* lock (*of hair*).

madera, *f.*, wood; timber.

madero, *m.*, beam.

madre, *f.*, mother.

madreselva, *f.*, honeysuckle.

Madrid, *pr. n.* (*capital of Spain; on the plains of New Castile,* 2150 *feet above the*

sea; population, about 550,-
000. Madrid first appears
in history in the tenth century as a fortified outpost of
the Moors, intended to check
the advances of the Christian
Spaniards. It was taken by
the Spaniards under Alfonso
VI of Castile and León in
1083. Philip II, in 1560,
selected Madrid as his capital, and it has been the capital ever since, except for a
time in the reign of Philip
III, when the royal head-
quarters were at Valladolid).

madrugar, to rise early, begin
early.

maestro, –a, m. and f.,
teacher.

Magdalena, pr. n. f., Magda-
len, Madeleine. (The **Magdalena** river is the largest in
Colombia, South America.)

magia, f., magic.

mágico, adj., magical, magic.

magnánimo, adj., noble.

magnate, m., magnate.

magnífico, adj., splendid.

magullar, to mangle.

Maipo, or **Maypu**, pr. n. (a
plain between the cities of
Santiago and San Bernardo,
in Chile, where the Span-

ish-Americans defeated the
Spaniards in 1818).

maíz, m., maize, Indian corn.

majestad, f., majesty; divin-
ity.

majestuoso, adj., majestic.

mal, adv., badly, ill; hardly;
n. m., evil, trouble, disease;
hacer mal, to harm, hurt.

malamente, adv., wickedly.

malbaratar, to sell out cheap,
dissipate (a fortune).

maldecir, to curse; p. p. **maldito**, accursed, confounded;
perverse.

maldición, f., curse; damna-
tion; **de maldición**, cursed.

maleza, f., underbrush.

maligno, adj., malicious.

malo, adj., evil, bad, wicked.

maltrecho, adj., ill-treated,
abused.

malva, f., mallow.

malvado, m., criminal, scoundrel.

Mamnón, pr. n., Mammon
(= riches, or the god of
riches).

mampara, f., screen.

manada, f., flock, herd.

manantial, m., spring, source.

mancebo, m., young man,
youth.

mancha, f., spot, stain.

manchar, to stain.
mandar, to command, order; send.
mando, *m.*, authority, power.
manecita, *f.*, little hand.
manejar, to wield.
manera, *f.*, manner, way.
manes, *m. pl.*, manes, spirit, ghost.
manida, *f.*, abode, dwelling-place, nest.
manifestar, to declare, state.
manifiesto, *adj.*, evident, clear.
manjar, *m.*, food; dish.
mano, *f.*, hand.
manosear, to finger, stroke.
mansamente, *adv.*, gently.
mansión, *f.*, mansion, abode; stay; **hacer mansión**, to stay, sojourn.
manso, *adj.*, quiet, gentle.
mantel, *m.*, tablecloth.
mantilla, *f.*, mantilla (*lace scarf used as a headdress*).
manto, *m.*, cloak, mantle.
Mantua, *pr. n.* (*a city of Lombardy, Italy, taken by the French in 1797, after a famous siege; also a poetic appellation of Madrid.*)
Manuel, *pr. n. m.*, Emanuel.
Manzanares, *pr. n.* (*an unimportant river which passes through Madrid and joins the Jarama, which in turn joins the Tagus [Tajo]*).
maña, *f.*, craft, cunning; skill.
mañana, *adv.*, to-morrow; *n. f.*, morning.
mar, *m.* (*and poetic f.*), sea, ocean.
marasmo, *m.*, wasting disease, weakness.
maravilla, *f.*, wonder, marvel; **á maravilla**, wonderfully.
marcha, *f.*, march; ¡en marcha! move on!
marchar, to go away, depart; advance, proceed; walk.
marchitarse, to wither, fade.
marchito, *adj.*, withered, faded.
margen, *m. and f.*, border, shore.
Margot, *pr. n.*, Marget.
María, *pr. n. f.*, Mary.
marido, *m.*, husband.
marinero, *m.*, sailor, mariner.
marino, *adj.*, marine.
mariposa, *f.*, butterfly.
marmóreo, *adj.*, marble, of marble.
marta, *f.*, marten fur.
Marte, *pr. n. m.*, Mars (*the Roman god of war*).
martillar, to hammer.
martillo, *m.*, hammer.

Martínez, *pr. n.*

mártir, *m. and f.*, martyr.

martirio, *m.*, torture.

marzo, *m.*, March.

mas, *conj.*, but.

más, *adv.*, more, most; another, other; más bien, rather; no más, only; por más que, however much, although.

mascarada, *f.*, masquerade.

mástel, *m.* (*arch. for* mastelero), topmast.

mastín, *m.*, mastiff.

matanza, *f.*, slaughter, butchery.

matar, to kill.

Mateo, *pr. n. m.*, Matthew; San Mateo (*a town in the district of La Victoria, Venezuela*).

materia, *f.*, matter, material.

maternal *or* materno, *adj.*, maternal, motherly.

matita, *f.*, sprig.

matiz, *m.*, hue, tint.

matrona, *f.*, matron.

mayo, *m.*, May.

mayor, *adj.*, larger, greater; largest, greatest; *n. m. pl.*, ancestors, forefathers.

mecer, to stir, sway, rock.

Meco, *pr. n.* (*a village 25 miles northeast of Madrid*).

medida, *f.*, measure; á medida que, according as, in proportion as.

medio, *m.*, middle, midst; en medio de, in the midst of, among, in company with.

mediodía, *m.*, noon, noonday; south.

medir, to measure.

meditar, to meditate, intend.

medrosamente, *adv.*, timidly.

medroso, *adj.*, timid; dreadful.

Méjico, *pr. n.* (*the spelling used officially by the Mexican government is* México, *but the popular spelling is* Méjico), Mexico (*the only large Spanish-American country in North America; area, 767,000 square miles, or more than three times that of France; population, about 15 millions, of whom three-fourths are Indians or of mixed blood. The scenery of Mexico is very beautiful, and the climate of the elevated central plateau is unexcelled. The City of Mexico is 7350 feet above sea-level, and has some 450,000 inhabitants*).

mejilla, *f.*, cheek.

mejor, *adj. and adv.*, better, best.

melancólico, *adj.*, melancholy.

melena, *f.*, long locks of hair; mane.

melindroso, *adj.*, finical, fastidious.

melodioso, *adj.*, melodious.

melón, *m.*, musk-melon, canteloupe.

meloso, *adj.*, honeyed, sweet.

memoria, *f.*, memory.

mendigo, *m.*, beggar.

menear, to stir, move, ply.

mengua, *f.*, shame.

menos, *adv.*, less, least; á lo menos, at least; ni menos, still less; *prep.* except.

menospreciar, to despise.

mente, *f.*, mind, thought.

mentir, to lie, tell a falsehood; mentido, false.

mentira, *f.*, lie, falsehood.

mentiroso, *adj.*, lying.

menudo, *adj.*, common, insignificant.

mercader, *m.*, merchant, tradesman.

mercado, *m.*, market, marketplace.

mercancía, *f.*, merchandise.

merced, *f.*, reward; á merced de, at the mercy of; *pl.* thanks.

merecer, to deserve.

mes, *m.*, month.

mesa, *f.*, table; fare, viands.

mesmo, *arch. for* mismo.

mesura, *f.*, civility; moderation; gravity.

meta, *f.*, goal.

meter, to put, fix; meterse en, to enter.

metrópoli, *f.*, metropolis.

Mexicano, *adj.*, Mexican.

México, *see* Méjico.

mezclar, to mingle.

mezquino, *adj.*, petty, mean; wretched, unhappy (*arch. meaning*).

mezquita, *f.*, mosque. (*There were several mosques in Granada. The one on the Alhambra hill, probably referred to at p. 2, l. 7, was the mezquita real, a small mosque built by Mohammed III early in the 14th century. It was removed in 1576. A part of its site is occupied now by the church of Santa Marta.*)

miedo, *m.*, fear; dar miedo á, to frighten.

miel, *f.*, honey.

miembro, *m.*, limb.

mientra, mientras, mientras

que, *conj.*, while; **mientras no**, until.

mies, *f.*, ripe wheat or other grain; harvest; *pl.* grain-fields.

mil, one thousand.

militar, *adj.*, military.

Milton, *pr. n.* (John Milton [1608–1674], *an eminent English poet*).

mina, *f.*, mine.

minero, *m.*, mine.

Minerva, *pr. n. f.* (*See under Palas.*)

ministro, *m.*, agent, subordinate.

mirada, *f.*, glance.

miradero, *m.*, watch-tower, lookout; (**Miradero** *of Toledo, an elevated promenade, in the northeastern part of the city, and commanding a beautiful view of the Vega and the plains beyond*).

mirador, *m.*, belvedere (*a small room from which a fine view is obtained*).

mirar, *tr.* to watch, see, look at, gaze at; *intr.* to take *or* keep watch.

Mirta, *pr. n. f.*, Myrtle.

mirto, *m.*, myrtle.

miserable, *adj.*, miserable, hapless; mean-spirited; *n. m.*, scoundrel.

miserablemente, *adv.*, wretchedly.

miseria, *f.*, misery, wretchedness; destitution.

mísero, *adj.*, miserable, wretched; destitute.

mismo, *adj.*, same; very, own; **lo mismo**, the same thing; **lo mismo que**, the same as, just as.

misterio, *m.*, mystery.

misterioso, *adj.*, mysterious.

místico, *adj.*, mystic.

mitad, *f.*, half; middle.

Moctezuma, *pr. n. m.*, Montezuma (**Moctezuma I** [1390?–1464], *a great war chief of ancient Mexico, who conquered much territory and had himself declared emperor*. **Moctezuma II** [?–1520], *emperor of the Aztecs at the time of the Spanish conquest*).

moda, *f.*, fashion.

modelo, *m.*, model, pattern.

moderar, to moderate, curb.

moderno, *adj.*, modern.

modestia, *f.*, modesty, humility.

modesto, *adj.*, modest, unpretending.

modo, *m.*, method, manner, way; extent; **de modo que,** so that.

modorra, *f.*, drowsiness, stupor.

modular, to sing with ease and variety, modulate.

mojar, to wet, moisten.

mojino, *m.*, hinny.

mole, *f.*, mass, bulk.

momento, *m.*, moment, instant.

monarca, *m.*, monarch.

Moncayo, *pr. n.* (*a lofty mountain 60 miles west of Saragossa, which marks the point of union of the ancient kingdoms of Aragon, Navarre, and Castile*).

Monclova, *pr. n.* (*usually spelled* Moncloa. *The* plaza de Moncloa *is in the northwestern part of Madrid, not far from the School of Agriculture*).

monje, *m.*, monk.

monótono, *adj.*, monotonous.

monstruo, *m.*, monster, hideous creature.

montaña, *f.*, mountain.

montar, to mount, ride.

monte, *m.*, mountain, mount; *pl.*, wooded hills.

Mont-Blanc (*French name; in* Spanish **Monte Blanco**), *pr. n. m.*, Mont Blanc (*in France, about 40 miles south of Lake Geneva; height,* 15,781 *feet*).

montero, *m.*, tracker.

monumento, *m.*, monument.

morada, *f.*, abode.

morado, *adj.*, purple.

morador, *m.*, inhabitant.

moraicel, *m.* (*an unknown word, probably from some derivative of the Arabic root* rsl, "*to send*"; *as* mursal, "*envoy*"; murâsil, "*correspondent*"; *or* mirsâl, "*messenger*").

moral, *m.*, mulberry-tree.

Moratín, *pr. n.*

morder, to bite.

morena, *f.*, dark-haired girl.

morería, *f.*, Moorish quarter of a city.

moribundo, *adj.*, dying.

morir (*p. p.* muerto), to die, perish; *refl.* to die.

morito, *m.*, little Moor.

moro, *adj.*, Moorish; *n. m. and f.*, Moor, Moorish woman.

mortal, *adj.*, mortal, deadly; *n. m.*, mortal, being.

mosquear, to twitch.

mosquero, *m.*, fly-flap (*a small bundle of branches or pieces*

*of paper, fastened to a stick,
to frighten away flies; by extension, any object, orna-
mental or otherwise, used to
drive flies away).*

mosquito, *m.,* mosquito.

mostrar, to show, disclose.

mote, *m.,* motto.

mover, to move, stir, impel;
brandish; **mover guerra,**
make war; *refl.* to move.

movible, *adj.,* moving, changing.

movimiento, *m.,* movement,
motion, power of motion.

moza, *f.,* girl.

mozo, *m.,* youth, lad.

muchacha, *f.,* girl.

muchacho, *m.,* boy, lad.

muchedumbre, *f.,* crowd,
mob, throng.

mucho, *adj.,* much, great,
many; *adv.,* much, far,
very.

mudamente, *adv.,* in silence.

mudanza, *f.,* change, varia-
tion.

mudar, to change, alter.

mudo, *adj.,* dumb, mute, silent.

muela, *f.,* molar tooth; **mal de
muelas,** toothache.

muelle, *adj.,* soft; voluptuous.

muerte, *f.,* death.

muerto, *p. p. of* **morir,** dead;
also, *equals* **matado.**

muestra, *f.,* muster; **pasar
muestra,** to pass in review.

mujer, *f.,* woman.

muladar, *m.,* dunghill.

multitud, *f.,* multitude,
throng.

mullido, *p. p.,* soft, downy.

mundanal, *adj.,* worldly, of
the world.

mundo, *m.,* world.

muñeca, *f.,* doll.

muralla, *f.,* wall.

murciélago, *m.,* bat.

múrice, *m.,* murex (*mollusk
which furnished the Tyrian
purple*); purple.

murmullo, *m.,* murmur, ripple.

murmurar, to murmur, purl;
grumble, find fault, criticize.

muro, *m.,* wall.

musa, *f.,* muse. (*In Greek
mythology, the muses were
the inspirers of song and
music. According to later
Greek writers the muses were:
Clio, history; Calliope, epic
poetry; Polyhymnia, seri-
ous sacred song; Euterpe,
lyric poetry; Terpsichore,
the dance; Erato, erotic*

poetry; *Melpomene, tragedy;
Thalia, comedy; and Ura-
nia, astronomy.*)

músculo, *m.*, muscle.

musgo, *m.*, moss.

música, *f.*, music; band, or-
chestra.

mustio, *adj.*, sad, languid,
pale.

musulmán, *m.*, Mussulman.

mutuo, *adj.*, mutual.

muy, *adv.*, very.

N

Nabucodonosor, *pr. n. m.*,
Nebuchadnezzar (*the great
king* [*ruled* B. C. 604–561?]
*of the Neo-Babylonian em-
pire, who conquered a part
of the Assyrian empire,
Syria, and a part of Egypt.
He was not only a great
warrior, but also a great
builder. Nebuchadnezzar
took Jerusalem and carried
many of the nobles and
leaders into captivity. For
this he was punished, ac-
cording to Daniel iv, 33, in
that "he was driven from
men and did eat grass as
oxen"*).

nacer, to be born, spring up,

arise; begin; **bien nacido**,
of noble birth, well bred.

naciente, *adj.*, growing.

nación, *f.*, nation.

nacional, *adj.*, national.

nada, *f.*, nothingness, nothing; *indef. pron.*, nothing.

nadie, *pron.*, no one, any-
one.

ñao, *f.*, ship, vessel.

napolitano, *adj.*, Neapolitan.

naranjo, *m.*, orange-tree.

nariz, *f.*, nostril.

natal, *m.*, birthday.

nativo, *adj.*, native; inborn.

natura, *f.*, nature.

natural, *adj.*, natural.

naturaleza, *f.*, nature.

naufragar, to be wrecked, suffer shipwreck.

navaja, *f.*, (*large*) knife, clasp-
knife.

nave, *f.*, ship, vessel; nave.

navegante, *m.*, sailor.

navegar, to sail.

navío, *m.*, vessel, ship.

neblina, *f.*, mist, fog.

necesario, *adj.*, necessary,
needful.

necesitar, to need to, must;
need, require.

nectáreo, *adj.*, of nectar.

negar, to deny, refuse.

negociar, to drive a bargain.

negro, *adj.*, black; sad, gloomy; *n. m.*, negro.

nel, *an arch. form for* en el.

Nemrod, *pr. n. m.*, Nimrod (*"a mighty one in the earth" and "a mighty hunter before the Lord"* [*Genesis x,* 8–9]).

Netzhualcoyolt, *or* **Nezahual-coyotel,** *pr. n. m.* ([?1403–1470], *a king of ancient Mexico, known as "the great and wise." He wrote odes and hymns, some of which, it is said, were translated into Spanish*).

nevado, *p. p.*, snowy.

ni, *conj.*, neither, nor, not even; (*in interrogation*) or; **no sé ni**, I do not even know.

Niágara, *pr. n.*, Niagara (Niagara Falls; *height of fall, 160 feet; volume of water, 280,000 cubic feet a second. Not the height of the fall, but its width, and the great volume of water, make Niagara notable*).

nicho, *m.*, niche, recess.

nido, *m.*, nest.

niebla, *f.*, fog, mist.

nieto, *m.*, descendant; grandson.

nieve, *f.*, snow; (*poetic*) extreme whiteness.

niñez, *f.*, childhood.

niño, –a, *m. and f.*, child, boy, girl; **desde niños**, from childhood; **muy niño**, very young.

no, *adv.*, no, not.

noble, *adj. and n. m.*, noble.

nobleza, *f.*, nobility.

nocturno, *adj.*, nocturnal, issuing by night; *n. m.*, nocturne, serenade.

noche, *f.*, night; **de noche**, at night, by night; **Noche-Buena**, Christmas Eve.

nogal, *m.*, walnut-tree.

nombrar, to name, mention.

nombre, *m.*, name, renown.

nopal, nópalo, *m.*, nopal, cochineal cactus, prickly pear tree.

norte, *m.*, north, north wind.

nota, *f.*, note.

notar, to note, detect.

notario, *m.*, notary.

noticia, *f.*, news.

noticioso, *adj.*, informed.

notoriedad, *f.*, notoriety.

nubarrón, *m.*, heavy, dark cloud.

nube, *f.*, cloud.

nublado, *p. p.*, clouded.

nublarse, to be covered by clouds.

nuca, *f.*, nape of the neck, neck.

nudoso, *adj.*, knotty; stout.

Nueva York, *pr. n.*, New York.

nuevo, *adj.*, new; **de nuevo**, anew, again.

numen, *m.*, inspiration.

numeroso, *adj.*, numerous.

nunca, *adv.*, never, ever.

nuncio, *m.*, messenger, harbinger.

nutrir, to nourish.

O

ó, *conj.*, or.

obedecer, to obey.

objeto, *m.*, object.

obligación, *f.*, obligation, duty.

obra, *f.*, work, deed.

obscurecerse, to disappear.

obscuridad, *f.*, darkness.

obscuro, *adj.*, dark, gloomy; **á obscuras**, in the dark.

obsequio, *m.*, courtesy, attention.

observar, to observe, scrutinize, watch.

ocasión, *f.*, opportunity, occasion.

ocasionar, to cause, occasion.

ocaso, *m.*, setting, west.

occidente, *m.*, west, occident.

océano, *m.* (*the stress is often made to fall on the penult*), ocean, sea.

ocio, *m.*, leisure, idleness.

ocultar, to hide, conceal.

oculto, *adj.*, hidden, secret.

ocupar, to occupy.

oda, *f.*, ode.

odiar, to hate.

odio, *m.*, hate, hatred.

odioso, *adj.*, hateful.

ofender, to offend, anger.

ofensa, *f.*, offence; **hacer ofensa**, to give offence.

ofrecer, to offer; display.

ofrenda, *f.*, offering, gift.

ofuscar, to confuse, blind, darken; hide.

¡oh! *interj.*, O! oh!

oído, *m.*, ear; hearing.

oir, to hear.

ojalá, *adv. and conj.*, would that, God grant.

ojeador, *m.*, beater.

ojiva, *f.*, ogive, pointed arch.

ojo, *m.*, eye.

ola, *f.*, wave, billow.

oler, to smell of, sniff.

oliva, *f.*, olive-tree, olive leaves.

Olivares, *pr. n.* (*See note to p. 15.*)

olmo, *m.*, elm-tree.

olor, *m.*, scent, perfume, odor; de olor, odoriferous.

olvidar, to forget; olvidado, forgotten; forgetful.

olvido, *m.*, oblivion, forgetfulness; poner en olvido, to forget; poner olvido de, to cause to forget.

ominoso, *adj.*, ill-omened.

omnipotencia, *f.*, omnipotence.

omnipotente, *adj.*, omnipotent.

onda, *f.*, wave, ripple; *pl.* waters.

ondear, to wave.

opaco, *adj.*, opaque, thick; dim.

opimo, *adj.*, fruitful, rich.

oponerse (á), to oppose.

opresión, *f.*, oppression.

opresor, *m.*, oppressor.

oprimir (*p. p.* oprimido *and* opreso), to oppress, overwhelm, crush; press; oprimido, pressed, tight.

oprobio, *m.*, infamy, disgrace.

opuesto, *p. p.*, opposite.

opulencia, *f.*, wealth, riches.

opulento, *adj.*, opulent, rich.

ora, *adv.*, now.

oración, *f.*, prayer.

orar, to pray.

orbe, *m.*, orb, heavenly body; earth.

orden, *f.*, order, command; order (*of knighthood, or military*). ·

ordenar, to order, command; ordenar de, dispose of at will; ordenado, well-ordered, serried.

orear, to blow upon.

oreja, *f.*, ear.

orfandad, *f.*, orphanage, bereavement.

orgía, *f.*, orgy.

orgullo, *m.*, pride.

orgulloso, *adj.*, proud, haughty.

oriental, *adj.*, oriental; *n. m.*, a poem dealing with oriental life.

oriente, *m.*, east, orient.

origen, *m.*, origin, source.

orilla, *f.*, shore, bank; edge; (á) orillas de, on the bank of.

Orinoco, *pr. n.* (*a large river of South America, flowing through Venezuela, except for a short distance, where it forms the boundary between Venezuela and Colombia*).

Orizaba, *pr. n.* (*the highest mountain in Mexico; height, 18,205 feet; about 150 miles east of the City of Mexico*).

orla, *f.*, fringe, border.

orlar, to border, edge.

ornar, to adorn.

ornato, *m.*, ornament, adornment.

oro, *m.*, gold; gold coin; como un oro, spick and span, fine as gold.

osar, to dare; osado, audacious, daring.

oso, *m.*, bear.

ostentar, to display, show.

otro, *adj.*, other, another; otro que sí, also, likewise; uno y otro, both; unos . . . otros, some . . . others.

otrora, *adv.; en* otrora, formerly.

otrosí, *adv.*, likewise, besides.

overo, *adj.*, blossom- or peach-colored (*said of horses whose coat is of white hairs mixed with sorrel or bay*).

P

pabellón, *m.*, banner.

pacer, *tr.* to nibble, graze on.

paciencia, *f.*, patience.

pacífico, *adj.*, peaceful.

padecer, to suffer; *n. m.*, suffering.

padre, *m.*, father; *pl.* parents.

padrón, *m.*, model; column with inscription.

paga, *f.*, payment.

pagar, to pay, pay for; repay.

pagoda, *f.*, pagoda, Indian temple.

pajarillo, *m.*, little bird, fledgling.

pájaro, *m.*, bird.

paje, *m.*, page.

palabra, *f.*, word.

palacio, *m.*, palace.

Palas, *pr. n. f.*, Pallas Athene (*Roman* Minerva; *a Greek goddess of* [1] *battle and victory, and later* [2] *of learning. The olive-tree was sacred to this goddess*).

palidez, *f.*, pallor.

pálido, *adj.*, pale, pallid.

palma, *f.*, palm (*of the hand*); palm (*tree*); triumph; batir las palmas, to clap the hands.

palmar, *m.*, palm-grove.

palmera, *f.*, palm-tree.

palmero, *m.*, pilgrim, palmer.

palmo, *m.*, span (*eight inches*).

palo, *m.*, stick.

paloma, *f.*, dove.

palpitar, to beat, thrill, vibrate.

pan, *m.*, bread.

panal, *m.*, honeycomb.

pancista, *m.*, one who tries to

stand well with all sides,
trimmer.

pandorga, *f.,* kite.

pánico, *adj.,* of Pan. (*In
Greek mythology Pan was the
god of herds and shepherds
and uncultivated nature. In
art he became attached to
Bacchus.*)

pantera, *f.,* panther.

panza, *f.,* paunch.

paño, *m.,* cloth, hanging.

papel, *m.,* paper.

par, *adj.,* equal; **á la par,**
equally; *n. m.,* equal, peer;
á par, alike; **al par,** equally;
á par de, besides.

para, *prep.,* to, in order to,
toward, for.

parada, *f.,* stop, halt.

paraíso, *m.,* paradise.

páramo, *m.,* paramo (*cold,
deserted plateau*); (*hence*)
desert.

Paraná, *pr. n.* (*a large river of
South America which emp-
ties into the Plata*).

parar, *tr.* to stop; *intr.* to stop;
come out, end; *refl.* to stop.

parasito, *adj.,* sponging, para-
sitical.

parcha, *f.,* common name of
various flowers of the pas-
sion-flower family.

pardo, *adj.,* dark gray, brown,
dark.

parecer, to appear, seem;
parecido á, like, resembling;
parecerse á, to resemble.

pared, *f.,* wall.

parentesco, *m.,* relationship.

parias, *f. pl.,* tribute.

pariente, *m.,* relative.

párpado, *m.,* eyelid.

parque, *m.,* park.

parte, *f.,* part, place; **por toda
parte,** on all sides.

partido, *m.,* party, supporters.

partir, *tr.* to split, cleave;
share; *intr.* to set forth, depart, start.

pasajero, *m.,* passenger, pas-
ser-by.

pasada, *f.,* passage, passing;
de pasada, on the way.

pasado, *m.,* past.

pasar, to pass, happen; **fuera
á pasar,** chanced to pass;
refl. to come to an end;
pasado, past; **lo pasado,**
the past, past things.

Pascua, *pr. n. f.,* Easter.

pasearse, to walk about.

paseo, *m.,* gait, walk.

pasión, *f.,* passion.

pasmar, *tr.* to astound; *intr.*
to be astounded; *refl.* to be
stupefied, stunned.

paso, *m.*, step, tread, pace; way; al paso que, while, as; mover el paso, to pace; salir al paso, to come to meet; *adv.*, softly, gently.

pastor, *m.*, shepherd.

pastorcico, pastorcillo, *m.*, a little shepherd.

patata, *f.*, potato.

paternal, *adj.*, of a father, paternal, fatherly.

paterno, *adj.*, of a father, paternal, parental.

patio, *m.*, court, yard.

patria, *f.*, country, native land.

patrimonio, *m.*, inheritance.

patrio, *adj.*, native.

patrón, *m.*, patron saint.

pausado, *adj.*, slow, calm.

Pavía, *pr. n.* Pavia (*a city in northern Italy, where the forces of Charles V of Spain, aided by the Duke of Bourbon, defeated the French and captured Francis I in* 1525).

pavor, *m.*, fear, dread.

pavoroso, *adj.*, awful, terrible.

paz, *f.*, peace, truce.

pebetero, *m.*, perfume censer.

pecado, *m.*, sin.

pecho, *m.*, breast, bosom; heart; tribute; dar pecho, to pay tribute.

pedazo, *m.*, piece, part.

pedir, to ask, beg.

Pedro, *pr. n. m.*, Peter.

pegado, *p. p.*, close, clinging.

Pelayo, *pr. n. m.* (*a leader of the eighth century, who, after the coming of the Moors, took refuge with the remnants of the Spanish army in Asturias, and thence began the work of reconquest.* Los Hijos de Pelayo = *the Spaniards*).

pelea, *f.*, conflict, combat.

pelear, to fight, combat.

peligro, *m.*, danger, peril.

pena, *f.*, hardship, pain, sorrow, affliction, trouble.

penacho, *m.*, crest, plumes.

penar, to suffer.

pender, to hang, be suspended.

pendón, *m.*, flag, banner.

péndulo, *m.*, pendulum.

penetrar, to penetrate.

pensador, *m.*, thinker.

pensamiento, *m.*, thought.

pensar, to think, expect, consider; pensar en, think of.

pensativo, *adj.*, pensive.

peña, *f.*, rock, (*large*) stone; cliff.

peñasco, *m.*, large rock, cliff.

peón, *m.*, foot-soldier.

peor, *adj.*, worse, worst.

pequeño, *adj.*, small, insignificant; *n. m.*, child.

Peranzules, *pr. n. m.* (*friend and companion of Alfonso VI at the court of Alimenón of Toledo*).

perder, to lose, waste; ruin, defeat; *refl.* to be lost, disappear.

perdición, *f.*, destruction.

pérdida, *f.*, loss, thing lost; perder una pérdida, to suffer a loss; perdido, lost; wildly in love; far away (*of sound*).

perdonar, to pardon, excuse, spare.

perdurable, *adj.*, everlasting.

perecer, to perish.

peregrino, *adj.*, strange, rare; *n. m.*, pilgrim, traveler.

perejil, *m.*, parsley.

perejilera, *f.*, parsley-gatherer.

perenne, *adj.*, perennial, perpetual.

perezoso, *adj.*, lazy, idle.

perfección, *f.*, perfection.

perfecto, *adj.*, perfect.

perfidia, *f.*, perfidy.

pérfido, *adj.*, perfidious.

perfil, *m.*, profile, outline.

perfume, *m.*, perfume, sweet odor.

pergamino, *m.*, parchment.

perjurar, to swear falsely, commit perjury.

perla, *f.*, pearl; de perla, pearly.

permanecer, to remain, endure.

permitir, to permit, allow of, admit.

pero, *conj.*, but.

perpetuamente, *adv.*, forever.

perpetuo, *adj.*, perpetual, continual.

perra, *f.*, female dog, bitch.

perrilla, *f.*, little dog.

perro, *m.*, dog, canine.

perroso, *adj.* (*coined word*), canine.

perseguir, to pursue, persecute.

persona, *f.*, person; grown person.

personaje, *m.*, distinguished man.

perspicacia, *f.*, sagacity, keen sight.

Perú (el), *pr. n.*, Peru (*a republic on the west coast of South America; area, about 700,000 square miles; population, about 4,000,000, of whom probably not more than*

20 per cent are white. In Peru and Mexico, where the ancient American civilization had reached its highest development, the native races have been most successful in holding their own. Lima, the capital, is near the coast, and has some 125,000 inhabitants).

peruano, *adj.,* Peruvian.

perverso, *adj.,* perverse.

pesar, *m.,* sorrow, grief; **á pesar de,** in spite of; **á mi pesar,** in spite of myself.

pesar, to weigh; cause regret; **pesado,** heavy, slow.

peso, *m.,* weight.

pestilente, *adj.,* pestilential, noxious.

peto, *m.,* breastplate.

pez, *m.,* fish (*alive and in the water*).

piadoso, *adj.,* pious, merciful.

piar, to chirp, peep.

picar, to prick, puncture.

pico, *m.,* pick; beak.

pie, *m.,* foot; base; trunk (*of a tree*); **los de á pie,** those on foot; **de pie,** standing; **ponerse en pie,** to stand up.

piedad, *f.,* pity; piety.

piedra, *f.,* stone.

piélago, *m.,* open sea, sea.

pierna, *f.,* leg.

pieza, *f.,* piece; animal (*game*).

pilar, *m.,* pillar, column.

pimpollo, *m.,* shoot.

pincel, *m.,* brush.

pingüe, *adj.,* rich.

pinífero, *adj.,* piniferous, covered with pines.

pino, *m.,* pine.

pintar, to paint; **pintado,** painted, many colored.

pintoresco, *adj.,* picturesque.

piña, *f.,* pineapple.

pío, *adj.,* piebald.

piqueta, *f.,* pickaxe, pick.

pirámide, *f.,* pyramid.

pirata, *m.,* pirate.

Pirene, *pr. n. m.,* **Pireneos,** *pr. n. m. pl.,* Pyrenees (*the mountain range between Spain and France*).

pisador, *m.,* prancing steed, charger.

pisar, to tread upon.

placentero, *adj.,* joyful, contented; pleasing.

placer, *m.,* pleasure.

plácido, *adj.,* placid, mild.

plaga, *f.,* plague, affliction.

planta, *f.,* sole of the foot, foot; plant.

plantar, to plant; fix in.

plantel, *m.,* nursery, garden.

plañidera, *f.,* weeper, hired

mourner; **de plañideras**, as mourners.

plañidero, *adj.*, plaintive.

plata, *f.*, silver.

Plata, *pr. n. m.* (*the* **Río de la Plata** [*Silver River*], *the broad estuary of the combined Paraná and Uruguay rivers of South America, between Uruguay and Argentine. Montevideo and Buenos Aires lie on this estuary*).

plátano, *m.*, banana-plant, banana.

plática, *f.*, conversation.

Platón, *pr. n. m.*, Plato (*a Greek philosopher* [427–347 B.C.], *born on the island of Aegina*).

playa, *f.*, shore, beach.

plaza, *f.*, square, place; position, place.

plazo, *m.*, fixed time, limit.

plebe, *f.*, populace.

plebeyo, *m.*, one of the common people.

plectro, *m.*, plectrum.

plegar, to fold.

plegaria, *f.*, prayer, supplication.

plenitud, *f.*, fulness.

pliegue, *m.*, fold, crease.

pliego, *m.*, fold.

pluma, *f.*, feather, plume; pen.

plumaje, *m.*, plume, crest.

Po, *pr. n.* (*the largest river of Italy; rises in the Alps, flows through Piedmont and Lombardy and along the southern borders of Venetia, and empties into the Adriatic*).

poblar, to people, inhabit.

pobre, *adj.*, poor; barren.

pobrecillo, *adj.*, very poor, very modest.

poco, *adj.*, little, scanty; few; *adv.*, little, a little; **á poco**, immediately; *n. m.*, little.

podadera, *f.*, pruning-knife.

poder, to be able, can, may; **no puedo tanto**, I cannot endure so much.

poder, *n. m.*, power; **haber poder**, to have authority.

poderío, *m.*, might, dominion.

poderoso, *adj.*, powerful, mighty.

podredumbre, *f.*, decay, corruption.

poema, *m.*, poem.

poesía, *f.*, poetry, poesy.

poeta, *m.*, poet.

político, *adj.*, politic, shrewd.

polo, *m.*, pole.

polvo, *m.*, dust.

poma, *f.*, apple; **rubias pomas (de la patata)**, yellow tubers (of the sweet potato).

pomo, *m.*, flask, vial.

pompa, *f.*, pomp, splendor; ceremony, pageant.

pomposo, *adj.*, splendid, majestic.

ponderar, to exaggerate, render emphatic.

poner, to put, place; set down; **ponerse en pie**, to arise, stand up.

poniente, *adj.*, setting.

ponzoña, *f.*, poison.

popa, *f.*, stern; **viento en popa**, fair wind.

Popocatepec, *or* Popocatépetel, *pr. n.*, Popocatepetl (*a volcano about* 40 *miles southeast of the City of Mexico; height,* 17,784 *feet*).

popular, *adj.*, popular, of the people.

por, *prep.*, for, through, along, across; on, at, by, to, in, over; in order to; as; **por Dios**, in heaven's name; **por eso**, on that account; **por si**, lest; to see if; **por tanto**, therefore; **por tierra**, on the ground.

pordiosear, to beg, ask alms.

porfía, *f.*, persistence, obstinacy; **hacer á porfía**, to vie with one another in doing.

porfiar, to persist, insist; contend.

porque, *conj.*, because, in order that.

portador, –ra, *m. and f.*, bearer.

porte, *m.*, carriage, demeanor.

portento, *m.*, prodigy, miracle.

portero, *m.*, gate-keeper, warder; usher.

pórtico, *m.*, portal.

porvenir, *m.*, future.

pos, *adv.*; **en pos**, behind; **en pos de**, after, behind; in pursuit of.

posar, *tr.* to rest, let fall; *intr.* to rest, perch, alight.

poseedor, *m.*, possessor.

posible, *adj.*, possible.

posteridad, *f.*, posterity, descendants.

postigo, *m.*, shutter.

postillón, *m.*, postilion.

postrar, to prostrate, humble; overthrow; *refl.* to bow.

postrero, *adj.*, last, latest.

potente, *adj.*, powerful.

Potosí, *pr. n.* (*a mountain in Peru, rich in minerals*).

potro, *m.*, colt, horse (*up to four years old*).

pradera, *f.*, meadow, prairie.

prado, *m.*, meadow, field.

precaución, *f.*, precaution.

preceder, to precede.

preciado, *adj.*, precious.

precioso, *adj.*, precious; beautiful; witty.

precipicio, *m.*, precipice.

precipitar, to drive headlong, hasten; *refl.* to rush.

preciso, *adj.*, necessary.

preferir, to prefer.

pregonar, to proclaim.

pregonero, *adj.*, announcing; of a crier.

pregunta, *f.*, question.

preguntar, to ask.

prelado, *m.*, prelate.

premio, *m.*, reward, prize.

prenda, *f.*, pledge; token; valuable ornament, jewel; en prendas de que, as a pledge that.

prendar, to charm.

prender, to pin, fasten; captivate.

preñado, *adj.*, pregnant, loaded, laden; preñado en, big with, charged with.

preparar, to prepare, make ready.

presa, *f.*, prey, prize.

presagio, *m.*, presage, token.

presea, *f.*, precious article, jewel.

presencia, *f.*, presence.

presentar, to present, offer; bring before.

presente, *adj.*, present; al presente, at present, now; *n. m.*, present, gift.

presentir, to feel in advance, have a foreboding of, foresee.

presidente, *m.*, president, presiding judge.

presidir, to preside over.

preso, *adj.*, captive.

prestar, to lend; add.

presteza, *f.*, speed, haste.

presto, *adv.*, speedily.

presumir, to suppose.

presura, *f.*, haste.

presuroso, *adj.*, quick, hasty.

pretender, to endeavor; expect, desire.

prevenirse, to make ready; prevenido, prepared.

previsión, *f.*, foresight.

primavera, *f.*, spring.

primero, *adj.*, first, earliest; front (*rank*).

primitivo, *adj.*, primitive.

primo, *m.*, cousin.

primogénito, *adj.,* first-born, eldest.

primor, *m.,* beauty; beautiful handiwork.

primoroso, *adj.,* exquisite.

principal, *adj.,* chief; celebrated, illustrious.

príncipe, *m.,* prince.

principiar, to begin.

principio, *m.,* beginning, commencement; **dar principio á,** to inaugurate.

prisión, *f.,* prison; imprisonment.

prisionero, *m.,* prisoner.

pro, *m. and f.;* **en pro de,** in behalf of.

probar, to try, try to discover; taste, experience.

problema, *m.,* problem.

proceder, *m.,* conduct, behavior.

proceloso, *adj.,* tempestuous.

procero, *adj.,* tall, lofty.

procesión, *f.,* procession.

proclamar, to proclaim.

procurar, to try; solicit; succeed in; secure, obtain.

prodigar, to lavish.

prodigioso, *adj.,* marvelous.

producir, to produce, cause.

profanar, to profane, defile.

profesar, to practise, profess.

profesor, *m.,* teacher, professor; one who professes.

profeta, *m.,* prophet.

profundo, *adj.,* deep, profound; **lo profundo,** the depths.

progreso, *m.,* progress.

prole, *f.,* offspring.

prolongar, to prolong; **prolongado,** prolonged, long-drawn.

promesa, *f.,* promise.

Prometeo, *pr. n. m.,* Prometheus (*the hero of a Greek myth that has to do with the origin of fire. As a punishment for bringing fire to man, Prometheus was bound to a column and visited daily by an eagle which ate his liver, until he was freed by Hercules. In Aeschylus and later poets, Prometheus symbolizes the emancipator of mankind from darkness and ignorance*).

prometer, to promise; **prometido,** betrothed.

pronto, *adj.,* ready; sudden, prompt; *adv.,* quickly, suddenly.

pronunciar, to pronounce, utter.

propicio, *adj.*, propitious, suitable.

propio, *adj.*, own; **sí propio,** himself.

proponer, to propose.

prora, *f.*, prow.

proseguir, to continue.

próspero, *adj.*, prosperous.

prosternar, to prostrate.

protervo, *adj.*, perverse, persistent in evil.

protoperra, *f.*, first of dogs.

providencia, *f.*, providence.

provocar, to incite, rouse.

proximidad, *f.*, nearness.

próximo, *adj.*, near, ready.

prudencia, *f.*, wisdom.

prudente, *adj.*, prudent, wise.

prueba, *f.*, proof.

Prusia, *pr. n.*, Prussia.

publicar, to proclaim.

pudor, *m.*, modesty, shame.

pueblo, *m.*, town; people; nation.

puente, *m. and f.*, bridge.

pueril, *adj.*, boyish.

puerta, *f.*, door.

puerto, *m.*, harbor, refuge.

pues, *adv.*, well, of course, surely, then; ¡**pues bien!** well! come then! *conj.*, since, for; **pues que,** although, because.

puesto que, *conj.*, although; since.

pugna, *f.*, battle, conflict.

pujanza, *f.*, might, power.

pundonor, *m.*, sense of honor.

punta, *f.*, point.

punto, *m.*, point, moment; **al punto,** immediately; **á punto de,** at the moment of.

punzante, *adj.*, sharp.

punzar, to prick.

punzón, *m.*, punch, awl.

puñal, *m.*, dagger.

puño, *m.*, fist; cuff; hilt.

pupila, *f.*, pupil (*of the eye*).

pureza, *f.*, purity.

purgatorio, *m.*, purgatory.

purificar, to purify.

puro, *adj.*, pure; mere; **de puro enamorado,** purely from love.

púrpura, *f.*, purple.

purpúreo, *adj.*, purple.

purpurino, *adj.*, purplish.

Q

que, *relative pron.*, who, which, that; *conj.*, that, for, since; and; *adv.*, than; **¿qué?** what! **¿á qué?** where-

fore! ¡qué! what! ¡qué de!
how many!

quebrantar, to break.

quebrar, *tr.* to break; weaken,
tarnish, dim; color que-
brado, sallow color; *intr.* to
go bankrupt.

quedar, to remain.

quedo, *adj.*, quiet, still.

queja, *f.*, complaint, lament.

quejarse, to complain, lament.

quemar, to burn.

querella, *f.*, complaint; quarrel, strife.

querer, to wish, desire, love;
querido, dear, beloved.

querube, *m.*, cherub.

quien, *pron.*, who, whom,
whoever, he who, one who;
(*arch.*) which; ¡quién supiera escribir! if I could
only write!

quieto, *adj.*, quiet.

quimera, *f.*, dream, imagination, false vision.

quince, fifteen.

quinto, fifth.

quitar, to take away, take off,
remove; quitar á uno la
prisión, release one from
captivity.

quizá, *adv.*, perhaps.

R

rabia, *f.*, rage, fury.

rabo, *m.*, tail.

racimo, *m.*, cluster, bunch of
grapes.

radiante, *adj.*, radiant.

radioso, *adj.*, radiant.

rajar, to cleave, split.

rama, *f.*, bough, branch.

ramaje, *m.*, branches.

ramal, *m.*, branch, ramifica-
tion; strand.

ramo, *m.*, bough, branch.

Ramón, *pr. n. m.*, Ray-
mond.

randa, *f.*, lace trimming.

rápido, *adj.*, rapid, swift.

raro, *adj.*, strange, unusual.

rasgar, to rend, tear.

raso, *m.*, satin.

rastrero, creeping, trailing.

rastro, *m.*, trace, vestige,
relic.

rato, *m.*, short space of time;
á poco rato, in a little while.

raudal, *m.*, torrent, stream.

raudo, *adj.*, swift.

rayo, *m.*, ray, thunderbolt.

raza, *f.*, race.

razón, *f.*, reason, reasoning;
right, justice; word.

razonar, to talk, converse.

real, *adj.*, royal.

realidad, *f.*, reality.

realizar, to realize, bring to pass.

reanimar, to revive, bring to life; encourage, cheer.

rebaño, *m.*, flock, herd.

rebelde, *adj.*, rebellious.

rebosar, to overflow.

rebramar, to bellow.

recamado, *m.*, raised embroidery.

recamar, to embroider with raised work.

recatar, to conceal.

recato, *m.*, modesty.

recelar, to fear, dread.

recelo, *m.*, fear, suspicion.

receloso, *adj.*, suspicious, distrustful.

recibir, to receive.

reciente, *adj.*, recent.

recinto, *m.*, inclosure, limited space, precincts.

recio, *adj.*, hard.

reclinado, *p. p.*, reclining.

recobrar, to recover.

recoger, to receive, gather up, pick up; draw in, press against.

recóndito, *adj.*, secret, concealed.

reconocer, to recognize.

recordar, to remember; remind, call to mind.

recorrer, to pass over, pass through.

recrear, to delight, gladden.

recto, *adj.*, upright, sane, honest.

rector, *m.*, rector; priest.

recuerdo, *m.*, remembrance, memory.

rechinar, to creak.

red, *f.*, net.

rededor, *m.*; al rededor, en rededor, round about.

redención, *f.*, redemption, salvation.

redentor, *m.*, redeemer.

redondo, *adj.*, round.

reflejar, to reflect.

reflejo, *m.*, reflection, reflected light.

refrenar, to check.

refugio, *m.*, refuge, shelter.

refulgente, *adj.*, refulgent, brilliant.

regalado, *p. p.*, delightful.

regar, to sprinkle.

regenerar, to regenerate.

regiamente, *adv.*, royally.

regio, *adj.*, royal, regal.

región, *f.*, region, realm.

regir, to rule.

registro, *m.*, note, entry.

regocijo, *m.*, joy, gladness.

regodeo, *m.*, joy.

regresar, to return.

rehusar, to refuse.

reina, *f.*, queen.

reinado, *m.*, reign.

reinar, to reign, rule.

reino, *m.*, kingdom, realm.

reir, to laugh; reirse (de), laugh (at).

reja, *f.*, iron bars of a window, grating; rejas de la calle, gratings before the windows of the ground floor.

rejón, *m.*, spear (*for bull-fighting*).

relámpago, *m.*, lightning flash.

relegado, *p. p.*, remote, unimportant.

religión, *f.*, religion.

reliquia, *f.*, remnant, remains.

reloj, *m.*, clock.

reluciente, *adj.*, glittering, flashing.

relucir, to shine, glow, glitter.

remate, *m.*, pinnacle.

remedio, *m.*, remedy, aid.

remero, *m.*, rower, oarsman.

remo, *m.*, oar.

remolino, *m.*, whirlwind; vortex, eddy; crowd, throng.

remordimiento, *m.*, remorse.

remoto, *adj.*, remote, distant.

renaciente, *adj.*, renascent, reviving.

rencor, *m.*, grudge, spite, hatred.

rendimiento, *m.*, submission.

rendir, to yield, render, surrender; produce; overcome; rendir culto á, worship; rendir parias á, pay homage to; rendido, subdued, conquered, worn out; obsequious, devoted.

renovar, to renovate.

renunciar, to renounce, forswear.

reñir, to scold; reñido, hard-fought.

reojo; mirar de reojo, to look askance at.

reparador, –ra, *adj.*, recuperative.

reparar, to observe.

repartir, to distribute.

repasar, to examine, peruse.

repetir, to repeat.

replicar, to reply.

reponer, to answer; *p. p.*, repuesto, secluded.

reposar, to rest, repose.

reposo, *m.*, rest.

repugnancia, *f.*, repugnance.

reseña, *f.*, review, summary.

reservar, to reserve, confine.

resistir, to resist, withstand; resistirse á, *the same.*

resonar, to resound, echo, ring out.

resoplido, *m.*, snort.

respaldo, *m.*, back (*of a chair*).

respetable, *adj.*, highly respected.

respetar, to respect.

respeto, *m.*, respect.

respetuoso, *adj.*, respectful.

respirar, to breathe, exhale, inhale.

resplandecer, to glitter, glow, shine.

resplandor, *m.*, light, radiance.

responder, to reply, answer, respond.

responso, *m.*, responsory for the dead.

respuesta, *f.*, reply, answer.

restar, to remain.

restaurante, *adj.*, restorative, life-giving.

restos, *m. pl.*, remains.

resucitar, to revive.

resuello, *m.*, breath.

resuelto, *p. p.*, determined.

retardar, to delay.

retemblar, to shake, tremble.

retirarse, to withdraw, retire; retirado, retired, quiet, solitary.

retiro, *m.*, retirement, privacy.

reto, *m.*, challenge.

retorcerse, to writhe; retorcido, crooked.

retornar, to return; retornar en sí, come to oneself (*arch. meaning*).

retozar, to play, romp.

retratar, to draw, copy, image, reflect.

retrato, *m.*, picture, image.

retribuir, to repay.

retroceder, to retreat, withdraw.

retumbar, to resound, re-echo.

revelar, to reveal.

reventar, to burst, explode.

reverberar, to reflect.

reverdecer, to grow green again, acquire new freshness.

reverencia, *f.*, reverence, respect.

revés, *m.*, reverse, defeat; al revés, on the contrary, in opposite manner.

revolución, *f.*, revolution, uprising.

revuelta, *f.*, winding, twisting.

revuelto, *p. p.*, restless; intricate, confused.

rey, *m.*, king.

rezar, to pray.

rezo, *m.*, prayer, devotions.

Rhin, *pr. n.*, Rhine (*the princi-pal river of western Europe; rises in southern Switzer-land, flows through west-ern Germany and Holland, and empties into the North Sea; length, 760 miles*).

ribera, *f.*, bank, shore.

rico, *adj.*, rich, exquisite.

ridículo, *adj.*, ridiculous.

rielar, to glimmer, shine.

rienda, *f.*, rein.

riesgo, *m.*, risk, danger.

riflero, *m.*, rifleman.

rígido, *adj.*, rigid, stiff; firm.

rigor, *m.*, severity.

riguroso, *adj.*, severe, harsh.

riña, *f.*, quarrel, fray.

río, *m.*, river, stream.

riqueza, *f.*, riches.

risa, *f.*, laughter, laugh.

riscoso, *adj.*, craggy.

ristre, *m.*, rest (*for a lance*).

risueño, *adj.*, smiling, pleas-ant.

ritmo, *m.*, rhythm.

rizar, to curl, ripple.

robar, to rob, plunder, take away; robar á, steal from.

robo, *m.*, theft, plunder.

robusto, *adj.*, robust, firm, sturdy.

roca, *f.*, rock, cliff.

rocío, *m.*, dew.

Ródano, *pr. n.*, Rhone (*the principal river of eastern France; rises in the Alps and empties into the Medi-terranean Sea; length, 504 miles*).

rodar, to roll.

rodear, to surround, encom-pass.

rodeo, *m.*, winding.

rodilla, *f.*, knee; de rodillas, kneeling, on one's knees.

Rodrigo, *pr. n. m.*, Roderick.

roedor, -ra, *adj.*, gnawing, consuming.

rogar, to ask, beg; pray.

rojo, *adj.*, red, ruddy.

Roma, *pr. n.*, Rome (*in an-cient times the capital of the Roman empire, and now the capital of the kingdom of Italy. For centuries Rome has been, with few interrup-tions, the seat of power of the Roman Catholic Church*).

romance, *m.*, ballad (*usually in octosyllabic lines with al-ternate assonance*).

romano, *adj.*, Roman.

romper, *p. p.* roto, *tr.* to break, tear, break open; rout, defeat; *intr.* to break forth; *refl.* to break.

ronco, *adj.*, hoarse, harsh.

Roosevelt, *pr. n.*
ropa, *f.*, clothes.
ropaje, *m.*, clothes, apparel; drapery.
ropón, *m.*, loose gown.
rosa, *f.*, rose.
rosado, *adj.*, rosy.
Rosana, *pr. n. f.*, Rosanna.
Rosario, *pr. n. f.* (*literally* rosary).
rosillo, *adj.*, roan.
rostro, *m.*, face.
rozarse (con), to be intimate (with).
rubio, *adj.*, golden, ruddy; blonde, fair.
rubor, *m.*, shame.
rudo, *adj.*, rude, rough, difficult.
ruego, *m.*, entreaty, request.
rugar, to wrinkle, furrow.
rugido, *m.*, roar.
rugiente, *adj.*, roaring.
ruginoso, *adj.*, rusty.
rugir, to roar.
rugoso, *adj.*, wrinkled.
ruido, *m.*, noise, clamor; murmur.
ruidoso, *adj.*, noisy; widely known.
ruina, *f.*, ruin, downfall.
ruiseñor, *m.*, nightingale.
Ruiz, *pr. n.*
rumbo, *m.*, course.

rumor, *m.*, rumor, report; murmur, noise; sound.
rumoroso, *adj.*, loud, striking.
rústico, *m.*, peasant.

S

sabeo, *adj.*, of Sheba, Sabean; arbusto sabeo, coffee-bush (*Mocha is in Southern Arabia* [*Yemen*], *the ancient Sheba*).
saber, to know, know how to; be able to, can; learn; *n. m.*, knowledge, learning.
sabiamente, *adv.*, wisely, skilfully.
sabido, *p. p.*, well-known.
sabiduría, *f.*, wisdom, knowledge.
sabio, *adj.*, wise, sage; cunning.
sabor, *m.*, savor, taste.
sacar, to draw out, set free, obtain.
sacerdote, *m.*, priest.
saciar, to satiate.
sacrificio, *m.*, sacrifice.
sacrosanto, *adj.*, sacred.
sacudir, to shake; shake off; strike.
saeta, *f.*, arrow.
saetía, *f.*, loophole.
sagacidad, *f.*, sagacity.

sagrado, *adj.*, sacred.

sajar, to make a cut in flesh, slash.

sajón, –ona, *adj.*, Saxon.

sal, *f.*, salt; wit.

sala, *f.*, hall, parlor.

salida, *f.*, departure, setting forth.

salir, to go out, come out, issue, depart; occur; rise (*of the sun*); **salir de,** leave.

salmón, *m.*, salmon.

salón, *m.*, hall, parlor.

salpicar, to sprinkle.

saltador, –ra, *adj.*, leaping.

saltar, to spring, leap, hop; rebound; **se le saltan las lágrimas,** tears spring to her eyes.

salterio, *m.*, psaltery.

salud, *f.*, health; **¡salud!** hail!

saludable, *adj.*, salutary.

saludar, to salute, hail.

saludo, *m.*, salutation.

salva, *f.*, salute, welcome.

salvaje, *adj.*, savage.

salvar, to save, preserve.

¡salve! *interj.*, hail!

salvo, *adv.*, saving, barring.

san, *abbreviation of* **santo.**

sangre, *f.*, blood; race, family.

sangriento, *adj.*, bleeding. bloody; cruel; blood-red.

sanguinoso, *adj.*, bloody; blood-red.

San Juan, *pr. n.*, Saint John; Saint John's Day (*June* 24).

santo, *adj.*, saintly, blessed, sacred, holy; *n. m.*, saint; saint's day.

santuario, *m.*, sanctuary.

saña, *f.*, anger, passion, fury.

sañoso, *adj.*, furious, angry.

sañudo, *adj.*, furious, angry.

sarmiento, *m.*, runner, shoot.

sarna, *f.*, mange.

sarnoso, *adj.*, mangy.

satánico, *adj.*, satanic, devilish.

satélite, *m.*, satellite, follower, henchman.

sátira, *f.*, satire.

satírico, *adj.*, satirical.

satisfacción, *f.*, satisfaction.

satisfacer, to satisfy; humor, gratify; repay; *p. p.* **satisfecho,** satisfied, content.

sauce, *m.*, willow.

sayal, *m.*, coarse woolen cloth.

sazonar, to season; ripen.

secar, to dry, wipe away, dry up; parch, wither.

seco, *adj.*, dry, withered, parched.

secreto, *m.*, secrecy; secret.

secular, *adj.*, century-old.

sed, *f.*, thirst.

seda, *f.*, silk.

sedentario, *adj.*, sedentary.

sediento, *adj.*, thirsting.

sedoso, *adj.*, silky.

seguir, *tr.* to follow, pursue; *intr.* to continue; *refl.* to ensue.

según, *prep.*, according to; *conj.*, according as.

segundo, *adj.*, second.

segur, *f.*, axe; sickle.

seguro, *adj.*, safe, secure, sure; de seguro, assuredly; mal seguro, unsafe, insecure, uncertain, in danger; *n. m.*, assurance. •

seibo (*more often spelled* ceibo), *n. m.*, silk-cotton tree (*eriodendron anfractuosum, a flowering tree of South America*).

seis, six.

selva, *f.*, wood, forest.

sellar, to seal, end.

sello, *m.*, seal, mark.

semana, *f.*, week; septenary.

semblante, *m.*, face, countenance.

sembrar, to sow, strew.

semejante, *adj.*, similar, like.

semejar, to seem, appear.

sempiterno, *adj.*, eternal, lasting.

sencillo, *adj.*, simple, artless; of less value (*coins*).

senda, *f.*, path.

seno, *m.*, bosom, breast; embrace; depths; womb.

sensible, *adj.*, sensitive; stirred.

sentar, to seat; establish, fix, brand; *refl.* to sit down.

sentencia, *f.*, sentence, doom.

sentenciar, to sentence.

sentido, *m.*, sense, senses.

sentimiento, *m.*, emotion, grief.

sentir, to feel, perceive, hear; grieve, mourn, regret.

señal, *f.*, signal, sign; portent.

señalar, to point out.

señor, *m.*, sir, Mr., gentleman; lord, master.

señora, *f.*, lady, mistress.

señorío, *m.*, domain.

señuelo, *m.*, lure, enticement.

separar, to separate, part; *refl.* to be separated, shoot off.

sepulcro, *m.*, tomb, grave, sepulchre.

sepultura, *f.*, grave, tomb; interment.

sepulturero, *m.*, grave-digger.

séquito, *m.*, retinue.

ser, to be; es de ver, one should see; *n. m.*, existence,

being, essence; person; **no ser,** non-existence, nothingness.

serafín, *m.,* seraph, angel.

serenata, *f.,* serenade.

sereno, *adj.,* serene, quiet, self-possessed.

serio, *adj.,* serious.

serrana, *f.,* mountain-girl.

Servando, *pr. n.* (*The ruins of the castle of* **San Servando** *or* **San Cervantes** *lie on the heights of the left bank of the Tagus, opposite Toledo. Some ingenious writers have attempted to trace the origin of the name of Cervantes back to the name of this castle, which was erected by Alfonso VI.*)

servicio, *m.,* service.

servidor, *m.,* servant; wooer, lover.

servidumbre, *f.,* slavery, servitude, service.

servil, *adj.,* slavish, of servitude.

servir, to serve, pursue.

seso, *m.,* brains, sense, wisdom.

severo, *adj.,* severe, stern, serious.

Sevilla, *pr. n.,* Seville (*a Spanish city of some* 150,000 inhabitants, on the river Guadalquivir. It is the largest and wealthiest town in Andalusia. Formerly an important Moorish capital, it was taken by the Christian Spaniards under St. Ferdinand in 1248*).

Shakespeare, *pr. n.* (**William Shakespeare** [1564–1616], *the greatest of English dramatic poets*).

si, *conj.,* if, whether; **por si,** to see if.

sí, *adv.,* yes; **otrosí,** *see* **otro.**

siempre, *adv.,* always, ever.

siempreviva, *f.,* everlasting, immortelle.

sien, *f.,* temple.

sierpe, *f.,* serpent, snake.

sierra, *f.,* mountain-range, ridge.

siervo, –a, *m. and f.,* slave.

siete, seven.

siglo, *m.,* century, age.

signo, *m.,* sign, symbol, sign of the zodiac; character.

siguiente, *adj.,* following.

silbar, to whistle.

silbato, *m.,* whistle.

silbido, *m.,* whistling; soughing.

silencio, *m.,* silence.

silencioso, *adj.*, silent, noiseless.

silva, *f.*, a particular verse-
form (*having lines of* 7 *and*
11 *syllables in length, with
free rime*); a composition in
such verse-form.

silvestre, *adj.*, wild.

silla, *f.*, saddle.

sillón, *m.*, arm-chair.

simbolizar, to symbolize,
typify.

símbolo, *m.*, symbol, type.

sin, *prep.*, without; sin que,
conj., without.

sincero, *adj.*, sincere.

siniestra, *f.*, left hand.

sino, *conj.*, but, except, unless.

sinsabor, *m.*, trouble, trial.

siquiera, *conj.*, whether.

sirte, *f.*, syrtes, whirlpool.

sitio, *m.*, place, site, spot.

so, *prep.*, under, beneath.

soberano, *adj.*, sovereign, supreme; highest, topmost;
n. m. and f., sovereign.

soberbia, *f.*, arrogance, pride.

soberbio, *adj.*, proud, lofty.

sobrar, to be more than is
necessary; me sobra, I have
more than enough.

sobre, *prep.*, on, upon, above,
over, in.

sobrehumano, *adj.*, superhu-
man.

sobremanera, *adv.*, extremely.

sobrepuesto, *m.*, facing.

sobresalir, to be supreme,
excel.

sobresalto, *m.*; con sobresalto, suddenly, with a
jerk.

sobrevenir, to arrive, appear.

sobrino, -a, *m. and f.*, nephew,
niece.

sociedad, *f.*, society.

sofocar, to stifle.

sol, *m.*, sun.

solamente, *adv.*, only, alone.

solazar, to solace, relieve.

soldado, *m.*, soldier.

soledad, *f.*, solitude.

solemne, *adj.*, solemn, grand.

soler (*defective verb used only
in present and imperfect
tenses*), to be wont, use.

solfear, to drone out.

solicitar, to try.

solitario, *adj.*, solitary, lonely.

solito, *adj.*, all alone.

solo, *adj.*, alone, single, solitary; á solas, alone.

sólo, *adv.*, only; tan sólo,
solely, only.

soltar, to let go, drop; un-
loose.

sollozar, to sob.

sollozo, *m.*, sob.

sombra, *f.*, shadow, shade, darkness; spirit.

sombrerillo, *m.*, little hat.

sombrero, *m.*, hat.

sombrío, *adj.*, gloomy, dark, sullen.

son, *m.*, sound, noise.

sonante, *adj.*, sounding, sonorous; rustling.

sonar, to make a noise, sound, ring.

soneto, *m.*, sonnet.

sonido, *m.*, sound.

sonoro, *adj.*, loud, sonorous, resounding.

sonoroso = sonoro.

sonreir, (*also refl.*) to smile.

sonrisa, *f.*, smile.

sonrojo, *m.*, blush.

sonrosado, *p. p.*, rosy.

soñar, to dream, imagine; soñar en, con, dream of.

soplar, to blow.

soplo, *m.*, blast, gust, breath.

sopor, *m.*, lethargy, heavy sleep.

sorber, to suck.

sordo, *adj.*, deaf; noiseless, silent, stifled; dull; lima sorda, *see* lima.

sorprender, to surprise, come upon suddenly, overtake.

sorpresa, *f.*, surprise.

sosegar, to rest; sosegado, quiet, peaceful.

soslayo; al soslayo, sidewise, sidelong.

sospechoso, *adj.*, suspicious.

sostener, to sustain, hold up, support.

Soto, *pr. n.* (= *grove, thicket*).

Stambul, *pr. n.*, Stamboul (*part of Constantinople*).

suave, *adj.*, soft, smooth.

subir, *tr.* to climb; *intr.* to rise, mount.

súbito, *adj.*, sudden; de súbito, suddenly, unexpectedly.

sublime, *adj.*, sublime.

suceder, to happen; suceder á, succeed, follow.

suceso, *m.*, event.

sucio, *adj.*, dirty.

sucumbir, to die, perish.

sudario, *m.*, shroud.

sudor, *m.*, sweat.

suelo, *m.*, ground, earth, soil, floor.

suelto, *p. p.*, loose, flowing; separate; at large.

sueño, *m.*, sleep, slumber; dream, vision.

suerte, *f.*, chance, lot, fate; good fortune; state; way, manner.

sufrir, to suffer, endure, permit.

suicida, *m.,* suicide (*one who commits self-murder*).

sujetar, to subdue, conquer.

sujeto, *adj.,* fastened.

sultana, *f.,* sultana, sultaness.

sumir, to plunge, submerge.

sumiso, *adj.,* submissive, obedient.

sumo, *adj.,* highest, supreme.

superar, to surmount.

superior, *adj.,* superior, upper.

superstición, *f.,* superstition.

suplicar, to entreat; ¡perdido suplicar! vain supplication!

suplicio, *m.,* place of execution.

supuesto; por supuesto, of course.

surcar, to furrow, plow.

surco, *m.,* furrow.

surgir, to issue, come forth.

sursum corda (*Latin*), lift up your hearts.

surtidor, *m.,* jet, spout.

¡sus! *interj.,* sick him!

suspender, to hang.

suspenso, *adj.,* hanging; in admiration, in doubt.

suspirar, *tr.* to sigh forth; long for; *intr.* to sigh.

suspiro, *m.,* sigh.

sustentar, to support.

sustento, *m.,* support; nourishment.

susto, *m.,* fright.

susurrar, to murmur, rustle.

sutil, *adj.,* cunning, skilful; keen.

T

tabardo, *m.,* tabard (*a long, loose outer cloak*).

tafetán, *m.,* thin silk, taffeta; *pl.* woman's ornaments.

taimado, *adj.,* sly, cunning.

tajador, -ra, *adj.,* sharp.

Tajo, *pr. n.,* Tagus (*the longest river in the Spanish peninsula; it rises in the Albarracín mountains, skirts the provinces of Guadalajara and Madrid, flows about Toledo, crosses Portugal, and empties into the Atlantic at Lisbon*).

tal, *adj.,* such, the following; **el tal,** the aforesaid.

talar, to lay waste, ruin.

talento, *m.,* talent, mind.

talle, *m.,* figure.

taller, *m.,* workshop, factory.

tallo, *m.,* stalk, stem.

también, *adv.,* also.

tambor, *m.,* drum.

tampoco, *adv.*, neither, (*after negative*) either.

tan, *adv.*, so, so much.

Tántalo, *pr. n. m.*, Tantalus. (*According to Greek legend, Tantalus, having offended the gods, was cast into Tartarus, and there punished. One version has it that he stood in a pool whose waters receded whenever he stooped to drink, while over his head hung clusters of fruit that kept beyond his reach.*)

tanto, *adj.*, so much, as much; otras tantas, an equal number; *adv.*, so much; en tanto, meanwhile; en tanto que, while; un tanto, somewhat, a little.

tapar, to cover, veil.

tapete, *m.*, cover, cloth.

tapia, *f.*, mud wall, wall.

tapiar, to wall in.

tapiz, *m.*, tapestry.

tardar, to delay, be slow in coming.

tarde, *adj.*, late; *n. f.*, afternoon, evening.

tardío, *adj.*, late, tardy.

tardo, *adj.*, slow, tardy.

tarea, *f.*, task.

Tarfe, *pr. n. m.*

tea, *f.*, torch.

techo, *m.*, roof, ceiling.

techumbre, *f.*, (*high*) roof.

tedio, *m.*, ennui, loathing.

tejer, to weave.

telaraña, *f.*, cobweb.

telilla, *f.*, membrane.

temblar, to tremble, shake.

temblor, *m.*, tremor, thrill.

tembloroso, *adj.*, tremulous.

temer, to fear, be frightened.

temerón, –ona, *adj.*, rash, daring.

temeroso, *adj.*, fearing, timid.

temor, *m.*, fear.

tempestad, *f.*, tempest, storm.

tempestuoso, *adj.*, tempestuous.

templar, to soothe, allay, calm; temper, prepare; tune; *refl.* to restrain oneself.

templo, *m.*, temple, church, shrine.

temprano, *adj.*, early, precocious.

tenaz, *adj.*, stubborn, obstinate; heavy (*of sleep*).

tender, to spread, spread out, extend, display, stretch out; tender el vuelo, take flight.

tenebroso, *adj.*, gloomy, shadowy.

tener, to have, hold, possess,

keep; **tener por,** consider, deem; **tener que,** have to, be compelled to; *refl.* to stop, halt.

teñir (*p. p.* **tinto**), to tinge, color, stain, dye.

teocalli, *or* **teucali,** *m.,* teocalli (*an Aztec stone temple, built on a truncated pyramid; by extension, the pyramid. The pyramids now standing at Cholula and at San Juan de Teotihuacán are the largest in Mexico. The former is covered with earth, and much resembles a hill. On its summit a Christian church has been erected. The pyramid at San Juan de Teotihuacán, near Mexico City, has been cleared of earth and debris, as have also the homes of the priests about it. This pyramid is nearly as large as that of Cheops in Egypt*).

Teodoro, *pr. n. m.,* Theodore.

Tequendama, *pr. n.* (*a large waterfall* 12 *miles west of Bogotá, Colombia, and at an altitude of* 8000 *feet above sea-level; the water falls* 455 *feet*).

tercero, *adj.,* third.

tercio, *m.,* regiment (*in* 16*th and* 17*th centuries*).

terciopelo, *m.,* velvet.

Teresa, *pr. n. f.,* Theresa.

término, *m.,* boundary, limit; bounds, space; *pl.* territory, expanse.

ternura, *f.,* tenderness, affection.

terrenal, *adj.,* terrestrial, earthly.

terreno, *adj.,* earthly.

terrestre, *adj.,* terrestrial, earthly.

terrible, *adj.,* terrible, awful.

terrífico, *adj.,* terrible, frightful.

terror, *m.,* terror.

terso, *adj.,* smooth.

tesoro, *m.,* treasure.

testigo, *m.,* witness.

tétrico, *adj.,* grave; crabbed.

tez, *f.,* complexion, face.

tibio, *adj.,* warm, mild, soft.

tiempo, *m.,* time; **á un tiempo,** at the same time; **en un tiempo,** once.

tierno, *adj.,* tender, kind, young.

tierra, *f.,* land, earth, ground, floor.

tigre, *m.,* tiger.

timbre, *m.,* device, crest; tone.

tímido, *adj.*, timid.

timón, *m.*, helm, rudder.

tiniebla, *f.*. (*generally pl.*), darkness.

tino, *m.*, judgment; **sin tino**, aimlessly.

tinta, *f.*, color, tint; ink.

tiranía, *f.*, tyranny.

tirano, *adj.*, tyrannical, oppressive, overwhelming; *n. m.*, tyrant.

tirar, to throw, toss.

Tiro, *pr. n.*, Tyre (*the most important city and seaport of ancient Phoenicia*).

Tirteo, *pr. n.*, Tyrtaeus (*a Greek lyric poet of the seventh century* B.C., *famous for his political elegies and marching songs*).

Titán, *pr. n.*, Titan. (*In Greek mythology, the Titans were the family from which sprang Cronos and his son Zeus, kings of the gods. Those Titans who rebelled against the rule of Zeus were conquered and cast into Tartarus.*)

toca, *f.*, head-dress, hood.

tocar, to touch; toll, ring, blow, sound.

todavía, *adv.*, yet, still; nevertheless.

todo, *adj.*, every, all; *n. m.*, everything, whole.

toisón, *m.* (*French*); **toisón de oro**, Golden Fleece (*in Greek tradition, the fleece of the ram Chrysomallus, the recovery of which was the purpose of the Argonautic expedition. The golden fleece has given its name to a celebrated order of knighthood in Austria and Spain, founded in Burgundy in* 1430).

Toledano, *adj.*, Toledan, of Toledo.

Toledo, *pr. n. f.* (*an ancient walled town in New Castile, situated on a granite hill nearly surrounded by the deep gorge of the Tagus; population now, about* 20,000. *Toledo was an important capital during the rule of the Visigoths and of the Moors; it was captured by the Christian Spaniards under Alfonso VI of Castile and León in* 1085, *and was for some time the capital of Spain*).

Tolstoy, *pr. n.* (Count Leo Tolstoy [1828–1910], *a famous Russian author. Among his teachings is that of passive resistance*).

tomar, to take, get, receive.

tomillo, *m.*, thyme.

topacio, *m.*, topaz.

toque, *m.*, peal, ringing, stroke.

torbellino, *m.*, whirlwind, cloud.

torcer, to turn; wind, bend.

tordico, *m.* (*dim. of* tordo), thrush.

toril, *m.*, bull-pen.

tormenta, *f.*, storm, tempest, hurricane.

tormento, *m.*, pain, anguish.

tormentoso, *adj.*, stormy.

Tormes, *pr. n.* (*a river that rises in the Gredos mountains near Ávila, and, flowing through Salamanca, empties into the Duero*).

tornar, *tr.* to turn; return, restore; *intr.* to turn, return; tornar en sí, come to oneself, recover consciousness; *refl.* to return; (*with or without* en) become.

tornasolado, *p. p.*, iridescent.

torno; en torno, round about; en torno de, around, about.

toro, *m.*, bull.

torpe, *adj.*, base; stupid, clumsy, unskilled.

torre, *f.*, tower, turret; Torres Bermejas, *see* bermejo.

torreado, *p. p.*, turreted.

torrente, *m.*, torrent.

torreón, *m.*, strong tower.

tórrido, *adj.*, torrid.

tortolica, *f.* (*dim. of* tórtola), turtle-dove.

torvo, *adj.*, stern, grim.

tosco, *adj.*, coarse, rough.

tostado, *p. p.*, rich and dark (*of color*).

trabajo, *m.*, labor, work, toil.

trabar, to join; trabar la batalla, join battle, begin the fight.

tradición, *f.*, tradition.

traer, to bear, bring, carry, drag, swing.

traficar, to barter.

tragar, to swallow, swallow up, devour.

trágico, *adj.*, tragic.

traición, *f.*, treason, treachery.

traicionero, *adj.*, treacherous.

traidor, –ra, *adj.*, treacherous, traitorous; *n. m.*, traitor.

trailla, leash; mozo de trailla, keeper of hounds.

trajo, *m.*, costume, dress.

trance, *m.*, peril; crisis; last moment of life.

tranquilo, *adj.*, calm, tranquil.

transitorio, *adj.*, transitory.

transparencia, *f.*, transparency, limpidity.

transparente, *adj.*, transparent.

trapo, *m.*, rag; sails; **á todo trapo**, with all sails set.

tras, *prep.*, behind, after.

traspasar, to traverse, cross.

trasponerse, to set (*of the sun*).

tratar, *tr.* to frequent; *intr.* to try.

trato, *m.*, treatment; agreement.

través; **á través de, al través de**, through; **de través**, sidewise.

trazar, to draw, sketch.

tregua, *f.*, truce.

tremecén, *m.* (= caballo de Tlemcén, *a horse from Tlemcen, a city in Algeria, 80 miles southwest of Oran*), Arab steed.

tremendo, *adj.*, awful, grand, huge.

tremer, to tremble.

trémulo, *adj.*, shaking, trembling, tremulous.

trenza, *f.*, tresses; braid.

trepador, -ra, *adj.*, climbing.

trepar, to climb, mount.

tres, three.

tribu, *f.*, tribe.

tribunal, *m.*, court.

tributar, to pay the tribute of, offer.

tributo, *m.*, tribute.

tricolor, *adj.*, tricolored.

triste, *adj.*, sad, sorrowful, wretched, dismal, mournful; triste de ti, alas for you.

tristemente, *adv.*, sadly, mournfully.

tristeza, *f.*, sorrow, gloom, melancholy.

triunfal, *adj.*, triumphal.

triunfar, to triumph.

triunfo, *m.*, triumph, victory.

trocar, to change.

trompa, *f.*, horn.

trompetería, *f.*, trumpets.

tronante, *adj.*, thunderous.

tronar, to thunder.

tronco, *m.*, trunk; log.

trono, *m.*, throne.

tropa, *f.*, troop, throng.

tropel, *m.*, rush; crowd, troop.

tropical, *adj.*, tropical.

trópico, *m.*, tropic.

tropiezo, *m.*, slip, fault.

trote, *m.*, trot.

trucha, *f.*, trout.

trueno, *m.*, thunder, thunderclap.

tudesco, *adj.*, German.

tumba, *f.*, tomb, grave.

tumbo, *m.*, fall; *pl.*, rapids.

túmido, *adj.*, swollen.

tumulto, *m.*, tumult, uproar.
tumultuoso, *adj.*, tumultuous.
tundir, to cudgel, drub.
tuno, *adj.*, roguish, rascally.
tupido, *adj.*, thick, luxuriant.
turba, *f.*, throng.
turbar, to disturb, trouble, confuse.
turbio, *adj.*, muddy, turbid; indistinct; dusky.
turbulento, *adj.*, turbulent.
turgente, *adj.*, swollen, swelling.
Turia, *pr. n.* (*another name of the river* Guadalaviar, *which rises in the Albarracín mountains and empties into the Mediterranean after flowing through Valencia*).
turnar, to alternate.
tutelar, *adj.*, tutelary.

U

ufano, *adj.*, proud; cheerful.
ulcerado, *p. p.*, ulcerated.
último, *adj.*, last.
ultrajar, to insult, maltreat, outrage.
ultraje, *m.*, outrage.
umbrío, *adj.*, shadowy, dark.
undoso, *adj.*, wavy, billowy.
undular, to undulate, ripple, rise and fall.

único, *adj.*, sole, only.
uniforme, *m.*, uniform.
unión, *f.*, union.
unir, to unite, add; unido al suelo, close to the ground.
universal, *adj.*, universal, complete; of the universe.
universo, *m.*, world, universe.
uña, *f.*, nail, claw.
urbano, *adj.*, courteous.
urna, *f.*, urn.
Uruguay, *pr. n.* (*the smallest republic of South America; on the east coast between Argentine and Brazil; area, about* 72,000 *square miles; population, about* 1,100,000. *The capital, Montevideo, is the most important seaport in South America, and the fourth or fifth largest in shipping of the world; it has some* 320,000 *inhabitants*).
usar, to use, wear; caminos por usar, untrodden ways.
uso, *m.*, usage, custom.
uva, *f.*, grape.

V

vacilante, *adj.*, wavering, tremulous.
vacilar, to hesitate.

vacío, *adj.*, empty, void; *n. m.*, void, empty space, emptiness.

vagar, to wander, roam.

vagaroso, *adj.*, errant, wandering.

vago, *adj.*, wandering; vague.

vaivén, *m.*, wavering, vacillation.

vajilla, *f.*, table-service, china.

Valencia, *pr. n.* (*a city on the east coast of Spain; population, about* 213,000).

valentía, *f.*, valor, gallantry.

valer, to be worth; más vale, it is better.

valía, *f.*, worth, excellence.

valiente, *adj.*, valiant, brave.

valimiento, *m.*; de valimiento, by compulsion.

valona, *f.*, broad rolling collar.

valor, *m.*, valor, courage; value, worth, price.

Valladolid, *pr. n.* (*a town in Old Castile; population, about* 65,000; *for a time, the capital of Spain under Philip II and Philip III*).

valle, *m.*, valley, vale.

vanamente, *adv.*, in vain; arrogantly.

vándalo, *m.*, vandal.

vanidad, *f.*, vanity, ostentation.

vano, *adj.*, vain, empty, idle, useless; conceited; en vano, in vain, useless.

vapor, *m.*, vapor, mist, spray.

vaporoso, *adj.*, misty.

vara, *f.*, yard (*about* 33 *inches*).

Vargas, *pr. n.*

vario, *adj.*, various, different, varied.

varonil, *adj.*, manly, virile.

vasallo, *m.*, vassal, subject.

vaso, *m.*, glass, vase, jar.

vástago, *m.*, stem, sucker.

vasto, *adj.*, vast, immense.

vecino, *adj.*, neighboring, near, close.

vega, *f.*, meadow, plain.

vehemente, *adj.*, vehement, keen, fervent.

veinte, twenty.

vejez, *f.*, old age.

vela, *f.*, sail; candle, taper.

velar, *tr.* to veil, cover; *intr.* to watch, be awake, keep vigil; velar por, to watch over.

Velarde, *pr. n.* (Pedro Velarde [1779–1808], *a distinguished Spanish cavalry officer who led the revolt against the French, May* 2, 1808, *and lost his life. To* Velarde *and* Daoiz, *several years after their death, the honorary title of Captain-General was granted by the crown*).

velero, *adj.*, swift-sailing.

veleta, *f.*, weather-cock, vane.

velo, *m.*, veil.

veloz, *adj.*, swift.

vellón, *m.*, fleece.

velludo, *m.*, rough velvet.

vena, *f.*, vein.

vencedor, –ra, *adj.*, conquering, victorious; *n. m. and f.*, conqueror, victor.

vencer, to conquer, triumph; **vencido,** conquered, submissive.

vendaval, *m.*, strong wind from the sea.

vender, to sell.

veneno, *m.*, poison.

venenoso, *adj.*, venomous, poisonous.

venerable, *adj.*, venerable, revered.

veneración, *f.*, veneration.

venerar, to respect, honor.

Venezuela, *pr. n.* (*a republic on the northern coast of South America; area, about 600,000 square miles; population, about 2,500,000, most of whom are of mixed Indian and Spanish blood. The capital, Caracas, is 3000 feet above sea-level, and has some 100,000 inhabitants*).

vengador, –ra, *adj.*, avenging.

venganza, *f.*, vengeance.

vengar, to avenge.

venir, to come, come upon.

ventaja, *f.*, advantage; **llevar de ventaja á alguien,** to have the advantage over one.

ventana, *f.*, window.

ventura, *f.*, fortune, good fortune, happiness; chance; **por ventura,** by chance; **sin ventura,** unfortunate.

venturoso, *adj.*, happy, fortunate.

Venus, *pr. n. f.* (*in classical mythology the goddess of love* [*Greek* Aphrodite]; *one legend has it that she sprang from the sea-foam which gathered about the mutilated Uranus*); **estrella de Venus,** (*the planet*) Venus.

ver (*p. p.* **visto**), to see; **estar mal visto,** to be disapproved of, unpopular.

verano, *m.*, summer.

verdad, *f.*, truth.

verdadero, *adj.*, true, real.

verde, *adj.*, green.

verdor, *m.*, verdure, greenness; freshness.

verdugo, *m.*, executioner, murderer.

verdura, *f.*, verdure, herbage.

vergel, *f.*, flower-garden.

vergonzoso, *adj.*, shameful, disgraceful.

vergüenza, *f.*, shame, disgrace.

verso, *m.*, verse.

vértebra, *f.*, vertebra.

verter, to shed, pour forth.

vértigo, *m.*, dizziness; insanity; confusion.

vestido, *m.*, dress, garment.

vestidura, *f.*, vesture.

vestir, to clothe; wear, put on; vestirse de, to put on.

vez, *f.*, time (*as one of a series*); á veces, at times; ¡cuántas veces! how often! en vez de, instead of; otra vez, again; tal vez, perhaps, perchance; sometimes; una vez, once.

viaje, *m.*, journey, passage.

viajero, *m.*, traveler.

vibrante, *adj.*, vibrating, thrilling.

vibrar, *tr. and intr.* to vibrate, jar, thrill.

vicio, *m.*, vice.

vicioso, *adj.*, vicious.

víctima, *f.*, victim.

victoria, *f.*, victory.

vid, *f.*, vine, grape-vine.

vida, *f.*, life; de mi vida, my dear.

vidrio, *m.*, glass, window-pane; vidrio de colores, stained-glass window.

viejilla, *f.*, little old woman.

viejo, *adj.*, old, ancient; *n. m. and f.*, old man, old woman.

viento, *m.*, wind, air; vanity.

vigilante, *adj.*, vigilant.

vigor, *m.*, vigor.

vil, *adj.*, vile, base.

Villadiego; tomar las de Villadiego, to run away.

Villalar, *pr. n.* (*a village in the province of Valladolid, where the* comuneros *who had revolted against the rule of Charles V were defeated in* 1521).

villanía, *f.*, villany, meanness, base deed.

villano, *adj.*, rustic, not noble.

vinagre, *m.* (*or f. in dialect*), vinegar.

vino, *m.*, wine.

violento, *adj.*, violent.

violeta, *f.*, violet.

virar, to tack, come about.

virgen, *f.*, virgin.

Virgilio, *pr. n. m.*, Vergil (*Publius Vergilius Maro*, [70–19 B.C.], *a celebrated Roman poet*).

viril, *adj.*, virile, manly.

virtud, *f.*, virtue.

Visagra, *pr. n.* (*The Puerta Visagra of Toledo is a double gateway, built in 1550 and restored in 1575. The Puerta Visagra Antigua is an older Arab gate dating from the ninth century, and is now closed.*)

visible, *adj.*, visible.

visión, *f.*, vision.

visionario, *adj.*, visionary.

visitar, to visit.

viso, *m.*, sheen, lustre.

vista, *f.*, sight; glance; (*fig.*) eyes.

vistoso, *adj.*, resplendent.

viuda, *f.*, widow.

viva, *m.*, acclamation, huzza.

vivac, *m.*, bivouac, camp.

vivaz, *adj.*, vivacious, lively.

vivero, *m.*, fish-pond.

viviente, *adj.*, living.

vivir, to live, be alive; vivir de, live on; ¡viva! long live!

hurrah for! vive Dios, as God lives.

vivo, *adj.*, alive; bright; sharp, intense.

vocería, *f.*, shouting.

volador, –ra, *adj.*, flying, swift.

volar, to fly, take flight.

volcán, *m.*, volcano.

voltear, to revolve, whirl.

voluntad, *f.*, wish, will; desire, pleasure.

volver, *tr.* to return, give back; *intr.* to turn, return; volver á hacer, do again; *refl.* to become, turn.

voraz, *adj.*, voracious, ravenous.

vórtice, *m.*, vortex, whirlpool.

votar, to vow; ¡voto á Dios! I vow!

voto, *m.*, prayer, supplication.

voz, *f.*, voice; word, shout, expression; á voces, loudly.

vuelo, *m.*, flight; de un vuelo, without stopping, in one rush.

vuelta, *f.*, turn, return; dar vuelta, to turn; dar la vuelta, to make the circuit;

estar de vuelta, to have returned, be back.

vulgo, *m.*, populace, multitude.

W

Wáshington, *pr. n.*, Washington (**George Washington** [1732–1799], *first president of the United States*).

Whitman: Walt Whitman, *pr. n. m.* (*an American poet* [1819–1892], *author of* "Leaves of Grass" *and other works*).

Y

y, *conj.*, and.

ya, *adv.*, already, now, finally, formerly; **ya . . . ya**, now . . . now; **no ya**, nor indeed; **no . . . ya**, not . . . again; **ya no**, no longer; **ya, ya que**, *conj.*, since.

yacer, to lie.

Yara, *pr. n.* (*a town near Santiago de Cuba*).

yedra, *f.* (*mod. spelling* **hiedra**), ivy.

yegua, *f.*, mare.

yelmo, *m.*, helmet.

yerba, *see* **hierba**.

yermo, *adj.*, waste, uncultivated, uninhabited; deso-

late; *n. m.*, waste, deserted plain.

yerto, *adj.*, motionless, rigid, stark.

yuca, *f.*, cassava, manioc (*from the root of which tapioca is made*).

yugo, *m.*, yoke.

yunque, *m.*, anvil.

Z

zafir, zafiro, *m.*, sapphire.

zagal, *m.*, swain, lad.

zagala, *f.*, maiden, shepherdess.

zagaleja, *f.*, young shepherdess.

Zahara, *pr. n. f.*

Zaida, *pr. n. f.*

Zalamea, *pr. n.* (*a village in the extreme west of Andalusia*).

zambrero, *adj.*, lively.

zapato, *m.*, shoe.

zarpar, to weigh anchor.

zarza, *f.*, brier.

Zocodover, *pr. n.* (*the* **Plaza de Zocodover** *of Toledo is the focus of the city's life. It is a small triangular plaza to the northwest of the center of Toledo*).

zona, *f.*, zone.

Zorita, *pr. n.* (*There are several Spanish villages with this name. The one mentioned in* " Fiesta de toros," p. 27, *l.* 10, *is in Alcarria,* *and has the ruins of a famous old castle.*)

zorzal, *m.*, thrush.

zozobroso, *adj.*, anxious.

zumbar, to hum, resound.

Lightning Source UK Ltd.
Milton Keynes UK
UKHW011150131220
374972UK00001B/124